JN095426

基礎からわかる
憲法
［第3版］

武居　一正
［編著］

長谷川史明
桧垣　伸次
玉蟲　由樹
森　　克己
中野　明人
［著］

嵯峨野書院

はしがき——憲法学習のすすめ

いろんな理由や動機から，たとえば，法律になんとなく興味があってとか法律を知っていればつぶしが利くからなどと説得されて，いま君は大学にいて，これから法律学を学ぶことになった。だけど，なんだか気乗りがしないなァーと思っている君に少しだけアドバイスしておこう。

法律学は君たちにとってゼロから出発する新しい学問だよね。ゼロからの出発という意味ではどの大学でも条件は同じことになる。君は偏差値の高い有名校に行った連中と同じスタートラインに立っている。法律だったらまだなんの差もないし，君のほうがセンスがあるかもしれないぞ。卒業時に「ヘンシーン！」を遂げているのは君のほうかも……。

これからの学習で気をつけて欲しいことがある。これからは「正解なし」や「複数解」がありえ，ベストの解答ではないかもしれないが，このように考えれば多くのことを解決できるみたいな「一応の解答」というのもありうるのだ。と考えれば，正しさはどこから出てくるのだろうか。それは，その解答に至った理由が，つまりはどれだけ筋道が通っているのか，要するにどれだけ論理的かということになる。自分がそのように思い，考えるのは，なぜかという理由をいつでも明らかにできるように気をつけよう。君の考えが論理的であれば，自然に説得力を持ち，他の人も納得し，支持を得るようになるからだ。

次に，今は間違っても恥ずかしいことなんかないんだよ。だって，学び始めたばかりじゃないか。知らないことやわからないことがいっぱいあるはずだ。法律を素材に論理的にものを考える訓練をしているところなんだから，試行錯誤は当然だ。たとえば，賛成論，反対論のそれぞれの立場に立って問題を考えてみるというのもいいね。立場を変えて初めて見えてくるものもある。それから，わからないことを放置してはいけない。ノートやテキストを読み返してみよう。どうしてもわからないときは，先生に質問しよう。きっと考えるヒントがもらえるはずだ。

おっと，前口上が長くなりすぎて「憲法学習のすすめ」の余裕がなくなってしまったぞ。なので，要点から。憲法は国のすべての基本・前提を定めた決まり，私たちの国をどのように治めるかのルールです。時代の価値判断に基づいて選択されたものが保障されているといってもよいだろう。基本的人権，国民主権，民主主義，平和主義などみんなそうだ。大切で，普遍的な価値を内容としているからこそ，最高法規とよばれるのだ。そうすると，国民の常識としても憲法を学ぶ必要があることになる。また，憲法が採用した価値をさらに具体化したものが各種の法律ということになるから，法律学を学習する者は，まず憲法がわかっていなくてはならないのだ。ざっくりと言えば，憲法こそがすべての始まりということになる。というわけなので，憲法学習を少しがんばってみないか。

このテキストは，九州に縁のある気鋭の先生方に分担執筆していただいたものです。記述に若干のニュアンスの違いなどがあるかもしれませんが，先生方のお考えを尊重するのは当然のことですし，それは現在の学界の状況の反映でもありますから，そのままにしてあります。この点については講義で先生方のお考えをよく聞いて，自分で少し考えてみてください。

もちろん，なにが基礎的な事柄で大切かはよくわかるように配慮されています。また，初歩的な事ばかりでなく，最新のテーマや議論についても触れてあります。

もし君たちが「あれっ！？」と気づいて，興味を持ってくれたら嬉しく思います。友だちと話したり，図書館で調べてみたりすると，もっとおもしろくていろいろとわかるかもしれないよ。

君たちが質問に来てくれるのを待っています。

2015年３月

編著者

武　居　一　正

第2版　はしがき

2015年の初版以降，平和安全保障法制が整備され憲法の平和主義について大きな変更がありました。これについて解説するのが今回の改版の目的です。また，18歳選挙権が導入され，有権者がおよそ450万人も増え，民主主義に基づく政治的決定の正統性もさらに高まることになりました。天皇の退位問題も今議論されています。このように，私達の国を治める仕組みは少しずつではあるものの時代の移り変わりに従って変化しつつあるように思えます。

恐らく，退位を認めるならば，それ以外の事柄についても議論は及んでいき，皇室典範の改正による新たな天皇制が生まれることになるかもしれません。民意を反映するためのシステムも従来のままで良いのかどうか議論があります。いずれにしても，少なくとも技術的改善を施さなくてはならないでしょう。つまり，言いたいことは，これまでの考え方ややり方がすでに制度疲労気味で，見直される時期に来ているということです。

だからこそ，今，憲法を学ぶ今日的な意味があるのです。

国の仕組みや統治の方法，人権保障などを定める憲法という法律は，少しばかり堅苦しくて，取っつきにくく感じられるかも知れません。でも，18世紀以来の人類の英知の結晶がそこにあるのです。これをさらに改良・発展させ，後の世代に伝えることが私達の役割なのだと思います。

空気のように当たり前な私達の自由や平和を，そのようなものとして護り通していくためにしっかりと考えて欲しいと思います。

2017年３月

編著者

武　居　一　正

第3版　はしがき

今回は最近の判例や考え方を取り入れました。

さて，2019年から2020年にかけて地球温暖化に対する実効的な措置を求めるスウェーデンの少女グレタさんが始めた学校ストライキの運動がSNSなどを通じて世界中に広がり，各国の高校生など若者が政治に影響を与えたのは君たちも知っているでしょう。これを読んでいる君たちもまた，18歳選挙権を付与された立派な政治的成人の仲間です。だから，君たちはさまざまな問題を自分の頭でしっかり考え，行動できなくてはなりません。そのための準備をしながら，グレタさんのように社会のさまざまな問題にも目を向けましょう。

大学生のすべき事は，一にも二にも勉強です。一年生のための必修科目は，これをマスターしておかないと他のことはみんなわからなくなってしまうと言っても良いくらい基本中の基本です。とはいえ，教科書を読んでもすぐにはわからないことも多いでしょう。特に抽象的な事はイメージが掴みにくいかも知れません。でも，テキストを何度か読み返してみたり，そのことについて友達と話したりしてみると次第に見えてくるものがあると思います。何でもそうですが，最初から上手くいくことなんてほとんどありません。少しの辛抱です。失敗を恐れず頑張ってごらんなさい。

わからないことがあるときは，図書館で調べてみたり，先輩に尋ねてみたり，インターネットを使ってみたり，最後には先生に質問したり，さまざまな解決方法がありますから，その少しの努力を怠らないようにして下さい。

そうして，自分が間違っていると気づいたとき，あっ！そうかと思ったときなどに，君は昨日より進歩しているのです。

2020年９月

編著者

武　居　一　正

目　　次

略語表

【法令名】

行組	国家行政組織法
行訴	行政事件訴訟法
刑	刑法
刑訴	刑事訴訟法
刑補	刑事補償法
憲	日本国憲法
公選	公職選挙法
国会	国会法
国賠	国家賠償法
国連憲	国際連合憲章
裁	裁判所法
裁弾	裁判官弾劾法
裁分限	裁判官分限法
財政	財政法
自衛	自衛隊法
自治	地方自治法
周辺事態法	周辺事態に際して我が国の平和及び安全を確保するための措置に関する法律
情報公開法	行政機関の保有する情報の公開に関する法律
請願	請願法
男女雇用機会均等法	雇用の分野における男女の均等な機会及び待遇の確保等に関する法律
典範	皇室典範
独禁	私的独占の禁止及び公正取引の確保に関する法律
内閣	内閣法
非訟	非訟事件手続法
民	民法
明治憲法(旧憲)	大日本帝国憲法
連盟規	国際連盟規約
労基	労働基準法
労組	労働組合法

【条約】

旧日米安全保障条約	日本国とアメリカ合衆国との間の安全保障条約
子どもの権利条約	児童の権利に関する条約
サンフランシスコ平和条約	日本国との平和条約
女子差別撤廃条約	女子に対するあらゆる形態の差別の撤廃に関する条約
人種差別撤廃条約	あらゆる形態の人種差別の撤廃に関する国際条約
日米安全保障条約(安保)	日本国とアメリカ合衆国との間の相互協力及び安全保障条約

【裁判所の判決等】

最大判（決）	最高裁判所大法廷判決（決定）
最判（決）	最高裁判所小法廷判決（決定）
高判	高等裁判所判決
地判	地方裁判所判決

【判例集】

民集	最高裁判所民事判例集
行集	行政事件裁判例集
刑集	最高裁判所刑事判例集
集民	最高裁判所裁判集民事
下刑集	下級裁判所刑事裁判例集
下民集	下級裁判所民事裁判例集
家月	家庭裁判月報
判時	判例時報

執筆者一覧

（＊印編者，執筆順）

長谷川　史　明　（志學館大学名誉教授）　第1章・第17章・第18章・第19章

桧　垣　伸　次　（福岡大学法学部准教授）　第2章・第3章・第8章・第16章

＊武　居　一　正　（福岡大学法学部教授）　第4章・第9章

玉　蟲　由　樹　（日本大学法学部教授）　第5章・第11章・第12章・第14章

森　　　克　己　（鹿屋体育大学スポーツ人文・応用社会科学系主任・教授）　第6章・第7章・第13章

中　野　明　人　（長崎短期大学教授）　第10章・第15章

第1章 憲法の概念

POINT

① 憲法は西洋語の翻訳語であることに注目し，constitutionの意味について，理解する。
② 憲法の分類について理解する。
③ 立憲主義と「法の支配」について考える。
④ 現代社会における憲法の意義について考える。

1 憲法とはなにか

I constitutionについて

1 西洋語の翻訳語としての「憲法」

日本語の歴史において,「憲法」という言葉そのものは, 古く聖徳太子の「十七条憲法」などの例があるけれども，そこで使われている憲法という言葉の意味は，現在とは相当異なっている。現在私たちが用いている「憲法」という用語は，明治時代以降に西洋語の翻訳語として使われるようになったものである。元になった西洋語は，英語のconstitution，ドイツ語のVerfassung　などである（以下, 英語のconstitutionで代表させる)。そして当初は「憲法」以外にも,「国憲」「政体」「国制」などの訳語が使われた。つまり，constitutionを「憲法」と置き換える必然性はなかったのである。したがって,「憲法」を正確に理解するには，もともとconstitutionが西洋でどういう意味をもってきたか，ということを知らなければならない。

constitutionはラテン語のconstitutioに由来する言葉で,「組み立てる」という意味の動詞から派生した。組み立てるという作用の結果，そこに一定の構造を備えた事物が生じる。その基本的な組立てのことをconstitutionというのである。たとえば，建物の枠組みや人体の骨格，さらに人間集団の基本的な構成もconstitutionと表現できる。国家にも，それを存立させている基本構造がある。つまりどんな国家にもその国家に固有のconstitutionが存在しているわけである。

2　constitution のでき方――人為的な構築と自生的な形成

ただし基本構造といっても，そのでき方には２通りある。建築物のように人為的に設計して構築する場合と，動物の骨格のように誰かが意図したわけでもなく，いつの間にかできあがってくる場合である。前者（人為的構築）は，人間の都合に合わせてつくったり・変えたり・なくしたりすることが可能である。後者（自生的形成）は，人間の意思によって自由に操作・改変することはむずかしい。国家にもこの２つの側面があり，人為的な国家統治機構の部分は英語でstate，歴史的なまとまりの部分は同じくnationと表現できる。祖国愛という場合の「祖国」は後者である。

II　憲法規範

1　規範としてのconstitution＝憲法

constitutionには，ありのままの**事実**を記述する用法のほかに，**規範**を指示する用法もある。規範とは，簡単にいうとなんらかの「きまり」のことである。すでにラテン語のconstitutioにも，皇帝が発する命令や，キリスト教会からの信者に対する指示を意味する用法があった。そして，人間社会のいろいろな規範のなかで，それなくしてはその集団が成り立たないような根本的規範を，constitutionとよぶのである。この意味で，政治社会には規範としてのconstitutionが必ず存在しているのである（これを「実質的意味の憲法」ともいう。本章**2**「憲法の分類」を参照）。規範としてのconstitutionは，より正確には“constitutional law”と表現することができる。要するに，constitutionには，事実上の基本的枠組みを表現する用法と，根本的規範を意味する用法の２つがあるという点を押さえておきたい。

なお，スポーツやゲームのルールは私たちの都合に合わせて制定改廃できるけれども，いつの間にかできあがって作用している言語の文法や，自然界の法則のようにもともと存在すると考えられる規則については，先に述べた動物の骨格と同様，私たちの思いどおりにつくったり・変えたり・なくしたりすることはできない。それに対応して憲法においても，主権者の意思に基づいて新設・改廃できる**創設的規定**と，主権者といえどもみだりに改廃できない**確認的規定**を区別することが可能である。たとえば，日本国憲法の基本的人権に関する規定をみると，社会権的基本権は前者であり，自由権的基本権は後者であろう。

2　成文憲法典・憲法的法律・憲法習律

ところで，国家の最重要規範としてのconstitutional lawは，いろいろな形で存在している。まず第1に，**成文憲法典**がある。これは，まとまった1つの文書として書かれた法典である。成文憲法典は18世紀になって初めてアメリカおよびフランスにあらわれた。第2に，成文憲法典を補完する基本的法律群がある。これらを，**憲法附属法**あるいは憲法的法律とよぶこともある。第3に，法律ではないが成文化された重要な文書や，明文化されていないが事実上行われている重要な慣習などがある。ダイシーという英国の憲法学者は，これを**憲法習律**（convention of the constitution）とよんでいる。おもしろいことに，英国には1つにまとまった成文憲法典は存在しない。かといって英国に憲法がないということではない。英国では，上記の第2・第3の形で憲法がしっかり作用している。以上，constitutionと憲法の関係は，図表1-1のとおりである。

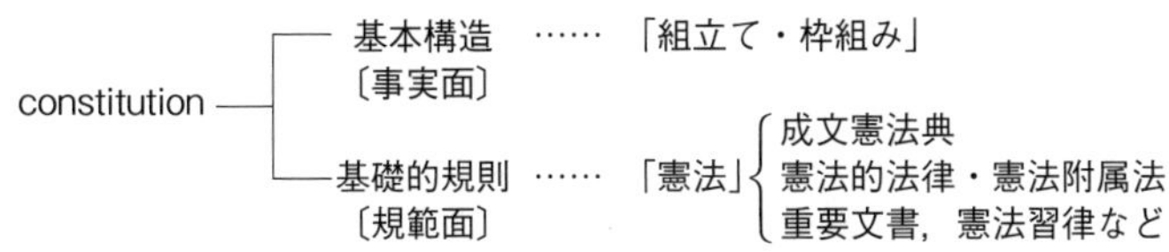

図表1-1　constitutionと憲法

2 憲法の分類

Ⅰ　実質的意味の憲法と形式的意味の憲法

「社会あるところ法あり」という法に関することわざ（法諺（ほうげん）という）がある。これを借りていえば，「国家あるところ憲法あり」ということになる。このような意味における憲法を，**実質的意味の憲法**（または固有の意味の憲法）とよんでいる。これに対して，国家において最も強い効力をもつ法，あるいは普通の法律とは区別された憲法典という特別の形式で存在する憲法を，**形式的意味の憲法**とよぶ。実質的意味の憲法と形式的意味の憲法という区別は，古く大日本帝国憲法（明治憲法）時代の『法律大辞書』（明治44年）にもみられる。大日本帝国憲法（明治憲法）制定以前の日本にも，実質的意味の憲法は存在したといえるが，形式的意味の憲法は，大日本帝国憲法（明治憲法）が初めてとなる。

Ⅱ　立憲的意味（または近代的意味）の憲法

憲法の内容に着目した分類もある。すなわち国家の政治権力が乱用されることを防ぐためのしくみ（特に権力分立制度）や，生命・自由・財産などに関する国民の基本的権利（自由権）の保障を中心とする憲法を，**立憲主義的意味の憲法**，または**近代的意味の憲法**という。フランスにおける「人及び市民の権利宣言」（1789年）に，「権利の保障が確保されず，権力分立が定められていないすべての社会は，憲法をもつものではない」（16条）という有名な規定がある。この場合の憲法は，まさに近代的意味の憲法を意味する。すなわち，近代的意味の憲法とは，権利保障と権力分立を含んでいることを要件とする。近代憲法は，すべての価値の根源を自由で平等な個人に置くとされ，さらにその特質としては，自由の基礎法，制限規範，最高法規があげられている（芦部信喜『憲法〔第6版〕』岩波書店，2015年，9頁以下参照）。

図表1－2　憲法の分類

<table>
<tr><td>分類の視点</td><td></td><td></td><td></td></tr>
<tr><td>存在の形式
（成文化の有無）</td><td>成文憲法</td><td>不文憲法</td><td></td></tr>
<tr><td>性質（改正手続の難易）</td><td>硬性憲法</td><td>軟性憲法</td><td></td></tr>
<tr><td>憲法という名称の有無</td><td>形式的意味の憲法
（憲法という名称を持つ法典）</td><td>実質的意味の憲法
（国家の最高規範の総体）</td><td></td></tr>
<tr><td rowspan="2">内容（権利保障・権力分立・国民の政治参加の有無）</td><td colspan="2">立憲主義的憲法
＊権利保障・権力分立・国民の政治参加あり</td><td rowspan="2">非立憲主義的憲法
＊権利保障・権力分立・国民の政治参加なし</td></tr>
<tr><td>その1
近代的意味の憲法
自由権中心
夜警国家観</td><td>その2
現代的意味の憲法
自由権＋社会権
福祉国家観</td></tr>
<tr><td>制定主体</td><td>欽定憲法
（君主が制定）</td><td>民定憲法
（国民が制定）</td><td>協約憲法
（君主と国民が協働して制定）</td></tr>
</table>

Ⅲ　近代的意味の憲法から現代的意味の憲法へ

なお，近代的意味の憲法は，その後社会情勢の変化によって**現代的意味の憲法**へと発展した。自由権を中心にした近代的意味の憲法では，「国家からの自由」に力点が置かれているが，生存権の保障など社会権が盛り込まれた現代的意味の憲法では「国家による自由」という観点が加味された。その場合には，近代憲法の特質である「**制限規範としての憲法**」に対して，「**授権規範としての憲法**」という機能も必要になってくる。それ以外の視点による分類も含めて図表1－2に整理しておく。

3 立憲主義と法の支配

I 立憲主義

このところ**立憲主義**という言葉が目につくが，立憲主義とはconstitutionalismの翻訳語として用いられているものである。日本語の「立憲」とは，文字どおり「憲法を制定すること」という意味合いが強く，したがって成文憲法典と密接につながって理解されているようである。しかしながら西洋で発展してきたconstitutionalismとは，**法の支配**（the rule of law）という考え方に基づいて公権力の恣意(しい)的行使を許さない考え方であり，権力行使にあたっては，権力行使を受ける側が同意を与えた場合にのみ，その権力行使が正当化されるという考え方である。つまり立憲主義は，もともと権力行使の制約についての理論であり，大雑把にいえば「枠付け主義」である。要するに「なんでもあり」を否定・拒絶する感覚が土台となっている。凶暴な野獣（権力）を野放しにすると危険なので，檻(おり)（constitution）に閉じ込めようという発想である。ただし逆説的ではあるが，国家権力は絶大な実力を発揮しうるがゆえに，国民の基本的な権利や自由を最終的に保障することも可能になるわけである。

このように立憲主義とは**制限された統治**（limited government）が望ましいとする考え方の一種であり，それは中世から古代までさかのぼる古い思想的伝統を有している。したがって意外に思われるかもしれないが，立憲主義は成文憲法典と無関係に論じることもできるのである。

ただし，アメリカ合衆国においてconstitutionalismというときには，合衆国憲法（1788年発効）の精神を忠実に守り，連邦の権限をなるべく押さえ込んでおこうという考え方を指す場合がある。最小限のスリムな連邦政府が望ましい，という立場である。政府の権限や役割が増えれば，税金などの負担や公的債務がのしかかり，さらにさまざまな規制も増加する。私的（自律的）な活動の自由をなによりも重んじる人々にとっては，いかに民主主義的に決められたことであっても，政府による統制管理や至れり尽くせりのサービスは，基本的に望ましいものではないのである。

Ⅱ 法の支配

「法の支配」に関してよく引き合いに出されるのは，「国王は何人の下にもあるべきでないが，神と法の下にある」という表現である（13世紀の法学者ブラクトンの言葉として伝えられている)。この場合の「法」とは，もともと制定法を意味するわけではなく，主に古来から堅持されてきたしきたり（権利や自由を含む慣習法）を意味した。歴史的に生成発展してきた慣習法には祖先の叡智（えいち）が込められており，現世代の者はそれをただ享受するだけでなく子孫へと伝承する義務を負っているので，現在の為政者がそれを破壊することは許されないという理屈である。つまり，統治の実行のみならず勝手気ままな法の制定をも抑制しようとしたのである。

このような国王をも拘束する「上位法」という考えが，近代における国家の最高法規としての憲法につながっていくのである。ゆえに憲法の特質とは，通常の法律に優位する**高次の法**という点にある。また，国王という最高の存在であっても，なんらかの制約を受けている（すなわちなんでもできる絶対者ではない）ということは，日本国憲法にあてはめると，主権者（国政の最終決定者）である国民といえども無制約ではなく，なんらかの従うべき「法」があるということになるだろう。

なお，「法治主義」という「法の支配」と似たような言葉があるが，この2つは区別しなければならない。法治主義は行政権が立法府の制定した法律に拘束されることを要請する原則であり（行政法学では「法律による行政の原理」といわれる)，法律の内容は問わないので，恣意的（しいてき）な立法を防止することがむずかしいという欠点がある。

4　現代社会における憲法の意義

20世紀とりわけ第二次世界大戦後は，ほとんどの国家が国家の最高法規として成文憲法典を制定し，英国のようにまとまった1つの文書としての憲法典を有していない国家は，稀（まれ）になってしまった。しかし，基本的権利の保障が不完全な憲法や，権力の恣意的行使を抑止するための仕組みに疑問をもたれるような憲法は，たとえそれが形式的に最高法規としての憲法という体裁をとっていても，立憲主義的な意味の憲法とはいえないだろう。つまり，制憲国家（最高法規として憲法という法規を制定している国家）は当たり前になったけれども，制憲国家の憲法が，すべて立憲主義的憲法ではないし，あらゆる国家において，立憲主義（法の支配の原理に基づいて公権力の恣意的行使を許さない政治）が行われているわけではない。さまざまな問題がグローバルな関連性を有する現代社会では，世界各国の憲法典や立憲主義のあり方をあらためて検証する必要があるだろう。

また先に述べたように，constitutionはもともと基本構造のことであった。普段私たちは自分の身体の骨格などいちいち意識しないが，骨組みは人体を常時支えている最も重要な部分である。たとえば，脊椎（せきつい）が破壊されたり細菌やウイルスに冒されれば，全身が機能不全に陥るだろう。私たちが集団生活を営んでいる日本という国家も同様であって，国の存続基盤となる基本構造とはなにか，またそれは健全に保たれているか，ということを絶えず検査・診断する必要がある。なぜなら，日本国憲法では国民に主権があるとされており，それは国民ひとりひとりが国全体のことについて他人まかせの傍観者であってはならないということを意味するからである。

つけ加えると，将来的には国際社会全体のconstitution（枠組み）を構想することも視野に入ってくるだろう。現実にEU（欧州連合）の統合は個別の主権国家を超えたヨーロッパという統合体を目指しており，そこには当然なんらかのconstitution（事実面・規範面）が存在することになる。すなわち，本書のはしがきにあるとおり，まさに「憲法こそがすべての始まり」なのである。このように憲法学習の対象は，日本国憲法に限定されるわけではなく，時間的・空間的にとても広い射程をもっているのである。

第2章 日本憲法史概説

POINT

① 明治憲法の特色とその限界を理解すること。
② 日本国憲法の成立過程を理解すること。
③ 日本国憲法の特徴を理解すること。

1 大日本帝国憲法（明治憲法）の成立と構成

日本で初めての立憲的意味の憲法は，**大日本帝国憲法**（以下，「明治憲法」という）である。明治憲法については，一方で，「帝国憲法により，我が国の政治は，専制政治の道程を脱して立憲政治の道程に入った」（佐々木惣一）との肯定的な評価がある。しかし，他方では，さまざまな欠陥があったことが指摘されており，結局，太平洋戦争を経て，明治憲法体制は崩壊した。明治憲法とは，どのような過程を経て成立し，どのような内容の憲法だったか，そして，どのような欠陥があったのだろうか。

Ⅰ 明治憲法の制定

1 制定の背景

明治憲法が制定された背景には，江戸幕府を倒して新たな政権を樹立した明治新政府が抱える対外的課題および対内的課題があった。

対外的課題としては，不平等条約の改正があった。江戸時代末期に締結された，日米修好通商条約などのいわゆる安政の五か国条約が，協定関税および領事裁判権などを認める不平等な内容であった。そのため，明治政府はその改正を目指していた。しかし，条約改正交渉のためには，近代的・文明的な法制度，裁判制度を整備するなど，近代国家としての外観を整える必要があり，憲法の制定はその一環であった。

対内的課題としては，自由民権運動に象徴される反政府運動を鎮め，維新政府の強固な基盤を確立するという課題があった。

2　制定過程

憲法を制定するにあたっては，どのような立憲モデルを選択するのか（模範国の選択）という問題があった。イギリス流の議院内閣制を目指す自由民権派と，ドイツ・プロイセン流の大権内閣制を目指す政府側が対立していたが，明治14年の政変（1881年）でイギリス派の大隈重信が追放された後には，ドイツ派に大きく傾斜していった。その後，1882（明治15）年に，伊藤博文を団長とする憲法調査団をヨーロッパに派遣し，伊藤はグナイスト（ドイツ），シュタイン（オーストリア）といった当時一流の学者の教えを受け，ドイツ系の憲法を学んできた。ドイツ系の憲法を選択したのは，議会設立を認めながらも，天皇の権力を最大限温存するには，ドイツ型の立憲君主制がふさわしいと考えられたからである。

帰国後，伊藤は，井上毅（こわし），伊東巳代治（みよじ），金子堅太郎らと草案を作成した。草案は，天皇の「至高顧問ノ府」として設けられた枢密院に付議された後，天皇の裁可を経て，1889（明治22）年２月11日に発布，1890（明治23）年11月29日に施行された。

Ⅱ　明治憲法の特質

明治憲法は，不完全ながらも立憲的な諸制度も採用していた。しかし，非立憲的な要素が優越しており，全体としてみると立憲主義は外見上のものにすぎなかった（**外見的立憲主義**）。

1　天皇の広範かつ強力な権能

明治憲法は，主権が天皇に存することを基本原理とし（旧憲１条），この天皇の地位は，天皇の祖先である神の意志（神勅）に基づくものとされた。また，天皇は神の子孫として神格を有するとされ，その地位は「神聖ニシテ侵スヘカラス」とされた（旧憲3条）。

天皇は，「**統治権ヲ総攬**」（旧憲4条）する者，すなわち，立法，行政，司法などすべての国の作用を究極的に掌握し統括する権限を有する者であるとされた。さらには，天皇は，議会の参与なしに行使できる諸権能（**大権**）を広範にもっていた。特に，軍の統帥（作戦，用兵）に関する大権（**統帥権**）が一般国務から分離・独立し，それに対する議会，内閣の関与が否定されていたことが，後に大きな問題となった。

2　「臣民」の権利保障

明治憲法は，言論著作の自由，集会・結社の自由や信教の自由などの権利・自由を保障していた。しかし，これらは，人間が生まれながらにもっている生来の自然権を確認するものではなく，天皇が臣民に恩恵として与えた権利とされていた。また，その大部分が，「**法律の範囲内において**」保障されたにすぎず，法律によって制限することができるとされていた。また，信教の自由も，国家神道と矛盾しない限度でのみ認められているだけだった。このように，明治憲法の権利保障規定はきわめて不十分なものだった。

3　不完全な権力分立

明治憲法は，権力分立制度を採用し，帝国議会，国務大臣，裁判所をおいていた。しかし，これらの機関は，統治権を総攬する天皇を翼賛する（＝お助けする）機関にすぎなかった（旧憲5条・55条・57条）。

議会は実質的に立法権を有していた。しかし，政府や軍部に対する統制の力がきわめて弱かった。また，皇族・華族および天皇の勅任議員から構成される貴族院が衆議院と同等の権能をもち，衆議院を抑制する役割を果たしていた。

内閣は実質的に行政権を有していた。しかし，内閣制度は憲法上の制度ではなく，憲法上は，各国務大臣が個別に天皇を輔弼（助言）するとされていた。また，国務各大臣は，天皇に対して責任を負うとされ，憲法上は議会に対して一切責任を負わなかった。内閣総理大臣は「**同輩中の首席**」にすぎず，国務大臣の任免権がなかった。

Ⅲ　明治憲法の運用

明治憲法は立憲的要素と非立憲的要素をあわせもつものであり，時期によりどちらの要素が強くあらわれるかは異なった。

明治憲法が施行された当初は，薩摩・長州出身者を中心とする政治家が，議会の影響を受けない政府を最大限に保持しようとした。しかし，議会において政党勢力が伸びてきたことにより，内閣と政党が対立すると円滑な議会運営ができなくなった。そこで，伊藤博文が立憲政友会を設立したことに象徴されるように，元老みずから，政党の意義を認めるようになった。

大正期に入ると，明治憲法をできるだけ自由主義的に解釈しようとした立憲的な学説（天皇機関説）の影響などにより，いわゆる「**大正デモクラシー**」が高揚し，元老によって支持された内閣が，政党の支持を得られずに総辞職することも少なくなかった。1918（大正７）年には，原敬が初の本格的政党内閣を組織し，その後，衆議院の多数党が内閣を組織する政党内閣が「**憲政の常道**」とされるようになり，1932（昭和７）年の犬養毅内閣まで続いた。このような大正デモクラシーを背景にした憲政擁護の動きは，普通選挙運動とも連動しており，1925（大正14）年には男子普通選挙法が成立するに至った。

Ⅳ　明治憲法体制の崩壊

このように，大正から昭和初期にかけては，明治憲法の立憲主義的な要素を活用した運用がなされていた。しかし，政党政治は長くは続かなかった。男子普通選挙法と同じ年に制定された**治安維持法**により自由な政治活動が封殺された。また，政党も議会内部での政治抗争に興じて腐敗政治に陥り民衆の支持を失っていった。こうして議会政治が力を失っていったが，それに呼応するように軍部勢力が台頭していった。大正デモクラシーに大きな影響を与えた天皇機関説に対する軍部の右派による攻撃は強まり，この学説は「国体」に反する異説とされ，代表的な論者であった美濃部達吉の著書は発売禁止処分を受けた。

軍部勢力が台頭してきた背景には，まず**統帥権の独立**があげられる。軍の統帥は天皇の大権事項であったため，軍の行動を議会や内閣が統制することができなかった。さらには，軍部の勢力が増すのにともなって，統帥権の範囲は拡大していった。そのため，内閣や議会が統制できる範囲がますます狭くなっていった。しかも，内閣総理大臣は，「同輩中の首席」にすぎなかったので，内閣の一員である陸・海軍大臣を統制することができなかった。

次に，軍部大臣は現役の軍人でなければならないとする制度（**軍部大臣現役武官制**）があげられる。この制度により，内閣が軍部の意向に沿わない場合，軍部は，陸・海軍大臣を出さないことにより，内閣の成立を妨げる，あるいは倒閣することが可能になった。たとえば，1937（昭和12年）年，広田弘毅内閣が総辞職した後に，陸軍の穏健派であった宇垣一成に組閣の大命が下ったが，当時の陸軍は宇垣に批判的な勢力が主流派であったこともあり，陸軍は陸軍大臣を推薦しないことで宇垣内閣の成立を阻止した。このように，たんに内閣の政策の実現だけではなく，内閣の存立そのものが軍部の態度に依存することになったのである。

こうして，軍部の意向にかなった内閣のみが出現するのが常態になり，また，文民統制も行われなくなり，明治憲法体制は正常に機能しなくなっていった。

2 日本国憲法の成立と構成

Ⅰ 制 定 過 程

1 ポツダム宣言の受諾から松本委員会の調査

1945（昭和20）年，日本はポツダム宣言を受諾し，連合国に無条件降伏した。ポツダム宣言の受諾後，東京に連合国軍総司令部（GHQ）が設置され，総司令官ダグラス・マッカーサーのもとで占領が始まった。マッカーサーは，日本政府を介して占領を行うという間接統治方式をとり，特に必要な場合にのみ，例外的に直接統治方式をとった。

ポツダム宣言は，**民主主義の復活・強化**，**基本的人権の尊重の確立**，そして，

国民主権に基づく責任政府の樹立を占領軍の撤収の条件としていた。ポツダム宣言の内容を実現するためには，明治憲法の改正が必要であるようにも思われたが，当時の日本政府は，憲法を改正しなくてもこれらの要求に応えることは可能であると考えていた。また，当時の日本政府は，憲法改正を喫緊（きっきん）の課題とは考えていなかった。

関連条文

ポツダム宣言10項　……日本国政府ハ，日本国国民ノ間ニ於ケル民主主義的傾向ノ復活強化ニ対スル一切ノ障礙ヲ除去スヘシ言論，宗教及思想ノ自由並ニ基本的人権ノ尊重ハ確立セラルヘシ

ポツダム宣言12項　前記諸目的カ達成セラレ且日本国国民ノ自由ニ表明セル意思ニ従ヒ平和的傾向ヲ有シ且責任アル政府カ樹立セラルルニ於テハ聯合国ノ占領軍ハ直ニ日本国ヨリ撤収セラルヘシ

2　松本委員会の調査

これに対し，マッカーサーが，東久邇（ひがしくに）宮内閣の国務大臣であった近衛文麿に対して，憲法改正が必要であることを示唆した。また，その後首相になった幣原（しではら）喜重郎に対してもマッカーサーが同様に示唆したことから，日本政府は憲法改正に取り組むことになった。

幣原内閣は，松本烝治を長とする憲法問題調査委員会（松本委員会）を発足させ，改正作業にあたった。松本委員会は，①天皇が統治権を総攬（そうらん）するという明治憲法の大原則は変更しない，②議会の権限を拡充し，天皇の大権事項を減らす，③国務大臣の責任を国務の全般にわたるものとして，国務大臣は議会に対して責任を負うものとする，④国民の権利・自由の保障を強化するとともに，その侵害に対する救済方法を完全なものにする，という原則に基づいて改正案を作成した。②，③の原則は，議会による天皇や政府のコントロールを強化しようとするものであり，④も人権保障のより手厚い保護をはかるものではあったが，①の原則は，統治権の総攬者としての天皇の地位を温存しようとするものであった。つまり，松本委員会は，明治憲法の基本原則を維持したままで部

分的修正をする程度にしようとしていた。

3　マッカーサー草案の提示

総司令部は，当初は，憲法改正は日本政府の自主性にゆだねようとしていた。しかし，1946（昭和21）年2月1日に，毎日新聞が松本草案の正式発表前にその内容をスクープし，それにより松本草案の内容を知った総司令部は，その保守的な内容に驚いた。マッカーサーは，総司令部の上部機関である極東委員会（アメリカだけでなく，ソ連をはじめとした他の連合国によって設置された）が発足し，新憲法制定に介入してくる前に憲法改正を進めたいと考えていた。なぜなら，マッカーサーは占領政策を進めるためには，天皇制の維持が必要だと考えていたが，極東委員会には，ソ連や中国など，天皇制存続に反対する国も少なくなかったからである。そこで，マッカーサーは，それまでの方針を変え，総司令部独自でポツダム宣言の内容に沿った改正案をつくることにした。

マッカーサーは2月4日に，総司令部民政局に憲法改正草案の作成を命じ，その際に，①天皇の職務と権能は憲法に基づいて行使され，国民の基本意思に対して責任を負うこと，②戦争の放棄，戦力の不保持，交戦権の否認，③封建制度の廃止，イギリス型の予算制度の採用，という原則（**マッカーサー三原則**）を示した。2月13日には，マッカーサー三原則を受けて作成された総司令部案（**マッカーサー草案**）が日本政府に示された。日本政府はその内容に驚き再考を求めたが，結局マッカーサー草案に基づいて日本案を作成することを決定した。

日本政府は，マッカーサー草案に，国会を二院制にするなどの修正を加えて，改めて改正草案を作成し，総司令部と折衝のうえ，3月6日に憲法改正草案要綱を国民に公表した。4月17日には改正草案要綱を口語で条文化した憲法改正草案を作成し，正式に明治憲法の改正案とした。

4　帝国議会の審議

憲法改正案の公表に先立つ4月10日，初めて女性の選挙権を認めた普通選挙制による総選挙が行われ，選挙後に召集された第90回帝国議会において，憲法改正草案が審議された。衆議院および貴族院において若干の修正があったが，憲法改正草案は圧倒的多数の賛成で可決された。その後，枢密院の審議を経て，

図表２-１　帝国議会での主な修正点

衆議院での修正点	・前文および１条の国民主権の趣旨を明確化。 ・44条但書に「教育，財産又は収入」による差別の禁止を追加し，普通選挙の趣旨を徹底した。 ・内閣総理大臣は国会議員のなかから指名すること，国務大臣の過半数は国会議員のなかから選ばれなければならないものとし，その選任についての国会の承認を削った。 ・９条１項の冒頭に「日本国民は，正義と秩序を基調とする国際平和を誠実に希求し」の文言を配し，２項の冒頭に「前項の目的を達するため」の文言を追加（芦田修正）。 ・国民の要件（10条），国家賠償（17条），納税の義務（30条），刑事補償（40条）の規定を新設，25条に「すべて国民は，健康で文化的な最低限度の生活を営む権利を有する」との規定（生存権規定）を追加。 ・98条に国際法規尊重に関する２項を追加修正。
貴族院での修正点	・15条に，公務員の選挙について成年者による普通選挙を保障する規定を追加。 ・66条に，内閣総理大臣その他の国務大臣は文民でなければならない旨の規定を追加。 ・59条に，法律案の場合についての両院協議会の規定を追加。

出典：野中俊彦・中村睦男・高橋和之・高見勝利『憲法Ⅰ［第５版］』有斐閣，2012年，59-60頁より引用

11月３日に「日本国憲法」として公布され，翌1947（昭和22）年５月３日に施行された。

Ⅱ　日本国憲法の法的説明

１　明治憲法との関係

(1)　憲法改正の限界　　日本国憲法は，明治憲法73条が定める改正手続にしたがって帝国議会で審議・可決され，天皇の裁可を得て公布されたものであり，形式的には，明治憲法の「改正」として成立したもの（**欽定憲法**）である。しかし，日本国憲法前文は，日本国憲法は**国民主権**の原則に基づいて制定された**民定憲法**であることを宣言している。つまり，天皇主権を定める明治憲法を，国民主権を定める日本国憲法に改正したことになる。このように憲法の基本原

理を変更することは，法的に許されないのではないかが問題となる。

憲法改正に限界はないとの立場（**憲法改正無限界説**）に立つならば，日本国憲法の制定は明治憲法の改正として説明できる。しかし，憲法改正には一定の限界がある，つまり，改正手続にしたがっても改正できないものがあるとする立場（**憲法改正限界説**）が有力であり，天皇主権から国民主権への変更は改正の限界を超えるものであると考えられている。それでは，日本国憲法の成立をどのように説明すればよいのだろうか。この点を説明するものとして，**八月革命説**がある。

⑵　八月革命説　　八月革命説は，明治憲法の改正規定にしたがって明治憲法の基本原理である天皇主権を変更し，国民主権を定めることは，確かに憲法改正の限界を超えるものであり法的には不可能であるとしたうえで，以下のように説明する。

日本政府が受諾したポツダム宣言12項は，国民主権の確立を要求しているので，ポツダム宣言を受諾した段階（８月14日）で，明治憲法の天皇主権は否定され，国民主権が成立した，すなわち，法的に一種の革命があったとみる。この時点で，明治憲法は，ポツダム宣言と矛盾する範囲については無効になった。そして，日本国憲法は，実質的には明治憲法の改正としてではなく，新たに成立した国民主権に基づいて，国民が制定した**民定憲法**であるとみる。ただし，急激な価値転換によって混乱が起こることを防ぐために，便宜上，明治憲法73条の改正規定を利用したのである。

2　「押しつけ憲法」論

憲法はその国の国民の自由意思に基づいて制定されなければならない（**憲法の自律性**）。総司令部の主導のもとで制定された日本国憲法は，占領の産物であり，連合国に「押しつけられた憲法」だから改正すべきである，あるいは無効であるという批判がある。

確かに，日本国憲法制定過程で総司令部からの強制的な要素があったのは事実である。しかし，日本国憲法制定の契機となったポツダム宣言は，一方的な命令ではなく，不完全ながらも連合国と日本の双方を拘束する一種の休戦条約

図表2-2　日本国憲法制定年表

1945年	8月14日	ポツダム宣言を受諾し，連合国に降伏
	9月2日	アメリカの戦艦ミズーリ上で降伏文書に調印
	10月4日	マッカーサーが近衛文麿に憲法改正を示唆
	10月9日	幣原喜重郎内閣成立
	10月11日	マッカーサーが幣原に憲法改正を示唆
	10月25日	憲法問題調査委員会（松本委員会）を設置
1946年	1月1日	天皇が「人間宣言」を行う（天皇の神格化を否定）
	2月1日	毎日新聞が憲法問題調査委員会私案（松本私案）をスクープ
	2月3日	マッカーサーが民政局に三原則を示して憲法改正草案の作成を指示
	2月8日	松本私案を総司令部に提出
	2月13日	総司令部が松本私案を拒否し，マッカーサー草案を日本政府に手交
	3月6日	日本政府が憲法改正草案要綱を発表
	4月10日	男女普通選挙による初めての衆議院議員総選挙
	4月17日	日本政府がひらがな口語体の憲法改正草案を発表
	5月22日	第一次吉田茂内閣が発足
	6月20日	憲法改正案が第90回帝国議会に提出される
	8月24日	衆議院が憲法改正案を修正可決
	10月6日	貴族院が憲法改正案を修正可決
	10月7日	衆議院が貴族院から回付された修正案を可決
	10月29日	枢密院が憲法改正案を可決
	11月3日	日本国憲法公布
1947年	5月3日	日本国憲法施行

といえるものだった。また，その内容は，国民主権の採用，基本的人権の確立など，実質的に明治憲法の改正を要求するものだった。そのため，ポツダム宣言の受諾は，憲法改正への日本政府の同意を意味していた。さらには，連合国は，日本側の憲法改正案がポツダム宣言に合致しないと判断した場合には，それを遵守することを日本に要求する権利をもっていたと考えられている。

また，日本国憲法は，初めて女性も参加した完全な普通選挙による議会での自由な議論を経て，圧倒的多数の賛成を得て可決された。さらには，総司令部の上部機関である極東委員会によって，憲法施行後１年後２年以内に改正の要否について検討する機会を与えられていたにもかかわらず，日本政府は改正の必要はないと回答している。

そして，日本国憲法は制定以降一度も改正されることなく，その内容は国民に定着しているという社会的事実がある。

これらの事実を総合的に判断すると，日本国憲法は，不十分な点はあるものの，自律性の原則には反しないと考えられる。

3 日本国憲法の基本原理

Ⅰ 基本原理

日本国憲法は，**国民主権**，**平和主義**，**基本的人権の尊重**を基本原理としている。この３つの基本原理は，互いに関連している。基本的人権が尊重されるためには，国の政治のあり方を，君主ではなく，国民が最終的に決定できなければならない。また，基本的人権が尊重されるためには，平和であることが不可欠の前提となる。つまり，国民主権と平和主義があってこそ，近代立憲主義の究極目的である基本的人権の尊重が達成されるのである。

また，ここでいう基本的人権とは，自由権（**国家からの自由**）だけではなく，社会権（**国家による自由**）も含んでいる。つまり，日本国憲法は，国民主権や基本的人権の尊重を掲げ，権力分立制度を採用するなど，「近代的意味の憲法」の特徴を備えているだけではなく，社会的・経済的弱者の救済のために社会権を保障するなどの点で，「現代的意味の憲法」の特徴も備えているといえる。

Ⅱ 前文の理解

1 前文の内容

日本国憲法の前文は，４段落で構成され，そこには日本国憲法の基本原理が書かれている。

第１段落は，日本国憲法が，主権者である国民によってつくられた民定憲法であること，そして，憲法制定の目的が，「自由のもたらす恵沢」と平和の達成にあること，そして，人類普遍の原理としての民主主義を憲法の基本原理とすることが宣言されている。つまり，第１段落では，憲法の３つの原理が宣言されている。

第２段落では，日本国民が恒久平和を念願し，「平和を愛する諸国民の公正と信義に信頼して，われらの安全と生存を保持しようと決意した」こと，そして，全世界の国民が，「平和のうちに生存する権利を有すること」を確認している。第３段落では，これを受けて，「自国のことのみに専念して他国を無視してはなら」ず，国際協調主義に立つことが「各国の責務」であるとしている。そして，第４段落では，「日本国民は，国家の名誉にかけ，全力をあげてこの崇高な理想と目的を達成すること」を誓っている。

2　前文の法的効力

前文は，憲法だけではなく，法律にも書かれていることがあり，その内容はさまざまである。日本国憲法の場合，前文は，憲法の基本原理を宣言したものであり，その意味では重要なものではあるが，その法的効力については争いがある。

前文も憲法の一部である以上，憲法と同じ法的効力があることは間違いない。たとえば，前文を改正するには憲法96条が定める改正手続によらなければならない。問題は，裁判所が直接執行しうる規範という意味での裁判規範性が認められるかどうか，つまり，前文に規定された権利を根拠に訴えを提起できるかどうかである。前文の規定は抽象的な原理の宣言にとどまるものであり，裁判規範とするならば本文に具体的な規定を置くはずであることなどから，前文の裁判規範性は否定されると一般的に考えられている。

この点で問題となったのが，前文の第２段落に規定されている，「平和のうちに生存する権利」（**平和的生存権**）である。平和的生存権は，自衛隊違憲訴訟において，基地付近の住民が基地の撤廃を裁判所に求める場合の根拠として用いられた。北海道夕張郡長沼町にミサイル基地を建設するために，農林大臣（当時）が保安林の指定を解除しその伐採を認めた処分について，周辺住民がその取消しを求めて争った長沼事件第１審（札幌地判昭48・９・７判時712・24）で，札幌地方裁判所が，平和的生存権の裁判規範性を認めたことが注目された。しかし，同事件の高等裁判所（札幌高判昭51・８・５行集27・８・1175）は裁判規範性を否定し，最高裁判所（最判昭57・９・９民集36・９・1679）は平和的生存権の裁判規範性について判断を示さなかった（第４章**5**を参照）。

Ⅲ　最高法規性

憲法98条は，日本国憲法が，「国の最高法規であつて，その条規に反する法律，命令，詔勅及び国務に関するその他の行為の全部又は一部は，その効力を有しない」と規定している。つまり，憲法は，法律，命令など，国内法形式の体系のなかで最も強い形式的効力をもっている。立憲的意味の憲法の基本価値は，国家権力を拘束して，国民の権利を保護することにある。憲法97条が，基本的人権の永久，不可侵性を謳（うた）っていることからもわかるように，憲法はこのような価値を体現するものである。だからこそ，国の**最高規範**であるとされ，通常の法律よりも厳格な改正手続を課している（**硬性憲法**）。

憲法99条は，公務員の**憲法尊重擁護義務**を定めている。憲法が国の最高法規であり，国家権力を制限するものであるため，権力を担当する者が憲法に違反しないように特に注意する趣旨の規定である。ただし，権力を担当する者が憲法を批判してはならないということではなく，憲法改正の議論をすることなどは認められる。憲法99条は，権力を担当する者は，職務を行使する際に憲法に違反してはならないことを定めているのである。

なお，憲法尊重擁護義務を負う者のなかに国民が入っていないことに注意する必要がある。立憲主義に基づく憲法は，国家権力を拘束するものであり，国民に義務を課すものではない。

第3章 国民主権と象徴天皇

POINT

① 国民主権の意味を理解すること。
② 象徴天皇の意味を理解すること。
③ 天皇の権能の内容および意義を理解すること。

1 国民主権

I 主権の意味

主権という言葉にはさまざまな意味があるが，一般的に，①**国家権力そのもの（国家の統治権）**，②**国家権力の属性としての最高独立性**，③**国政についての最高の決定権または権威**，という３つの意味で使われる。

①は，立法権，行政権，司法権を総称する「統治権」という言葉とほぼ同じ意味で使われる。たとえば，ポツダム宣言８項が，「日本国ノ主権ハ本州，北海道，九州及四国並ニ吾等ノ決定スル諸小島ニ局限セラルヘシ」という場合の「主権」はこの意味である。

②は，国家権力が対内的には最高であり，対外的には独立していることを意味する。つまり，国内には中央政府に優越する統治権力がなく，また，他の国から内政干渉を受けないことを意味している。日本国憲法前文３段で，「自国の主権を維持し」という場合の「主権」は②の意味である。ここでは，国家の独立性に重点が置かれている。

国民主権という場合の「主権」は，③の意味である。憲法前文１段で，「ここに主権が国民に存することを宣言し」という場合や，憲法１条で「主権の存する日本国民の総意」という場合がこれにあたる。

Ⅱ　国民主権の意味

日本国憲法は，主権者が国民であることを規定している（前文・憲1条）。つまり，「国政についての最高の決定権または権威」を，「君主」ではなく「国民」がもつとしている。「国民」は，「君主」のように1人ではないので，主権者である「国民」とは誰のことを指すのかが問題となる。この問題について，大きく分けると，「全国民」のことを指すとする考え方と，「有権者」のことを指すとする考え方がある。

1　全国民主体説

これは，国民主権という場合の「国民」とは，具体的な個々人のことではなく，抽象的に想定される全国民＝国籍保有者のことを指すという考え方である。また，現在の国民だけではなく，過去・現在・未来の世代を含む全国民のことを指すという考え方もある。どちらにしろ，このような全国民は，生まれたばかりの子どもや，まだ生まれていない人やすでに死んでいる人など，政治的意思表示をできない者も含む。つまり，主権者である国民とは，具体的な決定を下すことができる存在ではない。そこで，「全国民」に代わって国家の意思を決定する機関（代表機関）が必要となる。そして，国民主権とは，なんらかの具体的な権限を定めるものではなく，この代表機関の決定を，「全国民」の名において正当化するものであると考えられる。つまり，国民主権とは，**「全国民」の意思が国家権力の正当性の究極の根拠であるという理念**を宣言したものであると考える。

2　有権者主体説

これは，国民主権という場合の「国民」とは，有権者という特定の自然人の集合であるという考え方である。この考え方は，「国民」の範囲を，政治的意思表示をできる者に限定している。このような国民は，国政についての最終的な決定権を行使することができる。そこで，国民主権とは，**主権者である国民が，国政に関する最高的な決定権を行使できるような制度の導入を求めるもの**

であると考える。ここでいう「国民」とは，政治的意思表示をできる，特定の個人の集合であるから，理論的には代表機関を必要としない。つまり，国民自身が，直接に政治的意思表明をする直接民主制と密接に結びつくことになる。

3　折衷説

上記1の考え方に対しては，国民主権をたんなる理念の宣言と考えてしまうと，国民主権を定める規定を意味のないものにしてしまうという批判がある。2の考え方に対しては，国民のなかに，主権者と主権者でない者がいることになってしまうのは不合理であるという批判や，有権者の範囲は法律で決められるため，主権者の範囲が法律によって決定されるのは不合理である，などの批判がある。

そこで，1と2を折衷する考え方がある。つまり，憲法の国民主権を定める規定には，2つの意味があると考える。1つは，**国家の権力行使を正当化する最終的な権威が国民にある**という「**正当性の契機**」である。この場合の「国民」とは，観念的な統一体としての全国民である。日本国憲法は，国家の権力行使を正当化する最終的な権威が国民にあることを宣言することによって，神の子孫である天皇が，神の意志にしたがって国家を統治するという，明治憲法の神権主義を明確に否定した。もう1つが，**国の政治のあり方を最終的に決定する権力を，有権者が行使する**という「**権力的契機**」である。この場合の「国民」とは，実際に政治的意思表示を行うことができる有権者のことを指す。ここでいう権力的契機とは，憲法を改正するという，まさに国の政治のあり方を最終的に決定する権能を国民がもつということである。

このように，国民主権には，正当性と権力性の2つの契機が含まれている。君主主権のもとでは，両者は重なり合っていたが，国民主権のもとでは，国民が常に政治に直接参加することは不可能であるため，両者は乖離（かいり）し，正当性の契機が強調されることになる。日本国憲法は，間接民主制を基本としつつも，例外的に，最高裁判所裁判官の国民審査や地方特別法の住民投票など，直接民主制のしくみも取り入れている。このような憲法が定めたもの以外の国民投票制を法律で制定することが可能かどうかについては議論があるが，認められないとするのが通説である。

2 天 皇 制

I 天皇の地位

1 地位の根拠

明治憲法は，天皇の地位は，天皇の祖先である神の意思（神勅）に基づくものであると規定していた。明治憲法1条は，神の意志に基づく天皇の地位を確認するだけの規定だった。これに対して，日本国憲法は，天皇の地位は，**主権の存する日本国民の総意**に基づくものであると規定する。つまり，国民の意思によって天皇制を改廃することも可能である。

2 象徴天皇

日本国憲法1条は，天皇は，「日本国の象徴であり日本国民統合の象徴であ」ると規定する。「象徴」とは，抽象的なものを，具体的なもので表現するものである。たとえば，鳩が平和を象徴するという例があるが，この場合「鳩」という具体的で目に見えるものが，「平和」という抽象的で目に見えないものを表現している。日本国憲法1条は，「天皇」という具体的な人が，「日本国」および「日本国民の統合」という抽象的なものを表現すると規定している。

天皇が「象徴」であるということは，どのような意味があるのだろうか。もともと君主制の国家では，君主は象徴としての地位と役割をもっており，明治憲法下でも天皇は象徴だった。日本国憲法1条が，天皇が象徴であると規定しているのは，天皇が国の「象徴」以外の役割をもたない，つまり，**統治権をもたないこと**を強調することにある。

3 元首，君主

天皇は「君主」あるいは「元首」であるのかという問題がある。

君主は，①その地位が世襲かつ独任制で伝統的な権威をともなうこと，②統治権を総攬するか，少なくとも行政権の一部を有すること，などが要件である。その意味からすると，天皇は君主ではない。しかし，君主の権力が名目化しつつある現代では，②の要件は不要であるとの主張がある。そのように考えるなら，天皇は君主であると考えることもできる。要するに「君主」の定義の問題であり，天皇を君主とよべるかどうかによって天皇の権限に違いが出るわけではない。

元首は，対外的に国家を代表する機関である。日本国憲法のもとでは，対外的に国家を代表する権限を実質的に有するのは内閣であって，天皇は形式的・儀礼的行為しかできない。そのため，日本の元首は内閣または内閣総理大臣であるとする考え方が有力である。これに対して，実務上は，外国の大使や公使の信任上のあて先は天皇になっていることなどから，形式的行為しかできないとはいえ，天皇を元首と解することもできなくはないとする考え方もある。天皇が元首かどうかについても，君主の場合と同様，定義の問題にすぎず，天皇を元首とよべるかどうかによって天皇の権限に違いが出るわけではない。

4　天皇の刑事責任・民事責任

天皇は日本国の象徴であるが，その地位にふさわしい処遇が必要だとされることがある。そこで問題となるのが，天皇の刑事責任・民事責任である。

天皇の刑事責任については，憲法や法律には明文の規定がない。しかし，皇室典範21条が，「摂政は，その在任中，訴追されない」と規定していることから，天皇についても刑事責任は問われないと解される。なお，法律によって，天皇の刑事訴追を認めることが可能かどうかについては議論がある。

天皇の民事責任については，天皇は原告にも被告にもなることができるというのが有力である。これに対し，最高裁判所は，「天皇は日本国の象徴であり日本国民統合の象徴であることにかんがみ，天皇には民事裁判権が及ばないものと解するのが相当である」と判断している（最判平元・11・20民集43・10・1160）。しかし，象徴であることが，なぜ民事責任の否定と結びつくのかが説明されていない点が批判されている。

天皇の民事責任——記帳所事件（最判平元・11・20民集43・10・1160）

千葉県知事は1988（昭和63）年９月23日から1989（昭和64）年１月６日まで昭和天皇の病気の快癒を願う県民記帳所を設置し，これに千葉県の公費を支出した。千葉県民である原告は，本件記帳所に対する公費の支出は違法であるとして，千葉県に代位して，千葉県知事に対しては損害賠償を，また，昭和天皇は記帳所設置に要した費用相当額を不当に利得したとして，その相続人である今上天皇に対して，不当利得返還を求めて住民訴訟を提起した。

最高裁判所は，「天皇は日本国の象徴であり日本国民統合の象徴であることにかんがみ，天皇には民事裁判権が及ばないものと解するのが相当である」と述べて，住民の上告を棄却した。

Ⅱ　天皇の権能

1　国事行為

憲法は，「天皇は，この憲法の定める国事に関する行為のみを行ひ，国政に関する権能を有しない」（憲４条１項）としており，**天皇の権限を大幅に限定**している。そして，憲法６条・７条で天皇の権限を限定的に列挙しており，法律によって新たな国事行為を加えることはできない。

⑴　内閣総理大臣の任命　　天皇は，国会の指名に基づいて，内閣総理大臣を任命する。内閣総理大臣は，国会議員のなかから国会の議決で指名される（憲67条）。そして，内閣の「助言と承認」に基づいて天皇が任命するが，天皇は国会の指名どおりに任命しなければならず，裁量の余地はまったくない。なお，助言と承認を行う内閣は総辞職後の事務管理内閣（憲71条）であり，この内閣は，国会の指名があった後，ただちに助言と承認を行うべきであると考えられている。

⑵　最高裁判所長官の任命　　天皇は，内閣の指名に基づいて，最高裁判所長官を任命する（憲６条２項）。憲法制定過程では，ほかの裁判官同様，最高裁判所長官の任命も内閣が行うことになっていたが，帝国議会の審議の途中で，最高裁判所長官だけ天皇の国事行為とされた。ただし，天皇の任命は，内閣の

指名に基づいて行われるため，実際上内閣が任命することにかわりはない。なお，任命に際し，天皇に裁量の余地がないのは，内閣総理大臣の任命の場合と同様である。

(3) 憲法改正，法律，政令および条約の公布　天皇は，憲法改正，法律，政令および条約を公布する（憲7条1号）。「公布」とは，成立した法令の内容を広く国民に知らせる行為である。ここにあげられた法令は，憲法が定める手続で制定されたときに成立するが，それが国民に対して効力をもつのは，公布されて以降のことである。公布の方法を定める法律はないが，慣例上，官報に掲載するという方法で行われている。なお，官報による公布があったとされるのは，一般の国民がその官報を見ることができる最初の時点だとされている（最大判昭33・10・15刑集12・14・3313）。

公布の時期について，憲法改正については，改正が成立したときには，天皇は「直ちに」公布しなければならない（憲96条2項）。法律については，成立すると，内閣を経由して天皇に奏上される（国会65条）が，天皇は，奏上の日から30日以内に公布しなければならない（国会66条）。政令および条約については，特に定めがないので，公布の時期については内閣が自由に決めることができる。

(4) 国会の召集　天皇は，国会を召集する（憲7条2号）。「召集」とは，期日を定めて国会議員を集会させて，会期を開始させる行為である。天皇による召集は，詔書をもって行われ，議員は，召集詔書に指定された期日に，各議院に集会しなければならない（国会5条）。

臨時会については，内閣が召集を決定できる（憲53条）が，常会，特別会については憲法上の規定がないので，誰が召集の実質的決定権をもつのかが問題となる（第14章**4**「国会の開閉」を参照）。助言と承認に実質的決定権を含まない立場（後述**3**を参照）にたつと，誰が実質的決定権をもつかを確定することが困難になる。助言と承認を行う内閣が実質的決定権をもつと考えるべきだろう。

(5) 衆議院の解散　天皇は，衆議院を解散する（憲7条3号）。「解散」とは，議員の任期が満了する前に議員の身分を終了させることである。解散は詔書をもって行われる。解散は天皇が行うが，その実質的な決定権は内閣がもつと考えられている（後述3を参照）。

（6）国会議員の総選挙の施行の公示　天皇は，国会議員の総選挙の施行を公示する（憲7条4号）。ここでいう「総選挙」とは，全国の選挙区で同時に行われる選挙のことで，衆議院議員の総選挙だけではなく参議院議員の通常選挙も含む。「総選挙の施行の公示」とは，総選挙を行うことを，その期日を決めて国民に知らせる行為である。衆議院議員の総選挙は任期満了前30日以内または解散の日から40日以内に，参議院議員の通常選挙は任期満了前30日以内に行われる（憲54条，公選31条1項・3項，32条1項）。具体的な期日の実質的な決定権は，解散等の場合と同様に，助言と承認を行う内閣がもつと考えられている。なお，総選挙の施行の公示は，衆議院議員の総選挙の場合は少なくとも12日前に，参議院議員の通常選挙の場合は少なくとも17日前にしなければならない（公選31条4項・32条3項）。

（7）国務大臣および法律の定めるその他の官吏の任免の認証ならびに全権委任状・大使・公使の信任状の認証　天皇は，国務大臣および法律の定めるその他の官吏の任免の認証ならびに全権委任状および大使・公使の信任状を認証する。「認証」とは，ある行為が正式な手続でなされたことを公に証明する行為である。国務大臣の任免権は内閣がもち（憲68条），天皇はそれを認証するだけである。

「法律の定めるその他の官吏」とは，最高裁判所判事，高等裁判所長官（裁39条3項・40条2項），検事総長，次長検事，検事長（検察庁法15条1項），宮内庁長官，侍従長（宮内庁法8条2項・10条2項），公正取引委員会委員長（独禁29条3項），副大臣（行組16条5項）などがある。

「全権委任状」とは，特定の条約の締結に関して全権を委任する旨を表示する文書である。「大使・公使の信任状」とは，外国使節として特定人を派遣する旨を表示する文書である。憲法は，外交関係を処理する権限を内閣がもつとしている（憲73条2号）ので，これらの文書を発行する権限も内閣がもつと考えられている。天皇は内閣が発行した文書を認証するだけである。

（8）恩赦の認証　天皇は，大赦，特赦，減刑，刑の執行の免除および復権を認証する（憲7条6号）。これらの行為をまとめて「恩赦」という。「恩赦」とは，行政権が犯罪者を赦免することであり，もともとは君主が，その恩恵を民衆に与える行為として行われたものだった。日本では古くから，皇室や将軍家の慶弔時などに際して行われてきた。

日本国憲法下では，日本国憲法公布や，サンフランシスコ平和条約発効などの国家の重大事や，明仁皇太子（当時）の即位や徳仁皇太子の成婚などの皇室の慶事などの際に行われている。しかし，現代では，国民主権原理のもとで，司法権に対する重大な干渉となるようなこの行為を君主の恩恵によって正当化することは困難であり，恩赦を皇室の慶事と結びつけて行うことには批判もある。今日では，法律上の刑罰規定が社会的状況の変化に適切に対応しきれずに硬直化するようになった場合などに，例外的に具体的妥当性を回復する措置として利用される制度であると理解すべきである。恩赦を決定する権限は内閣がもち（憲73条7号），天皇はそれを認証するだけである。

⑼　栄典の授与　　天皇は栄典を授与する（憲7条7号）。「栄典」とは，特定の人に対し，その国家に対する功労や栄誉を表彰するために与えられる位階や勲章などのことである。明治憲法下では，爵，位，勲章，褒章があったが，日本国憲法は栄典の世襲を禁止したため，爵は廃止され，勲章のうち軍人に授与される金鵄勲章は廃止された。その他の栄典については，その種類および授与の基準を定める法律はなく，実務では，明治憲法下での法令（勅令や太政官布告）に依拠しているため，憲法上疑義があると指摘されている。

憲法が，恩赦については認証を天皇の行為としながら，栄典については認証ではなく授与そのものを天皇の行為としたことには疑問があるが，いずれにせよ，実質的な決定権は内閣がもつと考えるべきである。また，国民主権のもとでは，栄典を真に授与するのは，本来は主権者である国民全体であると考えられる。その他の国事行為が，原則として天皇のみが行えるものであるのに対し，栄典の授与については，天皇以外の者が行うことは禁止されていない。その例としては，国民栄誉賞や名誉市民などがある。

⑽　批准書および法律の定めるその他の外交文書の認証　　天皇は，批准書

および法律の定めるその他の外交文書を認証する（憲7条8号）。国家間の合意である条約は，通常は，全権委任状を携えた外交使節による交渉と署名・調印により条件つきで成立する。これを本国政府が承認し，効力を確定させる行為を「批准（ひじゅん）」とよぶが，批准を行う外交文書が「批准書」である。その実質的決定権は，外交を処理する権限をもつ内閣にあり（憲73条2号），天皇はそれを認証するだけである。天皇が認証する「その他の外交文書」には，大使・公使の信任状・解任状，領事官の委任状などがある（外務公務員法9条）。

⑾　外国の大使および公使の接受　　天皇は，外国の大使および公使を接受する（憲7条9号）。本来，「接受」とは，外国の大使・公使に対してアグレマン（承認）を与え，その大使・公使が携えてくる派遣国政府が発行した日本国政府宛ての信任状を受理する行為のことである。しかし，このような行為を行う権限は内閣にあるため，天皇の国事行為とされる「接受」とは，外国の大使・公使を儀礼的に接見する行為を意味すると考えられている。ただし，実務上は，信任状の宛先は天皇になっており，日本政府もこれに異議を唱えていない。つまり，日本国政府は，天皇の国事行為とされる「接受」とは，信任状の受理という法的行為を含むと解釈している。どちらにしろ，天皇が受理するといっても，形式的・儀礼的にであり，実質的決定権は内閣がもつ。

⑿　儀式を行うこと　　天皇は儀式を行う（憲7条10号）。「儀式を行うこと」とは，儀式を天皇が主宰者となって行うことである。この場合の儀式とは，私的ではなく国家的な儀式であり，政教分離の原則からして宗教的なものであってはならない。ここでいう儀式には，「即位の礼」（典範24条），「大喪の礼」（典範25条）などがある。

2　天皇の代行

憲法は，天皇が国事行為を行うことができない場合に，ほかの者が天皇の代行として国事行為を行う制度として，⑴臨時代行と，⑵摂政の2種を定めている。

⑴　臨時代行　　天皇は，法律の定めるところにより，その国事に関する行為を委任することができる（憲4条2項）。これに基づいて，「国事行為の臨時代行に関する法律」が制定され，天皇に心身の疾患または事故があるときは，摂

図表３-１　天皇の国事行為

①　内閣総理大臣の任命	6条1項
②　最高裁判所長官の任命	6条2項
③　憲法改正，法律，政令および条約の公布	7条1号
④　国会の召集	7条2号
⑤　衆議院の解散	7条3号
⑥　国会議員の総選挙の施行の公示	7条4号
⑦　国務大臣および法律の定めるその他の官吏の任免の認証ならびに全権委任状・大使・公使の信任状の認証	7条5号
⑧　恩赦の認証	7条6号
⑨　栄典の授与	7条7号
⑩　批准書および法律の定めるその他の外交文書を認証する	7条8号
⑪　外国の大使および公使の接受	7条9号
⑫　儀式を行うこと	7条10号

政を置くべき場合を除いて，国事行為を委任することが認められている。たとえば，天皇がヨーロッパを訪問した際には，「事故」に該当するとして，皇太子を臨時代行者にしたことがある。なお，委任は，個々の国事行為について行うことも，また，すべての国事行為について一時的に包括して行うこともできる。

(2)　摂政　　憲法は，「皇室典範の定めるところにより摂政を置くときは，摂政は，天皇の名でその国事に関する行為を行ふ。この場合には，前条第１項の規定を準用する」と規定する（憲５条）。「摂政」とは，①天皇が成年（18歳）に達しないとき，②天皇が精神もしくは身体の重患または重大な事故により，国事に関する行為をみずから行うことができないような状況にあるときに置かれる，天皇の法定代行である（典範16条）。摂政は，天皇の意思によって委任される臨時代行とは異なり，皇室会議が上記①または②にあたると判断した場合には，当然に置かれる。なお，摂政になることができるのは，成年に達した皇族であり，その順序は皇室典範に規定されている（典範17条）。

3　内閣の助言と承認

憲法は，「天皇の国事に関するすべての行為には，内閣の助言と承認を必要とし，内閣が，その責任を負ふ」としている（憲3条）。天皇の国事行為には，内閣の「助言と承認」が必要であり，また，内閣がその責任を負うため，天皇は責任を負わない。

天皇の国事行為に対する「助言」とは，事前の勧告であり，「承認」とは，事後の同意である。助言と承認は閣議で行われる。この閣議決定は事前と事後の双方必要であるとする考え方もあるが，助言と承認を1つの行為ととらえて，閣議決定は1回でよいと考えられている。また，助言と承認は，原則として国事行為の前に行われなければならないとされる。

天皇は，国政に関する権能を有しないが，国事行為には，「衆議院の解散」や「国会の召集」など，行為それ自体は国政に関するものがある。「内閣総理大臣の任命」のように，憲法が実質的決定権者を明示している場合は問題がない（「内閣総理大臣の任命」の場合は，国会が実質的決定権者〔憲67条1項〕）。しかし，「衆議院の解散」のように，実質的決定権者について憲法の明文規定がない場合，どの機関が実質的な決定権を有するのかが問題となる。

この問題について，①内閣の「助言と承認」は実質的決定権を含む場合もあるとする考え方と，②内閣の「助言と承認」は実質的決定権を含まないとする考え方がある。

①は，憲法に特別な定めがない限り，「助言と承認」を行う内閣が行為の実質的な決定を行うことができると考える。国事行為のなかには，認証や接受のようにそれ自体が形式的・儀式的なものと，衆議院の解散のようにそれ自体としては実体的権限を含むものがある。憲法は，すべての国事行為について内閣の「助言と承認」が必要であるとして，実体的権限を含む行為についても決定権と責任を内閣に移した。そして，天皇には形式的・儀式的行為のみが残る。この考え方によると，「衆議院の解散」のように実質的決定権者についての明文の規定がないものも，憲法7条を根拠に内閣が実質的な決定を行うことができる。天皇は，内閣の助言と承認に基づいて，衆議院を解散する旨の形式的な宣言を行うのみである。

②は，国事行為は本来すべて形式的・儀礼的行為であり，したがって，内閣

の「助言と承認」はそのような形式的・儀礼的行為を行うことに対して行うものであるため，「助言と承認」は実質的決定権を含まないと考える。たとえば，天皇の国事行為とされる衆議院の解散とは，実質的な権限を排除した形式的・儀礼的な宣言のみであると考える。この考え方によると，実質的決定権者についての明文の規定がないものについては，どの機関が実質的決定権者であるかについての根拠は，憲法７条以外に求めなければならない。

①と②のどちらの立場をとるかにより，天皇の権限に違いが生じるわけではない。しかし，衆議院の解散のように実質的決定権者について明文の規定がない行為について，実質的決定権を憲法上明確に根拠づけるためには，①の考え方のほうが妥当ではないだろうか（解散権の所在については，第15章「内閣」を参照）。また，条文の素直な理解としても，①の考え方のほうが妥当だろう。

４　公的行為

天皇は，国家機関として国事行為を行うが，当然のことながら，テニスをしたり生物学の研究をしたりするなどの私生活が認められる。しかし，天皇は，国事行為ではないが，純粋な私的行為とはいえない行為も行っている。たとえば，国会開会式での「おことば」，国内巡幸，外国の公式訪問，来日した外国元首の接受や接待，園遊会開催などがある。問題は，このような「**公的行為**」が憲法上認められるか，また，認められるとしても，誰がその責任を負うのか，である。

この点について，憲法上天皇に許されているのは国事行為と私的行為のみであり，これらの行為は憲法７条10号の「儀式」に含まれると考える立場がある（二分説）。つまりこれらの行為については内閣の助言と承認が必要であると考える。このような国事行為以外に公的行為を認めない立場は，天皇の行為を限定しようとしている点で合理的である。しかし，天皇以外の者が主催する行事へ参加することを，「儀式を行ふこと」（憲７条10号）に含めるのは無理がある。

そこで，天皇の行為について，国事行為と私的行為のほかに，公的行為も憲法上認められると考える（三分説）。この考え方には，公的行為は，①天皇の象徴としての地位に基づく行為であるとする考え方（象徴行為説）と，②天皇の公人としての地位にともなう社交的・儀礼的行為であるとする考え方（公人行為説）がある。どちらの考え方に立つとしても，公的行為は純粋に儀式的・儀礼的な行為であれば認められ，**国事行為に準じて内閣が統制する必要**がある。公的行為については，「皇室関係の国家事務」（宮内庁法１条２項）を担当する宮内庁が直接の責任を負い，最終的には内閣が責任を負う。

Ⅲ　皇室の経済

明治憲法下では，皇室は莫大な財産を有しており，また，議会は皇室の財政にほとんど関与できなかった。日本国憲法は，三種の神器などの純然たる皇室財産とされるものを除いて，すべて国有財産とした。そして，皇室の費用については予算に計上して，国会が統制するようにした（憲88条）。

皇室の費用とは，天皇および皇族の生活費，宮廷事務に必要な費用を指し，内廷費，宮廷費，皇族費の３種類がある。内廷費は，内廷に属する皇族（天皇，皇后，皇太子，皇太子妃，皇太孫，皇太孫妃など）の生活費にあたり，天皇家の私費とされる。宮廷費は，公的行為などの宮廷の公務に充てられる公費であり，宮内庁が管理する。皇族費は，内廷に属さない皇族の生活費にあたる。皇族費には，毎年支給されるものと，皇族が初めて独立の生計を営む際および皇族がその身分を離れる際に一時金として支出されるものもある。たとえば，2018（平成30）年に婚姻により皇族の身分を離れた女性皇族に対し，１億675万円の一時金が支出されることになった。2018（平成30）年度は，内廷費が３億2,400万円，宮廷費が91億7,145万円，皇族費が３億6,417万円である。

また，憲法は，「皇室に財産を譲り渡し，又は皇室が，財産を譲り受け，若しくは賜与することは，国会の議決に基かなければならない」（憲８条）と規定し，再び皇室に莫大な財産が集中することや，皇室と特定の者との間に経済的なつながりができることを防ぐために，**皇室の財産授受を国会が統制**するようにした。その趣旨からすると，ここでいう「財産」とは，相当程度高い価値を有するものであると考えられる。そのため，①相当の対価による売買など，通常の私的経済行為，②外国交際のための儀礼上の贈答，③公共のためになす遺贈または遺産の賜与，④１年間の合計額が法律で定める一定限度内にとどまるもの，については，いちいち国会の議決を経なくてもよいとされる（皇室経済法２条）。

Topics

皇位の継承――女性天皇問題

憲法２条は，「皇位は，世襲のものであつて，国会の議決した皇室典範の定めるところにより，これを継承する」と規定している。公職の担当者を世襲によって受け継いでいくことは，憲法14条が定める法の下の平等に反するが，天皇制については憲法が定めた例外である。

憲法は，世襲についての具体的なルールについては，「国会の議決した皇室典範」にゆだねている。皇室典範は，明治憲法下では，憲法と同格の最高法規であり，議会が関与できなかった。つまり，皇室のことについては，国務から分離され，議会，ひいては国民が関与すべきことではないとされていた（**皇室自律主義**）。これに対し，日本国憲法２条が「国会の議決した皇室典範」としているのは，皇室典範が，国会がつくった法律であることを強調するためである。

皇室典範は，皇位継承について，天皇が死去した場合に限定している（典範４条）。つまり，生前退位は認められない。そして，皇位を継承する資格をもつのは，「皇統に属する男系の男子」のみである（典範１条）。天皇の娘（男系の女子）や天皇の娘の子ども（女系の男子・女子）は皇位を継承する資格をもたない。天皇，皇族の人権享有主体性を認める立場（人権肯定性，第５章参照）に立ったうえで，男系の男子のみが皇位を継承する資格をもつ，つまり女性天皇や女系の天皇を認めないことは平等原則違反で違憲であるとする説もある。しかし，上で述べたように，そもそも天皇制自体が平等原則の例外であるため，人権肯定説に立ったとしても，女性天皇や女系の天皇を認めないことは違憲とはいえないとするのが多数説である。

このように，現在では男系の男子のみが皇位を継承する資格をもつ。これに対して，近年では，一夫一妻が採用され，また，天皇および皇族は養子をとることができない（典範９条）ことなどから，皇族の人数が減少してきたため，このままでは天皇制を維持できないのではといわれるようになってきた。そこで，女性天皇あるいは女系の天皇を認めるべきではないかが問題となっている。2005（平成17）年には，小泉純一郎総理大臣の諮問機関である「皇室典範に関する有識者会議」が，「女子や女系の皇族への皇位継承資格の拡大」などの内容を含む皇室典範の改正を提案した。これに対し，さまざまな議論がなされたが，2006（平成18）年に皇族男子（悠仁親王）が誕生したことから，この議論は沈静化した。しかし，根本的な解決がなされたわけではないので，女性天皇・女系天皇を認めるかどうかは今後も問題となるだろう。

なお，皇位の継承に関連して，天皇自らの意思での退位（譲位）を制度化するか否かが問題となる。2016（平成28）年には，天皇の退位の意向を受け，有識者会議等で議論され，特例法により，一代限りの退位がなされることとなった。

第4章 平和主義

POINT

① 国際法による戦争違法化の流れ。
② 平和主義の採用の理由とその先進性。
③ 憲法９条の解釈。
④ 自衛権の意味とその根拠。
⑤ 日本の安全保障戦略。

誰もが憲法制定の目的の一つは，「**戦争放棄**」だと知っている。憲法はたった１つの条文（憲９条）のためにわざわざ１つの章を設けていることから，そこに憲法制定者の特別の意図があることは明らかである。ここでは，国際法による戦争違法化の大きな流れのなかに日本国憲法を位置づけ，その戦争放棄の意味を探り，現在の政治の動きを分析し，平和主義実現のための方法について考えてみよう。

1 国際法による戦争違法化の流れと日本国憲法

Ⅰ　国際法による戦争違法化の流れ

戦争違法化の理論的試みは，中世にまでさかのぼる。13世紀ごろ，戦争を制限して平和を維持する方法として，「正しい戦い」と「不正な戦い」を区別して「正義の戦い」のみを認めるという「**正戦論**」が唱えられた。しかし，皮肉にもどのような要素が戦争を正当化するのかが追求され，戦争を制限するという目的は達成されることがなく，正しい戦いと不正な戦いの区別の困難さのために正戦論は廃れてしまった。

図表４－１　国際法による戦争違法化

国際法の動き	その内容	コメント
「正戦論」（13世紀ごろ）	正義の戦いのみを容認	正・不正の区別困難 →戦争の制限に失敗
「無差別戦争観（戦争自由の原則）」（第一次世界大戦まで，1914年）	一定の手続さえふめば戦争は国家の権利	いつでも望むときに戦争に訴えることができた。
国際連盟規約（1919年）	「戦争モラトリアム」	すぐに戦争に訴えず，平和的方法による紛争解決模索の義務づけ →制裁措置不十分
戦争抛棄ニ関スル条約（不戦条約，1928年）	国際紛争解決のための戦争（＝侵略戦争）の放棄	侵略目的の国際法上の戦争は禁止されたが，事実上の戦争（武力行使）や武力による威嚇は禁止されていないとの解釈が可能であった。
国際連合憲章（1945年）	武力による威嚇または武力の行使の禁止（２条４項） ＋紛争の平和的解決義務 ＋集団安全保障 ＋限定的自衛権	“戦争”の違法化（国際関係における武力行使の違法化）完成 →紛争の平和的解決義務を課している（６章）ものの，国連による「集団安全保障」（７章）が機能しないため，限定的な「個別的・集団的自衛権」が意味をもつことに。
「侵略の定義」決議（国連総会，1974年）	侵略（＝武力行使）として７つの行為の類型化。	他国攻撃の基地提供や武装集団の派遣などの「武力行使以外の行為」も侵略と認定。
国際刑事裁判所に関するローマ規程（国連外交会議，1998年）	集団殺害犯罪（ジェノサイド）や人道に対する犯罪，戦争犯罪に加えて「侵略犯罪」も裁かれることに（５条）。	国連安全保障理事会での常任理事国による拒否権行使により侵略と認定されない場合でも裁判可能に。

次に，戦争に訴えるのは主権国家の権利であり，一定の手続を経て行われる戦争を合法なものとし，交戦国に平等な権利・義務が与えられるとする「**無差別戦争観**（戦争自由の原則）」が生まれ，19世紀には支配的になった。この考え方が第一次世界大戦前の国際法の通説・慣例であった。

そして，主に兵器の発達によって空前の数の人命が失われた第一次世界大戦を教訓として，「国際連盟規約（1919年）」は，「国交断絶ニ至ルノ虞（おそれ）アル紛争発生スルトキハ」平和的方法により解決をはかるように義務づけ，この義務を履行するまで「如何ナル場合ニ於テモ，戦争ニ訴ヘサルコト」を加盟国に約束させた（**戦争モラトリアム**，連盟規12条）が，違約国に対する制裁措置が十分ではなかった（連盟規16条）。

そこで，戦争抛棄（ほうき）ニ関スル条約（いわゆる不戦条約，1928年）は，「国際紛争解決ノ為戦争ニ訴フルコトヲ非トシ，……国家ノ政策ノ手段トシテノ戦争ヲ抛棄スルコト」（1条）を締約国に宣言させて，**侵略戦争の放棄**を定めた。しかし，誰が侵略を認定するのかが不明であり，またこの条約が禁止したのは「戦争」のみであり，「戦争に至らない武力の行使（事実上の戦争）や武力による威嚇」は禁じられていないと解釈しうる余地があった。実際のところ，大日本帝国が開始した満州事変（1931～37年）や支那（しな）事変（1937～41年）は，中国に対する侵略戦争であったが，「事変」と名づけてのごまかしが押し通されたところに不戦条約の限界があった（大日本帝国にとっては，戦争という本質をごまかすためだけでなく，戦争となれば第三国からの軍需品の輸入に差し支えが出るという理由もあった）。また，実際に第二次世界大戦を戦ったのは，この条約に加盟していた国々であった。

これらのことから，国際連合憲章（1945年）は，もはや「戦争」という概念を用いることなく，「武力による威嚇又は武力の行使」を禁止することで（国連憲２条４項），「戦争」のみならず「事実上の戦争」をも禁止したのである。こうして「**戦争の違法化**」が一応完成した。

しかし，国連憲章は，加盟国に紛争の平和的解決の義務を課しているものの，限定的ではあるが「個別的又は集団的自衛の固有の権利」（国連憲51条）を認めたために，国連による集団安全保障がうまく機能しないので，自衛権を援用しての武力行使はなくならず，事実上，全面的な戦争の違法化には失敗した（だから，上記で「一応」という言葉を使った）。こうして，真の意味での戦争の違法化という重い課題が私たち人類に残されることとなった。

ただ，その後，国連総会などの活動により，国連憲章で禁止された**侵略の定義**がなされ，これには武力行使以外の行為も含まれると精確にされた。また，**侵略犯罪**も処罰されることになった。このように戦争違法化の内容は次第に精緻なものとなってきている。

Ⅱ　外国の憲法と戦争放棄

世界で初めて戦争放棄を定めたのは，フランスの1791年憲法であった。すなわち，「……征服を行う目的でいかなる戦争を企てることも放棄し，いかなる国民の自由に対しても決してその武力を行使しない」（6篇）と定めていた。1848年および1946年のフランス憲法も同様の規定を有していた。このほかに，1891年ブラジル憲法，1931年スペイン憲法，1947年イタリア憲法，1949年ボン基本法（西ドイツ憲法）などをあげることができる。しかし，これらはどれも侵略戦争を放棄したにすぎず，後述するように，徹底した平和主義を採用する日本国憲法は，世界の平和主義の潮流において最も進んだものの一つである。

Ⅲ　日本国憲法の平和主義

大日本帝国憲法（以下，「明治憲法」という）のもとで，大日本帝国は，日清戦争（1894～95年），日露戦争（1904～1905年）の勝利をきっかけに，朝鮮および大陸進出をはかり，第一次世界大戦（1914～18年）に参戦し，列強の不在に乗じて権益強化を目指し，植民地獲得のための帝国主義的侵略をさらに続けて，謀略をもって満州事変を，またささいなことを理由に支那事変をひき起こした。そして激しい抵抗を受けていわゆる日中戦争早期勝利の可能性を見失い，戦争遂行のための資源獲得を目指して南方進出をはかり，とうとう対米開戦（大東亜戦争，いわゆる太平洋戦争）にふみ切った。その結果，核兵器による攻撃を人類史上初めて体験し，最後には無条件降伏をせざるをえなくなったのである。

大日本帝国の行った戦争は，国民に多大の苦痛と損害をもたらしただけでなく，侵略を受けた周辺の国々およびその国民に対して計り知れない被害を与えたのである。その責任のほとんどは，戦争を仕掛けた大日本帝国およびその指導者にあったといわなければならない。

敗戦後，国民は，このような過去およびそれを許した体制について深く反省し，過去と決定的に決別することにした。だからこそ，まず，日本国憲法の「前文」で，平和主義の確立こそが憲法制定の目的・動機の一つであることを明らかにしたのである（憲・前文1段・2段，第2章3Ⅱ「前文の理解」を参照）。次に，国際協調主義の重要性を指摘し（憲・前文3段），最後に，「日本国民は，国家の名誉にかけ，全力をあげてこの崇高な理想と目的を達成することを誓ふ」（憲・前文4段）と述べて，日本みずから先頭に立って世界平和のための具体的な取り組みを積極的に行うと，全世界に向けた誓いと覚悟を示した。

前文から読み取れることは明らかである。もはや二度と実力に訴えること，とりわけ戦争はしないということ，そしてなにかもめごとのあるときには平和的な方法で解決するということである。その証拠に，憲法にはどこを探しても自衛戦争さえ予定した規定がない（明治憲法には戦争関連規定があった）。どんな目的であれ戦争はもう二度としないと決めたのだから，憲法制定者にとって戦争関連規定は必要がなかったのである。

ここで，「**国際協調主義**」とは，他国との協調に徹して利己的な行動をとらず，他国の権利や正当な利益を尊重するという意味である。前文によれば，この「普遍的政治道徳」である国際協調主義は，わが国の外交の基本原則である。平和主義は，国際協調主義という外交の基本原則の主要な要素の一つとして位置づけるのが適切だと思われる。

2　憲法9条の解釈をめぐる問題

神学論争などと揶揄（やゆ）されることもあるが，実は政府による憲法9条の解釈ほど一貫しているものはない。憲法制定時から現在まで，ほとんど変化がない。確かに誰もが軍隊と考える自衛隊の存在からすれば意外かもしれないが，政府も最初から戦力はもてないと解釈してきたのである。いわゆる再軍備に際しては，憲法9条2項が保持を禁じている「戦力」に至らない「実力」ならばもてるとする政府の「戦力解釈」に至るまでに何度かの解釈変更がみられたのである。憲法は戦力不保持をはっきりと規定しているのに，これを実質的に変更しようとすればおおいに苦慮することになるのは当然で，この過程で「必要最小限度の実力」とか「専守防衛」などという言葉が政府によって用いられたのである。

Ⅰ　基本的用語の定義

解釈の前に関連する用語の定義をしておこう。

⑴　**戦争**　　戦争とは，国際法上の戦争をいう。一定の手続（例：宣戦布告や最後通牒（つうちょう））を経て行われる国家間の全面的武力紛争をいう。戦時国際法が適用され，紛争当事国は交戦国として戦力を用いて相手国を征服することができる。第三国は中立を保たなければならない。

⑵　**武力**　　武力とは，「戦力」の同義語であり，「軍事力（戦争を行うための人的・物的手段を有する組織体）」を指す。「兵力」または「軍隊」，「戦闘力」も同義である。

⑶　**戦力**　　戦力とは，戦争に役立つ一切のものと理解する立場もあるが，概念が広すぎて正しくない。たとえば，空港や化学工場施設などは簡単に転用できるであろうが（潜在的戦力ではある），これらの保持をも憲法が禁じているとは思えない。また，国内の治安維持を目的とする「警察力」とも区別される。したがって，戦力とは，上記のように武力や軍事力と同義と理解される。具体的には，問題の組織体の編成や人員，装備などの実態を考慮にいれて，軍事力つまり軍隊であるかどうかを客観的に判断することになる。

⑷　**武力の行使**　　武力の行使（use of force）とは，武力に訴えることであり，一般には戦争（＝全面的武力紛争）までには至らない戦闘行為を指す。ただ，憲法9条は，武力攻撃との差異について意識せず，武力の行使をもって事実上の戦争と考えているが，概念としては不正確である。国際法では，兵力の使用（武力に訴えること）以外に外国攻撃のための基地提供や後方支援（兵站（へいたん））も武力行使と理解されているから，日本国憲法の解釈においてもそのように解すべきであろう。

⑸　**武力攻撃**　　武力攻撃（armed attack）とは，武力の行使よりも大規模なものをいう。こちらが事実上の戦争のことである（例：満州事変）。

⑹　**武力による威嚇**　　武力による威嚇とは，武力行使の脅しによって自国の要求を無理に通そうとする行為をいう（例：三国干渉）。

(7) **交戦権**　交戦権とは，戦時国際法上，交戦国に認められる種々の権利（相手国に対する積極的攻撃や相手国の船舶の臨検・拿捕（だほ）など）の総称をいう。

Ⅱ　憲法９条の解釈

憲法９条の解釈のうち，主なものは３つである。

1　１項・戦争の放棄

解釈の分岐点は，「**国際紛争を解決する手段としては**」という条件の意味はなにかという点である。そこから，１項で戦争および武力による威嚇または武力の行使を無条件に放棄したのか（Ｂ説），それとも条件つきで（侵略戦争のみ）放棄したのか（Ａ・Ｃ説），解釈が分かれるのである。

Ｂ説の考え方は，１項ですべての戦争や武力行使などを放棄したものと解する。これを「**１項全面放棄説**」とよぶ。その理由は，およそ国際紛争解決のためではない戦争はあり得ないこと，実際問題として侵略戦争と自衛戦争の区別が困難なこと，自衛戦争が許されるなら関連する憲法規定が定められているはずなのに存在しないこと，などにある。

これは有力な少数説であるが，そのように解するには「国際紛争を解決する手段としては」という条件がないほうがすっきりするのに，なぜ条件が付されているのか，だからこの条件が存在しないかのように解釈することには問題があること，従来の国際法的用例を無視していること，自衛戦争は，国際紛争を解決する手段ではなく，他国による急迫不正な侵害を排除するためのものであること，などというもっともな批判がなされている。

Ａ・Ｃ説の考え方は，１項は侵略目的の戦争や武力行使などのみを放棄したものと解する。つまり，ここではいまだ自衛戦争や制裁戦争などは放棄されていない。その主な理由は，不戦条約などの従来の国際法的用例では，この条件が侵略目的のものを意味していたことにある。説得力のある根拠である。

これに対しては，２項で戦力を放棄し交戦権も否認している点につき，もし憲法９条全体としてすべての戦争を放棄していると理解するなら，１項の解釈として侵略目的の戦争のみを禁止していると解することにどのような意味があ

図表4-2　学説対照表

<table>
<tr><th colspan="2">1項「国際紛争を解決する手段として」の戦争放棄
分岐点・この条件の意味はなにか？</th></tr>
<tr><td>A説・C説：「侵略戦争の放棄」</td><td>B説：「すべての戦争の放棄」</td></tr>
<tr><td>〈理由〉
従来の国際法の用例
→ 不戦条約では侵略戦争を意味していた。
つまり，1項だけではまだ自衛戦争は放棄されていないことになる。</td><td>〈理由〉
およそ国際紛争解決のためでない戦争はありえない。
→ 従来の用例にとらわれずに解釈する。
つまり，すべての戦争を放棄したと解釈する。</td></tr>
<tr><td>〈問題点〉
自衛戦争と侵略戦争の区別は実際には困難。</td><td>〈問題点〉
①従来の用例を無視している。
②自衛戦争は，国際紛争解決の手段ではなく，あくまで他国からの急迫・不正な侵害を排除するためのもの。</td></tr>
<tr><th colspan="2">2項前段「前項の目的を達するため」の戦力不保持
分岐点・前項の目的とはなにか？</th></tr>
<tr><td>A説・B説：1項全体の意図する目的または「正義と秩序を基調とする国際平和を誠実に希求し」の部分を目的とみる。</td><td>C説：侵略戦争の放棄を目的とみる。</td></tr>
<tr><td>〈解釈〉
A説：「そのために一切の戦力を持たないので，自衛戦争をしようにもできないから，結果としてすべての戦争を放棄している」
B説：1項ですべての戦争を放棄しているから，2項で一切の戦力不保持を規定するのは当然。</td><td>〈解釈〉
「侵略戦争のための戦力放棄をするだけで，自衛のための戦力まで放棄したわけではない」
→ 自衛のための戦力保持可能</td></tr>
<tr><td>〈問題点〉
A説：すべての戦争を放棄するために1項と2項を書き分けるのは不自然。</td><td>〈問題点〉
①自衛戦力と侵略戦力の区別不可能。
②自衛戦争に関する憲法規定がないのはなぜか。</td></tr>
<tr><th colspan="2">2項後段　交戦権の否認</th></tr>
<tr><td>A説・B説ともに，すべての戦争を放棄するから，交戦権を必要としない。</td><td>〈問題点〉
C説：自衛戦争を予定するのになぜ交戦権を否認するのか。
→ 交戦権をどのように解釈するにしても，つじつまが合わない。</td></tr>
</table>

るのか，これに加えてなぜ立法者はすべての戦争を放棄するために１項と２項の意味を書き分けるという不自然な立法をしたのか（立法技術の拙劣さ），などという問題点が指摘されている。

2　２項前段・戦力の放棄

解釈の分岐点は，「**前項の目的を達するため**」の「前項の目的」とはなにかという点である。つまり，侵略目的の戦争などの放棄を意味すると解するか（ア），それとも１項全体の意図する目的または１項前段の「正義と秩序を基調とする国際平和を誠実に希求し」の部分と解するか（イ），で違いが生じてくる。要するに，条件つき戦力不保持か，無条件戦力不保持かの相違である。

（ア）を採用するＣ説は，侵略目的の戦力放棄のみを規定していると説く。したがって，「自衛のための戦力」の保持は可能ということになり，憲法９条のもとで自衛戦争や制裁戦争を行うことができるとするものである。これを「**限定放棄説**」とよぶ。

これに対しては，自衛のための戦力と侵略のための戦力をどのように区別するのか（これはほとんど不可能である），２項後段は「交戦権」を否定しているが，その意味をどのように理解するにしろ，自衛戦争で不利になってしまうのになぜ否定したのか，自衛戦争を予定していると思われる規定が日本国憲法のなかでほかに見当たらないのはなぜか，などの疑問がある。この説にはこのような不合理で致命的な欠陥がある。

（イ）を採用するＡ説は，１項では自衛戦争や制裁戦争などは放棄されていないが，２項で一切の戦力の不保持を定めているので，結局すべての戦争などを放棄したことになるとする。つまり，２項前段を１項の目的を実質的に達成するためのものとみるのである。これを「**１項・２項全面放棄説**」とよぶ。憲法制定時の政府の説明がこの考え方であった。現在も学界の通説であり，政府もまた本説を採用している。

「１項全面放棄説（Ｂ説）」は，必然的に（イ）を採用する。なぜなら，２項前段は１項全面放棄の立場を異なる仕方で確認していると理解するのが論理的だからである。

3　2項後段・交戦権の否認

「交戦権」の意味について，国家が戦争を行う権利と解する説と，戦時国際法上交戦国に認められる権利（敵国に対する積極的攻撃や敵国の船舶の臨検・拿捕など）と解する説に分けることができる。しかし，国連憲章は国家が戦争を行う権利を否認しているので，交戦権を前者のように解することができない。したがって，後者を正当とする。このように，憲法9条2項後段は，わが国の交戦権を明確に否定しているから，自衛隊が自衛権行使をする場合でも交戦権は行使できない。自衛のための必要最小限度の範囲を超えることにもなる。

「1項全面放棄説」にしろ「1項・2項全面放棄説」にしろ，2項後段の無条件の交戦権の否認は，それらの戦争放棄の立場をよりいっそう徹底したものにするためのものと理解される。

なお，「限定放棄説」にとっては，この交戦権の否認は致命的である。前者はなおさら，後者の交戦権概念を採用してもせっかくの自衛戦力を有効に行使し得ない結果となる。そこで，交戦権否認についても「前項の目的を達するため」がかかるものとする苦しまぎれの解釈がみられるが，日本語理解の問題として無理であり，この解釈は間違いである。

Topics

正しい解釈はどれだろう

憲法9条解釈の基本型3つのうち，日本国憲法の徹底した平和主義――①戦争を予定する規定がまったく存在しないこと，②徴兵制が違憲であること（憲13条・18条），③国家緊急権を認める規定が欠如していること，④平和的生存権の保障のあること（前文），など――に最も適合的な解釈は，「1項全面放棄説」だと思われる。

ただ，「国際紛争を解決する手段としては」の理解が従来のそれと異なるという唯一の欠点があるとされるが，それは，侵略戦争のみの放棄では第二次世界大戦を防ぐことができなかったという過去の反省をふまえて，徹底した平和主義を採用する日本国憲法が従来の用例を超えた意味を盛り込んだと理解することで治癒されるのではないか。大日本帝国でさえ不戦条約により侵略戦争を放棄していたのに，過去と決定的に決別し平和主義の確立を制定の動機とする日本国憲法が実質的に明治憲法時代となんら違いがないとなれば，なんの進歩もないということになり，それは不合理きわまりないといわざるを得ないであろう。

確かに，憲法制定者の意思は「1項・2項全面放棄説」であったが，定められた法規定の意味は立法者の意思とは切り離して規定の実際の文言に則して解釈されるべきであり，規定の解釈方法として1項と2項を切り離して別個に理解するのは不自然であり，1つのものとして読むべきだと思われる。もっとも，どちらの説でも一切の戦争や戦力を放棄したという結論は同じになる。

3 自衛権をめぐる問題

政府の解釈は，憲法9条制定当時と基本的に変わっておらず，「1項・2項全面放棄説」をとっている。したがって，政府もまた，自衛のためであっても「戦力」を保有できないと解している。ここまでは通説となんら変わりはないが，政府は，憲法9条は国家に固有の「自衛権」まで放棄したものではない（1950年1月吉田茂首相施政方針演説）として，「**自衛のための必要最小限度の実力**（自衛力または防衛力）」をもつことは憲法に反しないと後に主張するようになった。このことが現在に至る論争の原因なのである。こうして，政府にとって「自衛権」は自衛隊の存在を根拠づけるキーワードとなった。ところが日本国憲法は，自衛権について直接的にはなんら言及するところがないので，自衛権の定義や自衛権の根拠が問題となったのである。

Ⅰ 「自衛権」とは

自衛権とは，そもそも「外国からの急迫又は現実の違法な侵害に対して，自国を防衛するために必要な一定の『実力』を行使する権利」と一般に定義されている。1837年に発生したカロライン号事件に関して初めて援用された概念（米国務長官ウェブスター書簡，1841年）である。ここでは，自衛権とは，国連憲章にいうところの個別的自衛権が念頭に置かれていた。これ以降，個別的自衛権は慣習国際法として定着し，国連憲章51条によって初めて明文で認められた。

自衛権は，国際法上の緊急権であり，発動の要件は，①急迫・不正な侵害があること（武力攻撃の発生），②これを排除するのに他に適当な手段がないこと，③侵害排除のための実力行使が必要最小限度にとどまること，である。これらを**自衛権発動の３要件**という。①の要件の「急迫」とは，武力攻撃が今にも行われるというとても差し迫った状態をいうものと解される。したがって，上記の一般的定義ではまだ武力攻撃が発生していない段階での自衛権行使（先制的自衛）が排除されていないということになる。ただし，わが国は「専守防衛」という防衛戦略を採用しているので，相手国から武力攻撃を受けて初めて自衛権行使が可能になる。国連憲章の考え方にかなう抑制的な対応である。つまり，政府は武力攻撃の発生を要件としているのである。ただし，武力行撃の発生は被害の発生を意味するものではなく，相手国が武力行撃に着手したときを武力攻撃発生時と考えている。

さて，個別的自衛権は慣習国際法により認められた国家固有の権利であり，それを国連憲章が確認したにすぎないということになる。国家固有の権利であるがゆえに放棄できないものと考え，日本国憲法が明示的に否定していない以上，個別的自衛権を認めるというのが多数説であり，政府の見解でもある。

これに対して，自衛権否定説（実質放棄説）がある。憲法は自衛権について言及していないが，全ての戦争を放棄し，戦力を持たないことから実質的に自衛権も放棄したものと解する説である。憲法制定時の吉田茂首相の発言（「正当防衛権を認むると云うことそれ自身が有害」1946年６月26日衆・特別）を提案者意思と捉えて主な根拠としているが，その後吉田首相は「憲法９条は国家に固有の自衛権まで放棄していない」（1950年施政方針演説）と見解を改めている。とすると，新しい方が吉田首相の考えという事になろうか。

Ⅱ　個別的自衛権と集団的自衛権

「**個別的自衛権**」とは，慣習国際法上認められた概念で，自国に対する急迫・不正な侵害に対して自国を防衛するために実力を行使しうる権利である。あくまで自国防衛に限られるものである。

「**集団的自衛権**」とは，国連憲章51条で初めて認められた権利で，自国との同盟など密接な関係のある国に対して侵害が行われた場合に，その国を防衛するために，自国に対する直接的な侵害がなくても，侵害を受けた国と共同して反撃する権利をいう（NATO〔北大西洋条約機構〕がこれに基づく軍事同盟の典型例である）。国連憲章は「固有の権利」とするが，国連憲章以前の国際法においては，国家が他国を防衛する権利は確立されていなかったため，集団的自衛権の固有性については争われている。

政府は，国連憲章51条により集団的自衛権は認められているものの，自衛権行使はわが国を防衛するため必要最小限度の範囲にとどまるべきものと解しており，集団的自衛権行使はその範囲を超えるので憲法上許されないとしていた（1981年5月政府統一見解）。

必要最小限度の範囲に関連して，武力行使の目的をもっての自衛隊の海外出動（海外派兵≠海外派遣）は必要最小限度の自衛の範囲を超えるので，政府の立場からしても許されない。また，他国との共同行動もわが国の自衛の範囲内でなければならないのはもちろんのことである。

Ⅲ　政府が自衛権をもち出した経緯

実は，第二次世界大戦の終了以前から欧州で勢力拡大をめぐって東西両陣営の対立，米・ソ冷戦は始まっていたが，敗戦国の日本においては，それはほとんど考慮されず，侵略戦争への深刻な反省から平和への希求が非常に高揚したものとなっていた。このような雰囲気のなかで幣原首相（当時）が戦争放棄を提案し，徹底した平和主義を採用する日本国憲法が制定されたのである（1946年11月）。隣国中国ではすでに国共内戦が始まり，次第に共産党が国民党を圧倒し始めていた（1948年）。このころから米国は，中国大陸を対社会主義戦略の拠点とするという極東戦略の変更を余儀なくされ始めた。米国が頼みとした資本主義政権は台湾に追い落とされ，共産党によって中華人民共和国が建国された（1949年10月）。北朝鮮が韓国を攻撃して朝鮮戦争も勃発した（1950年6月）。アジアでは冷戦が現実の戦争となり，西側陣営が危機的状況に陥るなどした。これをきっかけに日本の徹底した非軍事化と民主化を目指していた対日占領戦略は明らかに右派寄りに変更され，現在からみれば，この時点ではっきりと日本の再武装が開始された。このように日本は中国大陸に隣接する米国の拠点，つまり社会主義または共産主義に対する防波堤にされたのである。

では，再武装に至る各段階での解釈変更を検討してみよう。

まず，朝鮮戦争の戦況悪化にともなう占領軍の動員後，日本国内の治安の空白を埋める必要が生じた。そこで，警察力を補い治安維持にあたるために「**警察予備隊**」が創設された（1950年８月）。これは，国内の治安維持にあたる実力≒警察力となんとか説明できた。

次いで，サンフランシスコ平和条約と旧日米安全保障条約の調印（1951年９月）後，「**保安隊**（陸上部隊）と**警備隊**（海上部隊）」が編成された（1952年８月）。米国から供与された火砲（榴弾砲）や戦車（特車とよばれた），駆逐艦などの重装備を保有していたので，これらの部隊が憲法９条の禁ずる「戦力」ではないかとの疑問が生じた。そこで政府は，「戦力」とは，「近代戦争遂行に役立つ程度の装備編成を備えるものをいう」との統一見解を発表した（1952年11月25日）。保安隊と警備隊は「その本質は警察上の組織」であり，攻撃的機能をもたず，防御に重点を置いているので，近代戦を有効に遂行できるものではないと言い逃れた。また，保有するのも米国が大戦中に使用した中古の武器であった。

さらに米国は対外援助と引き換えに受け入れ国に防衛力増強を迫る政策を採用した（池田・ロバートソン会談，1953年10月）。これに基づき日本との間に「日米相互防衛援助協定（ＭＳＡ協定）」が結ばれ（1954年３月），「自国の防衛能力の増強に必要（な）……措置」をとる（ＭＳＡ協定８条）ために，防衛庁設置法と自衛隊法が制定された（1954年６月）。「わが国の平和と独立を守り，国の安全を保つため，直接侵略及び間接侵略に対しわが国を防衛することを主たる任務」（自衛３条）とする「**自衛隊**」が誕生した。政府はここで統一見解を再び改めた。つまり，「**戦力**」**とは，**「**自衛のための必要最小限度の実力（自衛力または防衛力）を超えるもの**」と定義されたのである。

整理すると以下のようになる。政府は基本的に「１項・２項全面放棄説」に立っている。だから，「戦力」は保持できない。ただし，あらゆる国家は自衛

図表４－３　「戦力」概念のつじつま合わせ

第１段階（1946年～1949年） 「戦力」とは，「警察力を超える実力」	当初の政府解釈
第２段階（1950年～1953年） 「戦力」とは，「近代戦争遂行に役立つ程度の装備編成を備えるものをいう」	〈背景〉 冷戦の激化，中華人民共和国の成立，朝鮮戦争の勃発などに伴う占領政策の右派寄り修正。（警察予備隊設置に続く保安隊［陸上部隊］と警備隊［海上部隊］の編成）。
第３段階（1954年以降） 「戦力」とは，「自衛のための必要最少限度の実力（自衛力または防衛力）を超えるもの」	〈背景〉 「日米相互防衛援助協定（MSA協定）」による防衛庁設置法と自衛隊法の制定「わが国の平和と独立を守り，国の安全を保つため，直接侵略及び間接侵略に対しわが国を防衛することを主たる任務」とする（自衛隊法３条）「自衛隊」の誕生。

権をもっているので，「**戦力に至らない実力（自衛力）**」をもつことは憲法上禁じられていない。

Ⅳ　個別的自衛権の憲法上の根拠

最高裁は，砂川事件判決（最大判昭34・12・16刑集13・13・3225）において，「（９条により）わが国が主権国として持つ固有の自衛権は何ら否定されたものではなく，わが憲法の平和主義は決して無防備，無抵抗を定めたものではない」とした上で，「わが国が，自国の平和と安全を維持しその存立を全うするために必要な自衛のための措置を取りうることは，国家固有の権能の行使として当然のこと」と述べて上記政府見解を是認した。

その後，政府は，憲法が独立国が当然保有する自衛権を否定していないという消極的根拠に加えて，憲法前文の平和的生存権や13条の生命，自由及び幸福追求に対する権利の国政上の最大尊重義務を自衛権容認の積極的根拠として提示し，外部からの攻撃によって国民の生命，自由などが危険にさらされないように「国を守る義務がある」とした。国家が独立を保ち国民を守るのは当然の任務であるから，これは説得力のある根拠と言える。

したがって，９条に13条等を加えた憲法全体の趣旨から考えれば，個別的自衛権は憲法上容認されていると解釈することが可能である。

4　日米安保体制（日米同盟）

1951年に日本はサンフランシスコ平和条約を締結し再独立を成し遂げた。当時，日本は武装解除されていて固有の自衛力を持たなかったため，米国との同盟を選択し，米軍の駐留延長を要請するために**日米安全保障条約**を結んだ。その後自衛隊創隊（1954年）を受けて，自助と相互援助の条件が整ったので，双務性の強化された現在の新安保条約に改定された（1960年。1970年以降は自動延長）。

新安保条約は，前文と全10ヵ条からなっている。改定の要点は，①まずもって「**相互防衛体制**」を確立したこと（安保５条），つまり日米は「日本国の施政の下にある領域における，いずれか一方に対する武力攻撃が，自国の平和及び安全を危うくするものであることを認め，自国の憲法上の規定及び手続に従って共通の危険に対処するように行動する」のである。日本の領域という地域的限定およびいずれか一方への攻撃に対する共同防衛という特色がある。また地域限定があるから，日本の領域外であれば，どちらが攻撃を受けても他方は共同防衛行動をとれないことになる。

また，②旧条約を引き継ぎ，米軍に「**基地提供**」し，「**極東条項**」によって，米軍は日本の安全とかかわりなくその範囲が明確ではない極東で軍事行動を起こすことができる。これにより共同防衛義務のある日本が思いもかけない米国の戦争に巻き込まれる可能性がある。加えて，極東への米軍の出撃に，たとえば「武力攻撃の存在」や「国連の決議」などの条件がまったくないのも問題である。確かに交換公文によって，日本への核兵器の持ち込みや日本からの出撃は**事前協議**の対象であるが，発議権は米国のみにあり，対象が限定され，協議において日本が拒否した場合の法的効力が曖昧（あいまい）である。米国は「部隊の移動」という名目にしてこれまで一度も事前協議をしたことがなく，日本政府も疑問のある場合に米国に質問したこともない。

そして，③自衛隊の軍備強化義務（軍拡）を明文で定めたこと（安保3条）などにある。

日米安保体制に関連して，日米地位協定の刑事裁判管轄（17条）が米兵・軍属に対し有利である点や日本による米軍駐留経費負担がかなりの額になっていること（いわゆる「思いやり予算」，ちなみに2020年度は約1990億円），沖縄の基地負担軽減問題の未解決などの重大な課題が残されている。

5 平和主義に関する判例

憲法9条の存在にもかかわらず，政府が開始した再軍備，日米安全保障条約に関して，その合憲性が争われてきた。いくつもの関連判例があるが，司法の確定的な実質判断はまだ下されてはいない。

再軍備・自衛隊の合憲性を争うものに，まず「**警察予備隊違憲訴訟**」がある。最高裁判所は，具体的争訟のない場合に抽象的裁判権をもたないとして，訴えを却下した（最大判昭27・10・8民集6・9・783）。次に「**恵庭**（えにわ）**事件**」がある。判決は，通信線を防衛の用に供する物にあたらないとして，無罪を言い渡した。そうして問題にされていた自衛隊の違憲性については憲法判断の必要性がないと判断（憲法判断の回避）した（札幌地判昭42・3・29下刑集9・3・359）。さらに「**長沼事件**」がある。最高裁判所は，代替施設の設置により訴えの利益は失われたとし，平和的生存権も原告適格を基礎づけるものではないと判断して上告を棄却した（最判昭57・9・9民集36・9・1679）。最後に「**百里基地訴訟**」がある。最高裁判所は，国が私人と対等な立場に立ってする私法上の契約は特段の事情のない限り憲法9条の直接適用を受けない。そして憲法9条の戦争放棄などの規範は公の秩序の一内容であるが，自衛隊のための私法上の契約締結が反社会的行為であるとの認識が社会の一般的観念として確立されていないとした（最判平元・6・20民集43・6・385）。

また，日米安全保障条約・駐留米軍の合憲性を争うものに，「**砂川事件**」がある。跳躍上告を受けた最高裁判所は，憲法9条はわが国が主権国としてもつ固有の自衛権を否定したものではなく，わが国は必要な自衛のための措置を取り得るので，他国に安全保障を求めることができる。憲法9条2項が保持を禁止した戦力とは，わが国が指揮権，管理権を行使し得る戦力をいい，外国の軍隊はここにいう戦力に該当しない。日米安全保障条約は主権国としてのわが国の存立にかかわる高度の政治性を有し，一見極めて明白に違憲無効と認められない限りは裁判所の司法審査権の範囲外であるとした（政治的問題の法理または統治行為論，最大判昭34・12・16刑集13・13・3225）。

6　日本の安全保障政策

すでに見たように，政府は，必要最小限度の実力を保持するものの，それは戦力ではないためわが国の防衛力としては不十分さを否めないので，日米同盟を結び，日本有事に際しては米国に軍事支援を求める（米国の核の傘で守ってもらう）という「**軽武装・対米依存安全保障戦略**」を採用した。政府は，「専守防衛」，「軍事大国にならないこと」，「非核三原則」，「文民統制の確保」をその基本政策とした。

図表4－4　冷戦終結後の安全保障関係年表

		世界の動き	日米安全保障の展開	自衛隊の活動と有事法制の整備
冷戦時代	89年11月	ベルリンの壁崩壊		
	12月	冷戦終結（米ソ首脳，マルタ会談）		
自衛隊の海外派遣開始	91年1月	湾岸戦争（～91年2月。イラクによるクウェート侵略）		
	4月			・自衛隊掃海艇ペルシャ湾派遣→自衛隊法99条の拡大解釈による最初の海外派遣
	12月	ソ連崩壊		
	92年6月			・PKO（国連平和維持活動）協力法成立

			→ＰＫＦ（国連平和維持軍）への参加凍結，ＰＫＯ参加５原則，武器使用の限定（正当防衛・緊急避難），使用は当該隊員の自己判断 →カンボジアＰＫＯ参加
93年３月	北朝鮮核拡散防止条約脱退宣言（北朝鮮危機）		
96年３月	中国台湾近海にミサイル発射（台湾海峡危機）		
４月		・日米安全保障共同宣言 →冷戦終了による見直し，極東の平和・安全の維持からアジア太平洋地域の平和と安定の維持へ	
97年９月		・ガイドライン改定 →自衛隊と米軍の新たな防衛協力のあり方決定（日本周辺有事での日米協力）	
98年６月			・ＰＫＯ協力法第一次改正 →隊員の判断から上官の武器使用判断へ
８月	北朝鮮弾道ミサイル発射（日本列島上空飛越）		
99年３月	能登半島沖不審船事案 →初の海上警備行動発令		
５月			・周辺事態法などガイドライン関連３法成立 →周辺地域で戦う米軍の後方支援へ，米軍の武力行使と一体化のおそれ
01年９月	米国同時多発テロ		
10月	アフガニスタン戦争		・テロ対策特別措置法（時限立法）などテロ関連３法成立

自衛隊海外派遣の常態化・有事立法制定				→米国の対テロ戦争の後方支援へ，インド洋で燃料の洋上補給実施，武器使用基準緩和（自己の管理下に入った者および武器などの防護のため）
	12月	九州南西海域不審船事案		・ＰＫＯ協力法第二次改正 →ＰＫＦ凍結解除，武器使用基準をテロ対策特別措置法と横並びに
	03年３月	イラク戦争（11年12月，米国終了宣言）		
	６月			・武力攻撃事態対処法など有事関連３法成立 →外国からの攻撃などへの具体的対処可能に，法的根拠の整備
	７月			・イラク人道復興支援特別措置法（時限立法）成立 →「戦地」の非戦闘地域での人道復興支援活動実施
	04年６月			・国民保護法など有事関連７法成立 →国民の避難・救援の手続，国と地方自治体の役割分担などを決定 ・イラク多国籍軍参加 →「武力行使との一体化」とならない範囲で
東アジアの国際情勢の緊張高まる	11月	中国原子力潜水艦によるわが領海内潜没航行事案→海上警備行動発令		
	06年10月	北朝鮮核実験		
	12月			・自衛隊法改正 →ＰＫＯなど海外活動の本来任務化
	07年１月			・防衛庁，防衛省へ格上げ
	３月			・中央即応集団の新規編成 →ＰＫＯや有事に即応するため ・弾道ミサイル防衛システム整備開始（ＰＡＣ-３配備）

08年10月	中国海軍艦艇・公船わが国周辺海域での活動活発化		
09年３月			・ソマリア沖海賊対処 →自衛隊法82条による海上警備行動
７月			・「海賊行為の処罰及び海賊行為への対処に関する法律」（海賊対処法）施行
11年３月			東日本大震災への災害派遣
12年９月	尖閣国有化		
12月	北朝鮮人工衛星（?）ミサイル発射		
13年１月	中国海軍艦艇，海上自衛隊ヘリ・護衛艦に火器管制レーダー照射		
11月	中国「東シナ海防空識別圏」設定		・「海賊多発海域における日本船舶の警備に関する特別措置法」制定 →初めて民間警備員の武器（小銃）所持と使用を容認
12月			・「国家安全保障会議」設置 →わが国の外交・防衛政策の司令塔として ・「国家安全保障戦略」「防衛計画の大綱」閣議決定 →積極的平和主義の採用 ・「特定秘密保護に関する法律」公布 →わが国の防衛，外交，スパイ行為防止などに関する秘密情報漏洩防止・情報保全の徹底
14年３月	ロシア，クリミア併合		
４月			・「防衛装備移転三原則」閣議決定→同盟国への武器輸出制限の緩和・積極的技術協力など（性能の優れた飛行艇や潜水艦などの輸出が可能に）
６月	イスラム国樹立宣言		

	7月			・「集団的自衛権行使容認」閣議決定
集団的自衛権の行使へ	15年4月		新たな日米防衛協力のための指針（新ガイドライン）合意	
	5月			安保法制国会提出
	7月			安保法制衆議院で強行採決
	9月			安保法制成立 →存立危機事態で限定的集団的自衛権行使
	16年7月	ハーグ常設仲裁裁判所，中国の主張を全面的に退ける（南シナ海裁定）。		
	9月	北朝鮮核弾頭実験		
	11月			自衛隊（南スーダンＰＫＯ）に新任務・駆け付け警護付与
	17年5月	北朝鮮・弾道ミサイル，IRBM，新型ICBMを次々と発射（～11月）		・南スーダンPKO自衛隊派遣終了
	7月			・防衛監察本部南スーダンPKO日報隠蔽問題監察結果公表 →防衛大臣，事務次官，陸上幕僚長辞任
	9月	北朝鮮・6回目核実験（水爆？）		
	18年1月	中国潜水艦，わが国接続水域内潜没航行（海自に追尾され，浮上・国旗掲揚）		
	4月	北朝鮮核実験とミサイル発射中止表明 南北首脳会談		
	6月	米朝首脳会談		
	12月			・新防衛計画の大綱策定 →いずも型護衛艦空母化へ

1991年の湾岸戦争を契機として，日本の国際貢献が課題として認識され，政府は米国の強い求めに応じて多国籍軍へ130億ドルの戦費を支出し，ペルシャ

湾に掃海部隊を派遣した。しかし，お金を出すだけで，人的貢献が足りないと国際社会からは評価されず，政府には湾岸戦争の「トラウマ」が残された。世論が二分されるなか，国連平和維持活動協力法（ＰＫＯ協力法，1992年）が制定され，武力行使をしないことおよびＰＫＯ参加５原則の条件下で，まずカンボジアへ，以後モザンビーク，東ティモールなどに続けて自衛隊が派遣されることになった。

冷戦終結後，日米安保の役割を再定義した日米安全保障共同宣言が出され，対象が日本を含む極東から，アジア・太平洋地域へと拡大された。これを受けて1997年にガイドラインの見直しが行われ，日本周辺有事の際に日米共同対処行動を拡大することで合意し，周辺事態法（1999年）などのガイドライン関連法が制定された。

2001年の米国同時多発テロ事件をきっかけとする米国の「対テロ戦争」に際して，政府はテロ対策特別措置法を定め，後方支援（艦船への給油）をインド洋で行った。続いて生じたイラク戦争（2003年）では，イラク復興支援特別措置法により，建前としては非戦闘地域での人道復興支援活動であったが，実際にはまだなお武力紛争が生じていた戦地へ自衛隊を派遣した。

さらに，2003年には，外国からの武力攻撃への対処を定めた武力攻撃事態対処法などの有事関連３法が制定され，有事の際に自衛隊が任務を確実に遂行できるように，国や地方公共団体などの責務や国民の協力義務などが規定された。続けて，これらを補完する国民保護法などの有事関連７法が制定された。こうして，わが国が攻撃を受けた場合の対処を総合的に定めた有事法制が整備された。当時，小泉首相は備えあれば憂いなしと必要性を説明したが，日本と事を構えると場合によっては米国も相手にすることになる日米安保体制の下で，日本に正面から武力攻撃をかけてくる国があるとは想定できず，実際には米国以外に戦力投射能力を持つ国もないから，わが国への着上陸侵攻など有り得ない。とすれば，そのための準備より，むしろテロ攻撃やゲリラの侵入，サイバー攻撃などに備えることの方がもっと現実的で喫緊の必要性があると言える。

2014年７月，安倍首相は，日本が平時の場合でも日本防衛のために活動している米軍を自衛隊が守ることができるようにするために，「存立危機事態」において「限定的集団的自衛権」行使を容認する閣議決定を行った。背景に，日米安保には相互防衛体制に地域的限定（5条）があり，日本の領域外の公海上では米艦を守れず，米艦が被害を被れば，日本の防衛が心許なくなり，ひいては日米同盟にも悪影響を与えるという判断があるようだ。周辺事態で米国軍を後方支援するだけでは日米同盟の維持および日本の防衛にはまだまだ不十分との認識なのである。

2015年4月に**新たな日米防衛協力のための指針**（新ガイドライン）の合意がなされた。これは日本を取り巻く安全保障環境の変化および米軍の再編などを受けて，これまで以上に日本の役割を拡大するものであった。具体的には，わが国の周辺地域の平和と安定の確保およびグローバルな安全保障環境の一層の安定化を目的とし，平時から緊急事態まで，日米両政府の緊密な協議ならびに政策面および運用面の的確な調整を図り，日本の平和および安全の切れ目のない確保を目指し，宇宙・サイバーといった戦略的領域における協力の取り組みも行うことになった。

これを具体化するのが2015年に整備された**平和安全保障法制**（いわゆる安保法制）である。これは，平和安全法制整備法と国際平和支援法という2つの法律から成り，前者は自衛隊法など既存の法律改正10本を一括したものである。

I　平和安全法制の内容

平和安全法制の概要図（図表4－5）を眺めてみよう。

わが国の平和が脅かされる事態を区別して，それぞれに的確な対処をしようとするものである。新たに想定された「事態」をわが国への影響が次第に重大なものとなる順にみると，②グレーゾーン事態，③重要影響事態，④存立危機事態となる。それぞれの特徴や問題点の主なものを検討してみよう。

②グレーゾーン事態　　わが国はまだ武力攻撃を受けてはいないが，領海や領土が実際に侵害を受けている場合がある。海の警察活動は海上保安庁の管轄であるが，通常の警察権では対応が困難な場合，たとえば，外国の漁船の乗組

図表 4 - 5　平和安全法制の概要

日本の状況	事態	内容	対応措置
平時	①領域警備	通常業務 平時の協力	警戒監視活動，情報収集，偵察 領空侵犯には空自による対領空侵犯措置（スクランブル），領海侵犯には海上保安庁による対応，日本防衛に従事している米軍等の防護（新・自衛95条の 2 ），米軍への物品役務の提供（拡充・自衛100条の 6 ）
	②グレーゾーン事態（新）	武力攻撃を受けてはいないが，領海や領土が侵害されている場合	一般的な警察力で対応できない場合，海自は「海上警備行動」，陸自は「治安出動」を行う。
	③重要影響事態（新）	外国で戦争が発生したので日本への波及を防止する場合	交戦中の米軍等への「後方支援」などを行う。原則として国会の事前承認の下，弾薬提供や給油などを行う。現に戦闘行為が行われている現場では実施しない（武力行使との一体化回避）。
	④存立危機事態（新）	日本の同盟国が武力攻撃を受け，日本にも戦火が及ぶことが確かな場合	限定的集団的自衛権行使（新 3 要件）。原則として国会の事前承認の下，米軍防護，ミサイル迎撃，機雷掃海などを行う。←先制的自衛権行使を認めるもの。
	⑤武力攻撃予測事態	日本が武力攻撃を受ける危険性が高い場合	防衛出動待機，防護施設構築，住民避難
有事	⑥武力攻撃切迫事態	日本への武力攻撃が差し迫っている場合	防衛出動
	⑦武力攻撃発生事態	日本が武力攻撃を受けた場合	個別的自衛権行使（武力行使，反撃）

注）便宜上区別してあるが，各事態は同時発生する場合があり，重なり合う場合もあり得る。

員が重武装をしている場合や外国の民間船による不法入国者の数が多い場合など，については海上自衛隊が海上保安庁に代わって「海上警備行動」を取り，警察活動（治安維持）として対処するものである。

今回は，法整備ではなく，海上保安庁・警察から自衛隊への権限移譲の決定手続の迅速化が図られた（電話による閣議決定）。

③重要影響事態　外国（近隣国？）で戦争が発生したので，そのとばっちり（重要な影響）がわが国に波及しないように平時のうちに対処するものである。つまり，重要影響事態とは，放置すればわが国にも影響を与える脅威（わが国に対する直接の武力攻撃など）をいう。この戦争で戦っている米軍などは，わが国に脅威が及ばないように戦ってくれているとも考えられるから，わが国の平和への貢献に対しできるだけの協力を惜しまないというのが政府の考えである。

そこで，この外国での戦争で日米安保条約の目的＝極東の平和および安全の維持のために活動する米軍および国連憲章の目的の達成に寄与する活動を行う外国の軍隊その他に対し，わが国は「後方支援活動」，「捜索救助活動」，「船舶検査活動」などを行うのである。**後方支援**では，主に弾薬や燃料，食料などの補給・輸送を行う。後方支援は，武力行使との一体化を避けるため「現に戦闘行為が行われている現場」では行わないこととされた。

平時であるから，わが国にできることは自ずと限界があるが，そのぎりぎりのところまで実施しようというのが今回の改正の目玉である。まず，後方支援対象が，米軍以外の「同盟国」にも拡大された。オーストラリア軍などが念頭に置かれているという。対象地域は，「我が国周辺の地域」という地理的限定が外されたので，法的には世界中どこでも可能になったとの批判があるが，わが国へ影響が及ぶおそれがある場合が想定されているから，場所的にはわが国の近く以外は考えられない（遠く離れていれば，相手国にもよるが，直接の武力攻撃などは想定できない。ちなみに経済的影響は想定外）。要は，これまでよりは「もう少し遠くまで」（たとえば南シナ海？）を対象範囲に含めようということなのであろう。

一番問題なのは，この事態だけに限られないが，軍事用語である「**兵站**（へいたん）」を後方支援と言い換えて軍事色を薄め，武力行使と一体化しない場所で行えば，合憲との考え方は，そもそも間違っているということである。戦闘を行っている軍隊への補給活動は，どこで行おうと何を補給しようと，敵対勢力から見れば，軍事行動そのものである。当然攻撃対象となる。弾がなければ戦えない。食料や医薬品がなくても戦い続けられない。それは補給を軽視し南方で戦い敗れた旧軍の経験から日本人が最もよく知るところである。したがって，一体化論という問題の立て方そのものが世界に通用しない独善的なものであり，軍事的には後方支援＝兵站は武力行使そのものだから，当然憲法9条に抵触する。今回の改正で，「弾薬」の運搬および「攻撃発進準備中の航空機に対する給油」も可能になったことで，さらに違憲性は増したと判断せねばならない。

④存立危機事態　存立危機事態とは，「我が国と密接な関係にある他国に対する武力攻撃が発生し，これにより我が国の存立が脅かされ，国民の生命，自由及び幸福追求の権利が根底から覆される明白な危険がある事態」をいう。つまり，同盟国が攻撃を受け，その戦火が日本にも及ぶのが確実な場合に武力行使しようというものである。

実際に攻撃を受けた場合に反撃するのが個別的自衛権であるから，この存立危機事態での武力行使は個別的自衛権では説明できない。そこで，「**限定的集団的自衛権**」という考え方を編み出したものと思われる。つまり，自国が攻撃されてもいないのに，同盟国のために武力行使するには国際法的には集団的自衛権を援用するしかない。ところが，従来より政府は，第9条の下では，自衛のための必要最小限度を超えるから集団的自衛権は行使できないとの立場を取ってきたので（72年政府見解，1972年10月14日参・決算委），この点との矛盾を解決するために，いくつかの「工夫」がなされた。

まず，個別的自衛権との関連付けがある。同盟国が攻撃を受けているという要件を満たすだけでは無理があるから，「我が国の存立が脅かされ，国民の生命，自由及び幸福追求の権利が根底から覆される明白な危険がある事態」という要件が追加されている。括弧で引用したこの表現は，72年政府見解では，必要最小限度の個別的自衛権行使を根拠付けるものとして使われていたものとほとんど同じだから，個別的自衛権行使と関連があり，これから離れるものではないとの印象を付与している。次に「限定的」というしぼりをかけた点である。恐らく，個別的自衛権を行使するのに限りなく近い場合にのみ集団的自衛権を行使するという意味での「限定」であり，だから合憲で許されるとするものである。

72年政府見解を援用しての関連付けをするならば，それは日本が攻撃を受けた場合と同じだから，これを前提に想定されている「武力攻撃切迫事態」（自衛76条）と存立危機事態が具体的状況としてどれだけ違うのかはっきりしないという問題がある。

となれば，わざわざ集団的自衛権を持ち出してきた本当の意図が問い質されなくてはなるまい。存立危機事態では攻撃を受ける前に武力行使に出るから，本当は国際法的には疑義が残されている「**先制的自衛**」をすることになる。それでは従来掲げてきた国防の基本方針である「専守防衛」からの重大な逸脱との批判を受けることになるので，集団的自衛権を持ち出して実質を隠蔽しようとしたのではなかろうか。実質的には先制的自衛へ踏み出したこと，これが今回の安保法制の最大ポイントである。

次に，通常の集団的自衛権行使とは異なる部分がある。つまり，集団的自衛と言いながら，同盟国がやられても，日本への明らかな波及がなければ武力行使しないという，すこぶる自分勝手なものになっている。通常の意味での「相互防衛」は念頭に置かれていない。こんなことで同盟国が納得し，日本を頼りにするだろうか。

さらに，「我が国と密接な関係のある他国」とは，これまで便宜的に同盟国としてきたが，どの国を指すのか不明である。集団的自衛権とは同盟を結んで他国からの侵略を抑止するものだから，本来ならば同盟条約の存在が前提にされるはずだが，これへの言及がない。政府の独断で密接な関係国と認定可能なのだろうか。

関連して，集団的自衛権行使には，被攻撃国からの要請がなければならないのだが（国際司法裁判所ニカラグア判決［1986年］），これも要件として加えられていない。

このように，基本の部分に不審な点が多々あるのが問題なのである。

この他に，国際平和協力法（改正ＰＫＯ協力法）は，自衛隊のＰＫＯ以外の復興支援活動を可能にし，安全確保業務や駆け付け警護を付け加えた。このために任務遂行のための武器使用も認められた。また，ＥＵなどが行う非国連統括型の国際的な平和協力活動である「**国際連携平和安全活動**」の実施も新設された。改正自衛隊法では，在外邦人等の保護措置（救出，自衛84条の３）や米軍等の部隊の武器等の防護のための武器使用（自衛95条の２）が認められたりなどしている。

Ⅱ　国際平和支援法の概要

国際貢献の必要性が生じる度に特別措置法を制定するのでは，国会での審議に手間取り，即応できず不十分な対応になりがちであった点を改めるために，「恒久法」が定められた。つまり，国際社会の平和と安全を脅かす事態で，国際社会が国連憲章の目的に従い共同して対処行動を行い，日本が主体的・積極的に寄与する必要性があるもの＝「**国際平和共同対処事態**」において，これに対処する諸外国の軍隊等への協力支援活動≒後方支援を行うものである。具体的には，物品・役務の提供である協力支援活動，捜査救助活動，船舶検査活動である。

さて，以上の平和安全法制を総括すれば，大変拙速な法整備であったと評するよりほかない。歴代内閣が９条の下では認められないとしてきた「集団的自衛権行使」を可能にしたことは，仮に集団的自衛権一般を容認したものではなくても，大問題で，論理矛盾と法的安定性の欠如を指摘しなくてはならない。72年の政府見解は「確立した憲法解釈」と言えるから，一内閣の解釈変更で簡単に変更できるようなものではなく，変えるなら正式な手続を経た憲法改正によらなくてはならない。この手続を無視した点で憲法違反であり，立憲主義に反していると非難されなければならない。

いずれにしても，安保法制が成立したことは事実であり，従来の安全保障政策を大きく改めるものになった。私達はこの安保法制がどのように適用・運用されていくのかを注意深く見守らなくてはならない。

最後に，視点を変えて，わが国を取り巻く国際情勢の急激な変化などへの対応は周到な準備が当然なされてしかるべきである。この意味で安全保障に関する法律は必要である。第9条の枠内で何をどこまでなしうるかそしてその実効性などについて慎重な検討がなされた上で，問題の多い安保法制は刷新されねばならない。確かにわが国を防衛するのにやむを得ない場合に限って個別的自衛権行使は正当化されるが，それは平和主義を国是とする日本にとって「本当に最後の選択肢」でなければならないからである。平和国家のブランドがあるからこそ，してはならないことがあり，できることもありそうである。

7　日本の安全保障を考える

法的な結論として，第9条を憲法全体の趣旨と合わせて解釈すれば，すべての戦争を放棄し，これを確実なものとするために戦力不保持および交戦権放棄を定めている。ただし，個別的自衛権を有しているから，これに基づく自衛のための措置を取ることが可能であるということになる。これが政府の見解であり，戦後70年間に定着を見た，多くの国民の支持を得ている，解釈である。もちろん，憲法制定当時の政府説明を重視して，個別的自衛権を実質放棄していると考える説も解釈としては成り立ちえよう。すると，自衛隊は憲法違反ということになる。

さて，「平和」は人類が有史以来追い求めてきた「人類普遍の価値」であるから，戦争について大いなる反省をした日本がこれを国是として掲げ続けるのは当然である（この意味で憲法改正の必要は全くない）。この理想を達成するために全力をあげることを私達の国は世界に誓ったのである。したがってもし「平和を維持し，専制と隷従，圧迫と偏狭を地上から永遠に除去しようと努めてゐる国際社会」が存在していなければ，「われらの安全と生存」を「平和を愛する諸国民の公正と信義に信頼して」保持することは不可能となるから，まずもってその様な国際社会が成立するように鋭意努力しなければならないことになる。憲法が理想とする究極の国際社会なくして憲法の原意である非武装平和主義は成立しえないからである。

ここからは現実に目を向けて少し頭の体操をしてみよう。

もし,自衛隊が憲法違反でこれを保有していなかったら,私達の国はどうなっていたか想像してみよう。国の独立を保つことができただろうか。もし他国によって支配されたりすれば,憲法が保障する私達の自由や権利は真っ当な保障を受けただろうか。私達の今の平和な生活が維持され続けるだろうか。答えは簡単,そんなことは決して有り得ない。実際のところは自衛隊が日本の独立を守っており,日米同盟によって背後に米軍が控えているから,私達の日々の生活だけでなく,私達の憲法体制も守られているのである。とすれば,仮に憲法違反であるとしても,自衛隊はその憲法を守っている「**護憲的存在**」だということになる。

とすると,戦後の国際社会の基本ルールである国連憲章の存在を前提として,個別的自衛権に基づく自衛隊の存在を,憲法が理想とする国際社会が形成されるまでの間,過渡的に容認し,理想的国際社会建設のために現実的な方法などを考えるのが有益かつ生産的ではなかろうか(あの社会党でさえ自衛隊は合憲と判断した〔1994年,村山富市〕)。ここで,憲法の理想を実現するために日本は積極的貢献をなすべきなのである。

まずは,①9条の枠内で,私達の国を守る現実的で実効的な方法が模索されなければならない。そうしてわが国の平和と安全を守らねばならない。同時に,②わが国の周辺地域の国際環境を整えアジアの平和と安全を確保しなければ,私達の平和もない。もちろん,③世界平和のための取り組みも継続しなければならない。国連を中心とするものに積極的に関わり続けることになろう。

この三者を同時並行的かつ有機的に関連させた日本独自の取り組みを粘り強く行い,国際社会とも協働して最終的に世界平和を達成するのである。こうしてはじめて,私達の理想とする平和主義が実現できるのではないだろうか。君達も考えてみよう。

関連条文

国連憲章2条4項　すべての加盟国は,その国際関係において,武力による威嚇又は武力の行使を,いかなる国の領土保全又は政治的独立に対するものも,また,国際連合の目的と両立しない他のいかなる方法によるものも慎まなければならない。

第5章 基本的人権総論

POINT

① 基本的人権は，なにを，誰に対して保障しようとするものなのか。
② 基本的人権の行使を限界づけるものはなんであるのか。
③ 基本的人権は，社会全体にどのような作用をもつのか。

1 基本的人権とはなにか

Ⅰ 基本的人権の意義

基本的人権は，人が生まれながらにしてもつ権利を意味し，内容的には人間が人間らしく生きるための最低限度の条件を保障している。基本的人権が国家によって無視されたり，軽視されるようなことがあると，それだけで私たちは「人間らしい生き方」を奪われることになりかねない。たとえば，言いたいことを言えなかったり，自分で稼いだお金を自分のものにできなかったり，あるいは国から無理やり戦争に行かされたりすれば，「人間らしい生き方」ができなくなるおそれがある。コミュニケーションや財産や生命は，「人間らしい生き方」の基礎にあるものであろう。そこで，近代立憲主義は，「人間らしい生き方」を憲法上の権利の形で保障するという考え方を採用した。憲法という最高法規によって保障された基本的人権は，国家権力がその活動にあたって踏み越えてはならない「**防衛ライン**」として作用する。そのため，国家は基本的人権に対する尊重義務を課され，これに反する国家活動は憲法違反と評価されることになるのである。

このような意味での「基本的人権」は，他の法分野で用いられる一般的な「権

図表5-1　人権の特性

固有性	人権は，人が人であることから当然に有する権利。
不可侵性	人権は，いかなる国家権力によっても侵害されてはならない。
普遍性	人権は，人種·性別·社会的身分にかかわりなく，すべての人に保障される。

利」とは区別される必要がある。民法やその他の法律で用いられる「権利」は，法律行為をきっかけとして発生し，その後移転したり，消滅したりするものであることが多い。たとえば，損害賠償請求権は民法上の権利であるが，これは契約の不履行や不法行為を理由として発生するものであり，あらゆる人間に常に保障される権利ではない。これに対して，憲法上の「基本的人権」とは，人間として生まれればそれだけで保障され，一生消滅することはなく，またそれを他人に譲ったり，放棄したりすることもできない権利と考えられている。つまり，人間は，生きている間中，国家権力に対して，自分の人権を尊重するように要求し続けることが可能なのである。基本的人権は，「**固有性**」·「**不可侵性**」·「**普遍性**」をもつところに，他の法律上の権利とは異なる特徴がある。

Ⅱ　人権思想と憲法による人権保障

中世の封建主義・絶対主義国家においては，「権利」といえば身分制秩序のもとで身分に応じて認められる「特権」のことであり，それは不平等な社会を支える不平等な性質のものであった。そのため，身分制の最下層にいて，「特権」を認められない一般の庶民にとって「権利」などほとんど無意味であったといってよいだろう。

人間が生まれながらに当然にもつ権利という意味での「人権」の観念が認められるようになったのは，ようやく17，18世紀になって**自然権思想**が強い影響力をもち始めてからである。たとえば，自然権思想の代表的な論者のひとりであるジョン·ロックは，その著書『市民政府論』のなかで，あらゆる個人は「平等かつ独立であるから，何人も他人の生命，健康，自由または財産を傷つけるべきではない」と述べている。ここで注目すべきは，ロックが権利の担い手として「身分」ではなく「平等・独立の個人」を考えている点である。それまで「身分」の背後にうもれていた「個人」がここでは主役の座についている。その意味で，ロックは「権利」と「身分」との関係を切断して，あらゆる「個人」がもつ「基本的人権」という発想を切り開いたのである。

こうした個人を担い手とする人権の思想は，18世紀末の市民革命を通じて，人権宣言のなかに取り込まれていった。1776年のヴァージニア権利章典やアメリカ独立宣言，1789年の**フランス人権宣言**などがその典型的な例である。さらに，フランス人権宣言は16条で「**権利の保障が確保されず，権力の分立が規定されていないすべての社会は，憲法をもつものでない**」と定め，近代憲法が「人権保障」と「権力の制限」とを規定すべきことを明言した。これ以降，人権保障は憲法の重要な任務と理解されることとなった。

人権保障が憲法によって行われるようになったことで，人権は全法秩序のなかでの基本的な価値としての位置づけを得た。立法権をもつ議会は，立法にあたって人権を侵害しないことを義務づけられ，行政権は法の個別・具体的な適用に際して人権の尊重義務を課せられる。さらに，違憲審査制が登場すると，裁判所が立法・行政などの国家行為が人権を侵害していないかを審査できることとなり，人権保障はますます充実したものとなっていった。

以上のように，人権保障は国家社会のなかでの「個人」の重視と結びついて，近代立憲主義を形づくる重要な要素となったのである。

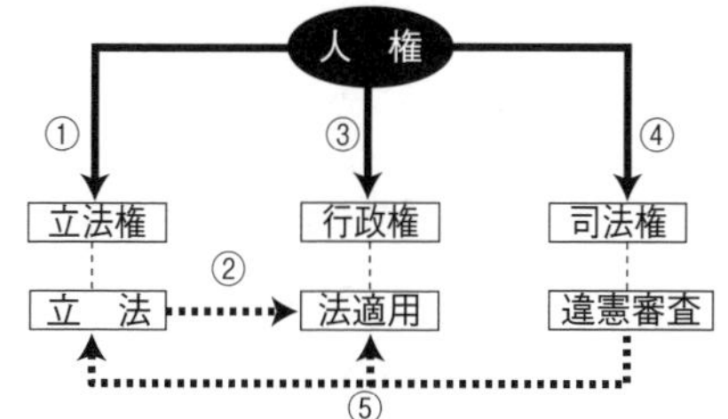

図表５-２　人権と国家作用

Ⅲ　人権概念の展開

憲法で保障されるようになった人権は，その後の時代の流れのなかでその内容が変化してきた。以下では，こうした変化を大まかな時代区分のなかでみていこう。

1　市民革命期の人権概念

市民革命期に憲法に採用された人権概念は，前述したようにジョン・ロックなどの自然権思想を前提とするものであったため，なによりもまず「自由」と「平等」という理念を重視した。そのため，この時期の基本的人権は，①自由権を中心とし，②それらが個人に平等に保障される，ということを特徴としていた。ここでいう「**自由権**」とは，国家権力が個人の自由領域に権力的に介入して，自由な活動を阻害することを防止し，個人にできるだけ広く自由な活動を保障しようとするものである。そのため「**国家からの自由**」ともいわれる（後述Ⅳの「消極的地位」も参照）。

具体的には，信教の自由や言論･出版の自由といったいわゆる精神的自由権，財産権の不可侵といった経済的自由権，住居の不可侵や不当な逮捕・捜索押収からの自由といった人身の自由などがこの時期に保障されるようになった。これらの保障によって，個人は国家による拘束から解放され，本来もつべき自由な活動領域を確保されることとなった。こうした自由権を中心とした市民革命期の人権概念は，現在においても基本的人権の中心的地位を占めており，その意義はなお大きい。

2　19世紀の人権概念

その後19世紀になると，自然権思想の衰退や議会制民主主義の発展をうけて，人権保障の主たる場が憲法から議会制定法へと移った。そのため，憲法上の人権の展開はある種の停滞期に入った。この時期の人権保障の特色として，①国内法としての憲法の概念に対応した形で，自国の「国民」の権利を保障するにとどまるようになり，②また，人権が直接に個人に自由を保障するというよりも，議会制定法に対する倫理的指針を意味するようになっていったことがあげられる。人権は憲法によってというよりも，議会の制定する法律によって現実的に保障された。この時期のいわゆる「法律の留保」は，人権の具体化・現実化を広範に議会の手にゆだねることを意味した。こうしたことから，この時期の人権概念を「外見的人権」とよぶことがある。つまり，「人権」が単に言葉の上での存在となり，本来の個人がもつ権利としての性格を失っていったのである。

3　20世紀の人権概念

20世紀には人権概念の大きな変化がみられる。その第１は，**社会権**という新たな権利概念の登場であり，第２は人権保障の国際化である。

19世紀までの人権概念は自由権を中心とする自由国家的人権であったが，20世紀に入って自由主義・資本主義の高度化によって生じた弊害（失業，貧困，労働条件の悪化など）は，人権面においても新たな問題を生み出した。すなわち，「自由な競争」を原則とする資本主義体制が極端に進むと，社会における貧富の差が大きくなり，またそれが固定化する。そして，その結果，社会的弱者・経済的弱者にとっての自由は，「貧困の自由」ひいては「死の自由」を意味するだけになってしまったのである。これは，自由主義や資本主義という体制が個人の自由な活動を重視して，それに対する国家の統制をできる限り排除しようとしたため，「個人の自由な活動によって生じた結果については，その個人が責任を負う」との考え方がなかば常識化していたことを原因としている。しかし，社会の構造に起因する生活条件の劣悪化や生命喪失の危機までが個人の責任とされるのは，いかにも酷な話である。こうした状況のなかで，次第に社会的弱者の「人間らしい生存」を憲法によって保障することが求められるようになり，新たな人権概念としての「社会権」が提唱されるにいたった（ドイツのワイマール憲法151条がその先駆けとされる）。

社会権は「**国家による自由**」ともいわれる（後述Ⅳの「積極的地位」も参照）。これは，国家が個人の生活にある程度積極的に介入して最低限度の生存条件を確保することによって，初めて個人は自由になれるという意味である。具体的には，国家が社会的･経済的弱者の生活保障をしたり（社会保障の領域），社会的·経済的強者の活動に規制をかけたりすることが求められる（経済法などの領域）。これによって社会的·経済的弱者は「人間らしい生存」の最低限のラインを保障され，社会のなかの格差もある程度是正される。この意味では，こうした人権概念の変化は，国家の役割についての見方をも変えたということもできる。つまり，国家を個人の人権にとっての危険な「敵対者」とみる近代以降の見方は,社会権の登場によって大きく転換し,国家を個人の人権にとっての「擁護者」としてみる見方が憲法上生じた，ともいえるのである。

他方，20世紀には，人権保障が国際的なレベルでも語られるようになった。それまでは，19世紀において顕著であったように，人権保障を国内問題と考える傾向が強かったが，ドイツのナチズムや日本でのファシズムが対内的にも対外的にも多くの人権侵害を行ったことをふまえて，人権を世界全体で保障すべきとの考えが広まった。

こうした例は，国際連合憲章（1945年）をはじめとして，世界人権宣言（1948年），**国際人権規約**（1966年国連総会採択，1976年発効）などにみることができる。現在では，こうした国際条約などを通じて，人権の最低限保障を国際的に確保しようとする試みが続けられている。また，EUにみられるように，EU加盟国に対して基本権憲章の遵守を求め，個々の国家よりも大きな枠組みにおいて人権保障を実現しようとする動きも，こうした流れに位置づけられるものである。

Ⅳ　基本的人権の分類

日本国憲法第３章が保障する基本的人権は，以上のような歴史的展開をふまえたものであり，古典的人権である自由権から20世紀的人権ともいうべき社会権までをカバーしている。ところで，これまでみてきたところからも明らかなように，現代の人権はその性質や機能が多様化しており，それぞれの個別的な人権規定を解釈する際にも，そうした違いを意識することが必要となる。そこで，日本国憲法上の人権規定についても，ある程度の分類をしておく必要がある。現在，最も一般的な分類は権利の性質の観点から行われている。

人権の性質との関係でゲオルグ・イェリネックは，人権が個人に保障するものを国家社会における「地位（Status）」という概念で整理し，これを消極的地位・積極的地位・能動的地位に区分した。そのため，それぞれの地位を保障する人権は，消極的権利・積極的権利・能動的権利とよばれる。現在では，これらの地位の保障とあわせて，人権のなかには制度的保障を求めるものがあるとされる。

「**消極的地位**」とは，個人が国家からの自由をもち，国家の介入なしにみずからの生活を営める状態である。この状態を保障する基本的人権（消極的権利）は自由権ともよばれ，個人の自由な活動領域に対する国家の不当な介入を排除することを可能にする。基本的人権の多くが，こうした自由権としての機能をもつ。

「**積極的地位**」とは，個人がみずからの力では社会生活のための諸条件を確保できず，これを確保するために国家による積極的な配慮が必要である場合に，こうした配慮を要請しうる地位を意味している。基本的人権が，国家に対して保護や手続保障を求める権利（積極的権利）を保障している場合，この地位が問題となっていると考えられる。生存権や裁判を受ける権利，あるいは請願権などは，基本的人権のなかでも積極的地位にかかわるものである。

「**能動的地位**」とは，個人が国家のために自由を行使する状態をいう。とりわけ民主制国家では，国民の能動的な活動が国政を支えていることから，この地位が重要である。基本的人権が参政権的機能を有している場合，それによって能動的地位が保障されていることになる（能動的権利）。

「**制度的保障**」とは，基本的人権が個人に権利を保障するだけでなく，その前提となる制度をも保障している場合があるとする考え方に基づいている。基本的人権のなかには，権利のみではその実現が不可能であって，一定の制度が構築されて初めて意味をもつものもあるからである。財産権や婚姻の自由は，それぞれ私有財産制度や婚姻制度を前提としていると考えられる。最高裁判所は，政教分離と財産権について制度的保障ないし制度の保障に言及している。

こうした分類は，基本的人権の保障との関係で国家がいかなる義務を負うのか（不作為義務か作為義務か）を明らかにしたり，それぞれの権利に対応した違憲審査のあり方を考えたりするうえで重要である。しかし，**性質による分類に**

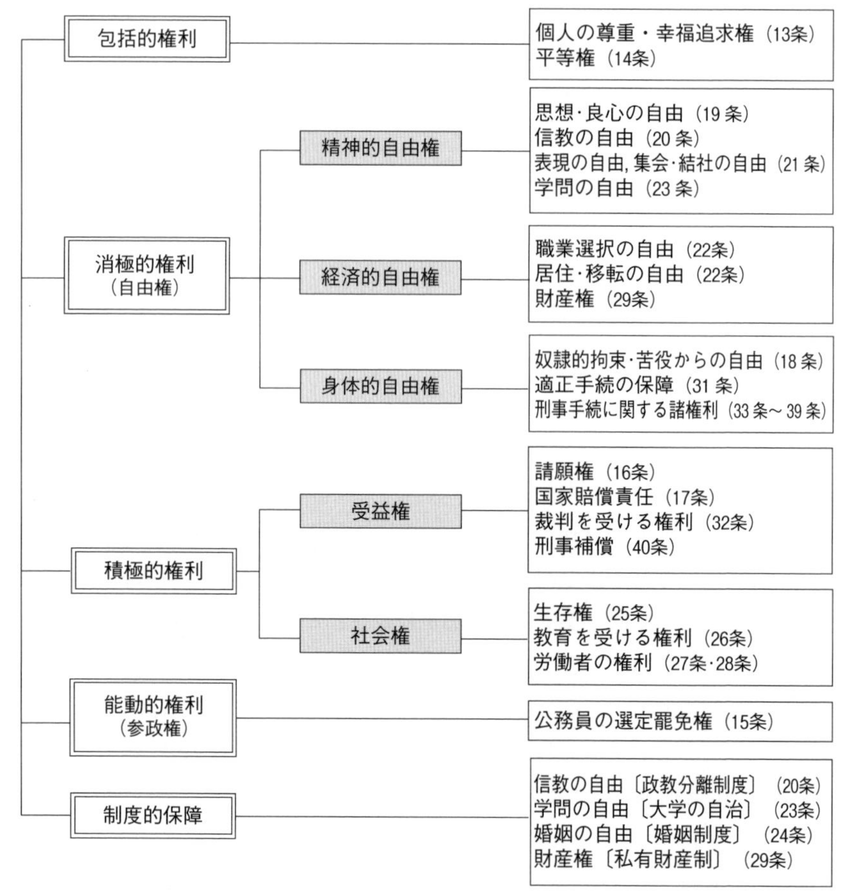

図表５－３　基本的人権の分類

はどうしても限界がある。たとえば，一般的に精神的自由権に分類される表現の自由は，現在では「知る権利」を含むものと理解されるが，知る権利は国家に対して情報の開示を請求するという側面において，受益権や社会権に近い性格をもっている。また逆に，社会権であっても，国家による不当な干渉によってその内容が危険に晒（さら）されているような場合には，「国家からの自由」という意味での自由権の性格をもつことがある。さらにいえば，職業として表現活動を行うジャーナリストなどの場合，その表現行為は精神活動と経済活動との両面にかかわることになるだろう。したがって，個別・具体的な人権行使のあり方を考慮すれば，図表5-3で示したグループ分けだけでは十分ではないし，場合によってはいくつかの権利分類が交錯するようなケースも生じうる。

2　基本的人権の主体

Ⅰ　国　　民

憲法が保障する基本的人権を誰が行使しうるのかという問題は，一般に「**基本的人権の主体**」の問題とよばれる。基本的人権の主体に**国民**が含まれることは疑いがない。もともと憲法は国家の構成員である国民に対して基本的人権を保障することを目的としていたからである。したがって，日本国憲法上の基本的人権の主体としては，まず日本国民が想定されることになる。

この点，憲法10条は「日本国民たる要件は，法律でこれを定める」と規定する。これは，国民としての資格が法律によって決まるという「**国籍法律主義**」を明示したものである。そして，これをうけて**国籍法**が日本国籍の得喪を定めている。国籍法は制定当初は，父親が日本国民である場合に限って子に日本国籍を認める父系血統主義を定めていたが，これが憲法14条の平等原則に反すると批判されたため，1984（昭和59）年の改正以降は，父または母が日本国民ならば，子が日本国民となるという父母両系の血統主義を採用している。

現在のところ，国籍法によって日本国籍を取得した者が「国民」とされており，それらの者には，日本国憲法上の人権規定が当然に適用されることとなっている。したがって，人権の普遍性という観点からは，国民でありさえすれば，他の条件（たとえば，能力，収入，社会的地位など）にかかわりなく，全面的に日本国憲法上の人権の主体としての地位を認められると考えられている。

ただし，国民とされる者であっても，特定の人権の享有が認められないことがある。たとえば，未成年者も日本国民である以上は当然に基本的人権の主体であるが，憲法15条３項は「公務員の選挙については，成年者による普通選挙を保障する」と定め，未成年者に選挙権を保障していない。これは，選挙権の性質上，十分な判断能力をともなった者でないと行使の前提を欠くためである。

また，現在では，国民のなかには「女性」，「高齢者」，「少数民族」といったさまざまな特性をもつ個人がいることが指摘され，しかもそうした主体が必ずしも人権を十分に保障されていないことがあるとの批判も示されるようになっている。

Ⅱ　天皇・皇族

天皇・皇族も，それをはっきり示した規定はないものの，日本国籍を有すると解されている。しかし，天皇・皇族は憲法，皇室典範その他の法律において，一般の国民とはかなり異なる扱いをされている。たとえば，天皇・皇族には選挙権・被選挙権が認められない。皇族男子の場合，婚姻には皇室会議の議決が必要である。現行法上，天皇の退位規定がないことからすれば，職業選択の自由なども制限されるだろう。さらに，憲法４条で「国政に関する権能を有しない」とされていることからすると，政治的活動の自由もかなり制限される（第３章２Ⅱ「天皇の権能」を参照）。なぜ天皇についてのみこのような異なった取扱いが許されるのかは，天皇・皇族にそもそも人権が認められるかという問題として取り扱われてきた。これについては，学説の対立がある。

天皇・皇族も人間である以上は人権主体であり，できるだけ国民と同じ人権保障がなされるべきと考える立場（人権肯定説）に立てば，天皇・皇族に対する異なった取扱いは，憲法が認める皇位の世襲・職務の特殊性に必要な限度で許容されることとなる。これに対して，天皇制は身分制の「飛び地」であり，そもそも近代の人権概念と相容れないため，天皇・皇族には人権は保障されないとする立場（人権否定説）からすれば，天皇制が憲法における例外である以上，異なる取扱いも全面的に認められることになるだろう。

この関連で，しばしば皇室典範１条が男子にしか皇位継承を認めていないことが男女の平等を定めた憲法14条に反するのではないかが問題とされることがある。この点，人権肯定説では女性に皇位継承権を認めないことは違憲の疑いを生じうるのに対して，人権否定説では合憲・違憲の問題は生じない。

Ⅲ　外　国　人

日本国民としての資格をもたない**外国人**が日本国憲法の人権主体となりうるかという問題は，人権保障の国際化が進む現代において重要な論点の一つである。

かつては憲法第3章のタイトルが「国民の権利及び義務」となっていることから，当然外国人には日本国憲法上の人権規定が適用されないとの考えが示されたこともあった（無適用説）。しかし，現在では，日本国憲法前文が国際協調主義を採用しており，また外国人といえども「人」であることに変わりはないことから，外国人にも基本的人権が保障されうるとの立場が学説上も支持される（適用説）。適用説は文言説と権利性質説の立場に分類される。文言説は，人権規定の主語（「何人も」,「国民は」）に着目して人権保障の有無を決定するが，これらの主語の使い分けは必ずしも厳格なものではなく，また人権規定には主体を示す語のないものもあるといった欠点が指摘される。そのため，学説上は**権利性質説**が支持されてきた。これは，人権の性質によって外国人にも保障されるものと保障されないものとを区別するという考え方で，最高裁判所も**マク**

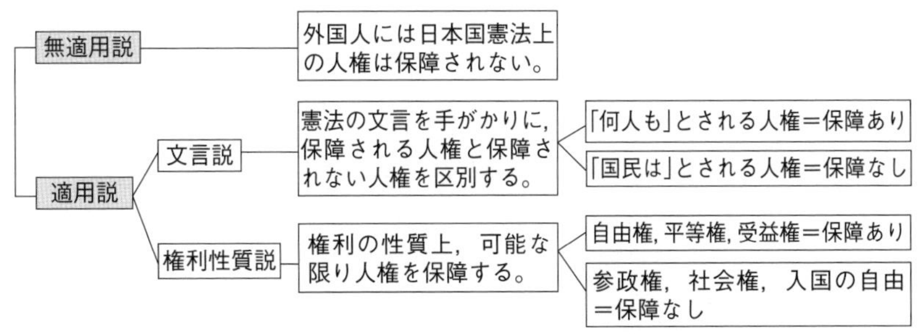

図表5-4　外国人の人権に関する学説状況

リーン事件（最大判昭53・10・4民集32・7・1223）でこの立場を採用した。

重要判例

マクリーン事件（最大判昭53・10・4民集32・7・1223）

アメリカ合衆国国籍をもつ原告が，日本での在留期間更新の申請をしたところ，法務大臣が原告の日本国内での政治活動などを理由にこれを拒絶したため，原告がこの処分の取消しを求めた事件。

最高裁判所は「基本的人権の保障は，権利の性質上日本国民のみをその対象としていると解されるものを除き，わが国に在留する外国人に対しても等しく及ぶ」と述べ，原告の政治活動の自由を認めた。しかし，在留の権利ないし在留要求の権利は外国人に保障されず，「外国人に対する憲法の基本的人権の保障は，……外国人在留制度のわく内で与えられているにすぎない」ことから，在留許可にあたって政治活動の事実などを消極的な事情として斟酌（しんしゃく）することは法務大臣の裁量権の範囲内にあるとして，原告の上告を棄却した。

権利性質説は，外国人にも保障される人権と保障されない人権とが「権利の性質によって」区別されることになるが，従来，外国人に保障されない人権と説明されてきたものについて，現在では若干の見直しがはかられている。

1　参　政　権（第11章を参照）

参政権は，「国民」主権とのつながりの強い権利であり，そのため原理的に外国人に保障されない権利と考えられてきた。そのため，学説は参政権の内容（選挙権・被選挙権か公務就任権か，国政選挙か地方選挙か，など）を特に問題とすることなく，一律に外国人への適用を否定する傾向があった。しかし，これに対して，1980年代以降，定住外国人から地方参政権を求める訴訟が相次いだ。これは，国政選挙においては国民主権原理が妥当するとしても，地方選挙においては国民主権よりも住民自治が重要であり，「住民」には定住外国人も含むとの考えに基づいていた。最高裁判所は，定住外国人に地方選挙権を認めることは憲法上禁止されていないと述べ，このような立場に一定の理解を示した（最判平7・2・28民集49・2・639）。

また，公務就任権については，地方公務員の資格要件から国籍要件を撤廃する自治体も出てきている。

2　社　会　権（第13章を参照）

社会権も，原則として「各人の所属する国によって保障されるべき権利」とされ，外国人に適用がないとの解釈が有力であったが，最近では法律において外国人に社会権の保障を及ぼすことは憲法上問題を生じないとする見解が支持されている。最高裁判所も塩見訴訟判決において，原則としてこうした立場をとっている（最判平元・３・２判時1363・68）。

社会権のなかでも，とりわけ人間の生存にかかわる社会保障政策の領域では，すでに国民年金，福祉年金，児童扶養手当等の受給資格要件から国籍要件が外されている。また，生活保護についても，実務上，定住者や困窮者について一般国民に準じた取扱いが行われている。

Ⅳ　法　　人

人権概念において，もともとの人権主体は個人（自然人）であった。しかし，法人（企業，大学など）の社会的役割の増大などを背景として，**法人**にも憲法上の人権規定が適用されるかが問題となった。

この点，通説･判例は，外国人の場合と同様に**権利性質説**を用いて，法人にも一定の人権が保障されると考えている。つまり，権利の性質上，自然人だけを対象としていると考えられるものを除いて，可能な限り法人にも人権保障を認めようとしているのである。

重要判例

八幡製鉄政治献金事件（最大判昭45・６・24民集24・６・625）

八幡製鉄株式会社の株主が，同社が政党に政治資金を寄付したことについて，同社の取締役等の責任を追及した事件。

最高裁判所は，会社が自然人と同様に，国家，地方公共団体，地域社会その他の構成単位たる社会的実在であることを理由に，「憲法第３章に定める国民の権利および義務の各条項は，性質上可能なかぎり内国の法人にも適用されるものと解すべきである」として，法人の人権享有主体性を認めた。また，会社も国民同様に納税の義務を果たしていることから，「国や政党の特定の政策を支持，推進しまたは反対するなどの政治的行為をなす自由を有する」とされ，ここには政治献金の自由も含まれるとされた。

しかし，法人の人権については，次の２点に注意する必要がある。

① 法人の人権とは，本来人権の対象となっていない主体を人権の対象とする点で，外国人の人権などとは決定的に異なる論理であること。

② これをあまり強く保障すると，法人の人権と個人の人権との間で深刻な衝突が起こる可能性があること（たとえば，マス・メディアの報道の自由と個人のプライバシーとの衝突など）。

これらのことからすれば，法人の人権を認めるにしても，あくまで人権が守ろうとしたのは個人の権利であるということを念頭において，できる限り個人の人権との衝突が起こらないように配慮する必要があるといえる。たとえば，個人の人権を「第一次的権利」と考え，法人の人権を第一次的権利の実現に必要な限りで補充的に認められる「第二次的権利」ととらえるような段階づけなどが有益であろう。

3 人権の限界と公共の福祉

Ⅰ 人権の限界

日本国憲法は基本的人権を「**侵すことのできない永久の権利**」（憲11条）と定める。しかし，これは基本的人権がいかなる場合であっても制約されないということを意味するわけではない。「侵すことができない」とは「不当に制約されない」という意味で理解するべきであり，いいかえれば「正当な理由があれば制約される」ということでもある。

近代の人権は，社会のなかで各個人がもつ活動の自由を最大限尊重しあうことで成立している。これは，たとえばジョン・ロックの「プロパティ（個人が生まれながらにもつ生命･自由･財産についての権利）を相互に保障する社会契約」という発想にも示されている。したがって，人権という概念には当然にその行使の限界という考え方が内在していると考えられるのである。

現代社会において，個人は社会との関連なしに生きることはできない。個人の行動は他の個人や社会全体に影響を及ぼしうるのである。このとき個人が身勝手に行動して，他の個人や社会に害悪をまき散らすようなことがあっては，社会の存続そのものが危うくなる。たとえば，医学上の知識も技術もないような個人が勝手に医師を名のって他の個人を治療したりすれば，それによって他の個人の生命や健康に重大な危険が生じることになるだろう。

個人の行動が社会との関連を無視できないならば，個人の人権についてもその社会との関連を考えなくてはならない。こうした人権の社会関連性からは，人権がとりわけ他人の人権との関係で制約されうるという考え方が示されることになる。つまり，ある個人が人権を行使しようとする場合，少なくともそこには「他人の人権を害してはならない」という限界が生じるのである。J･S･ミルはこの限界づけを「**他者加害原理**（harm principle）」と表現した。フランス人権宣言４条が「自由とは，他人を害しないすべてのことをなしうること」と述べるのも，こうした考えに基づく。このような人権にもともと備わった限界のことを「内在的制約」とよぶことがある。

Ⅱ　公共の福祉の意義と機能

以上のような近代立憲主義の流れを継承する日本国憲法は，人権制約原理として「**公共の福祉**」という概念を採用した。憲法13条によれば，国民の権利は「公共の福祉に反しない限り」国政のうえで最大限尊重される。これは裏を返せば，「（人権の行使が）公共の福祉に反する場合には人権は制約される」ということを意味する。公共の福祉が人権制約のための原理とされるゆえんである。

公共の福祉は，日本国憲法上，唯一の人権制約根拠とされている。つまり，法律などで人権を制約する場合には，常に公共の福祉を根拠としなければならず，公共の福祉の実現を目的としない人権制約は憲法違反と理解されることになる（この点につき，詳しくは本章4「違憲審査基準論」，第16章4「違憲審査制」を参照）。

こうしたことからすれば，日本国憲法上の公共の福祉は少なくとも二重の機能をもつ。すなわち，一方において，公共の福祉は国家が人権を制約する根拠となる（**人権制約原理としての公共の福祉**）。国家は人権行使が公共の福祉に反すると考える場合には，人権を制約することが可能となる。しかし，他方において，公共の福祉は国家が人権を制約する理由をそれだけに限定する（**「制約の制約」原理としての公共の福祉**）。国家は人権行使が公共の福祉に反している場合にしか，人権の制約を正当化できないのである。

人権行使にも限界があることはすでに述べたとおりであり，その限界が公共の福祉という概念によって把握される。しかし，国家が人権を制約する場合には公共の福祉に依拠することが求められ，人権制約にもまた限界が生じる。こうした2つの方向での機能が公共の福祉に集約されているといえる。

Ⅲ　公共の福祉の意味内容

日本国憲法上，「公共の福祉」という言葉が使われているのは，12条・13条・22条・29条の各条項である。このうち，憲法12条・13条はいわば人権に関する総則規定であるが，憲法22条・29条はともに経済的自由権に関する規定である。人権に関する総則規定に人権行使の限界を意味する公共の福祉が示されるのはわかるとしても，なぜ憲法は経済的自由権の規定において再び公共の福祉に言及したのだろうか。これまで，これらの各条項に示された「公共の福祉」がいかなる意味をもつのかをめぐって，学説はさまざまな解釈をしてきた。

1　一元的外在制約説

この立場は初期の学説や最高裁判所判決にみられる立場で，憲法12条・13条の公共の福祉を**人権の外にあり，一般的に憲法上の権利を制約するための根拠**ととらえる。したがって，人権制約のためには憲法12条・13条の公共の福祉があればそれで十分であり，憲法22条・29条における公共の福祉は特別な意味をもたないとされる。

しかし，この説は公共の福祉を「公益」や「公共の安寧秩序」といった抽象的概念に読み替えることで，人権制約のためのマジックワードとして使用してしまう傾向が強い（実際，初期の最高裁判所判決がそうであった）。公共の福祉の具体的内容を画定する努力に欠けていることもあって，立法者が主張する公共の福祉の内容をそのまま鵜呑みにしてしまうことも多く，違憲審査を空洞化させる危険もあった。それゆえ，日本国憲法の人権尊重原理にそぐわないとの批判が寄せられた。この説の場合，「制約の制約」原理としての公共の福祉の側面がほとんど考慮されていなかったといってよいだろう。また，憲法22条・29条がわざわざ公共の福祉という言葉を用いていることの説明がなされていないことも，やはり問題視された。

2　内在・外在二元的制約説

一元的外在制約説の弱点を克服するため提唱されたのがこの立場である。この立場は，憲法12条・13条を単に倫理的な指針を示した訓示規定と位置づけ，そこで示される公共の福祉によって人権を制約することはできないと解する。そのうえで，**自由権については原則としてそれぞれの権利ごとに内在する制約だけが認められるが，経済的自由権については，国家の政策的・積極的規制（権利外在的制約）が例外的に認められる**とする。経済的自由権に関する憲法22条・29条が公共の福祉に言及するのは，以上のような経済的自由権の特殊性を示すものとされるのである。

この立場は確かに公共の福祉の役割を一元的外在制約説よりも明確化したと

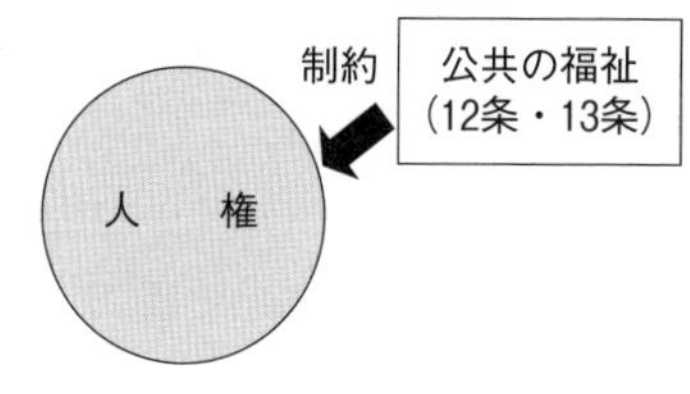

図表５－５　一元的外在制約説のモデル図

いえるが，憲法12条・13条の法的意義を否定している点で問題がある。とりわけ，憲法13条が保障する「生命，自由及び幸福追求に対する国民の権利」が，いわゆる新しい人権の根拠規定となることが判例・学説上も支持されるようになってからは，これらの権利については法的効力を認め，他方で「公共の福祉」に限って訓示規定と解するのは矛盾であると批判される。

ただし，経済的自由権については環境保護や国家の財政的な見地からの公益に基づく規制が必要と解する立場からは，後述する一元的内在制約説との比較において，本説がそれらを可能にする点に一定の評価が与えられている。

3　一元的内在制約説

これは上述の２説の難点を克服し，その後の公共の福祉論に大きな影響を与えた学説である。この立場によれば，公共の福祉とは**人権相互の矛盾・衝突を調整するための実質的公平の原理**とされる。すなわち，公共の福祉をすべての国民が平等に人権を享有し得るようにするための原理と理解する。

さらに各条項における「公共の福祉」の意味については，公共の福祉のあらわれ方を２つに分類する。すなわち，憲法12条・13条は，自由権を各人に平等に保障するために必要最小限度の規制のみを認める消極的な「**自由国家的公共の福祉**」を定めたもので，憲法22条・29条は，社会国家原理の実現を目指して自由権を規制するために必要な限度の規制を認める積極的・政策的な「**社会国家的公共の福祉**」を定めたものと理解する。自由国家的公共の福祉は，伝統的な他者加害（禁止）原理に基づく他者の生命・自由・財産への危害を防止する

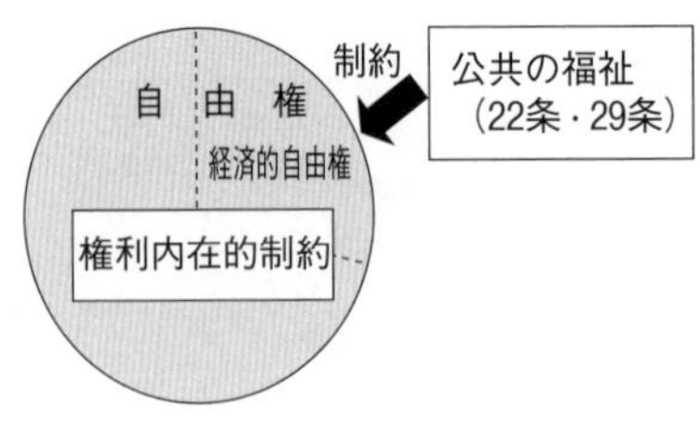

図表５-６　内在・外在二元的制約説のモデル図

ための制約を根拠づける。そして，社会国家的公共の福祉は，20世紀以降の社会国家原理に基づく弱者救済・経済発展のための制約を根拠づける。この両者はともに人権に論理必然的に内在する制約とされる。

この説は，公共の福祉の意味内容を自由国家的公共の福祉と社会国家的公共の福祉に限定したことで，「制約の制約」原理としての公共の福祉の意味合いをある程度明確に位置づけることに成功したといえる。人権制約はこれらの公共の福祉の意味内容に合致する目的においてのみ正当化されうるとされたのである。

しかし，この説にも「公共の福祉」の具体的内容が一般的には決定できず，結局は人権の種類や性質によってケース・バイ・ケースに検討しなければならない，外在的制約と内在的制約の区別を相対化しすぎている，実際に加えられる制約をすべて「実質的公平」の観点から説明することは困難，といった欠点がある。そのため，この後の学説の展開は，一元的内在制約説を前提としつつも，それをさらに明確化する方向で進んできた。

4　違憲審査基準論

公共の福祉に関する理論は，現在，憲法上の人権を制約する立法などに対して裁判所が採用すべき審査基準の問題としてとらえられる傾向にある。これは，違憲審査の場面では，人権制約が本当に「公共の福祉」に基づいているといえ

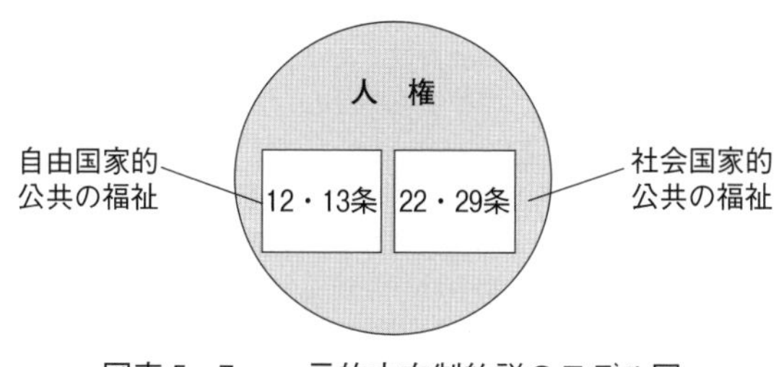

図表５－７　一元的内在制約説のモデル図

るかどうかを判断する必要があり，このための客観的基準が憲法上要求されると考えられているためである。このなかでアメリカの判例理論の影響下で支配的となった理論が，次にあげる**比較衡量論**と**二重の基準論**である。

I　比較衡量論

この基準は，具体的な事件において，人権の制限によって得られる利益と，人権の制限によって失われる利益とを比較衡量し，前者のほうが後者より大きい場合に限って制限を合憲とするものである。最高裁判所も1960年代後半以降，この比較衡量論を用いている（全逓東京中郵事件最高裁判所判決など）。

ただし，この基準は，①比較の基準が明確ではなく，場合によっては比較対象の選択が恣意（しい）的になる，②国家利益と個人の利益の比較衡量においては，前者が重視されるおそれがある，といった問題をもっている。

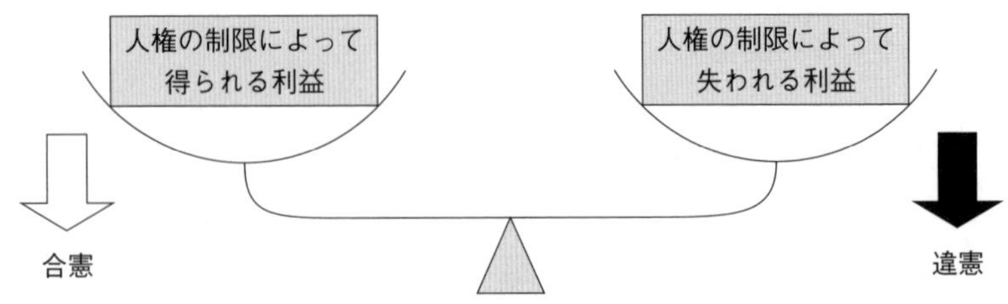

図表５－８　比較衡量論のモデル図

重要判例

全逓（ぜんてい）東京中郵事件（最大判昭41・10・26刑集20・８・901）

春季闘争に際して，全逓信労働組合役員である被告人らが，東京中央郵便局の職員に対して勤務時間内の職場大会への参加を呼びかけ，郵便法79条１項の郵便物不取扱罪を教唆（きょうさ）したとして起訴された事件。

最高裁判所は，「労働基本権の制限は，労働基本権を尊重確保する必要と国民生活全体の利益を維持増進する必要とを比較衡量して，両者が適正な均衡を保つことを目途として決定すべきであり」，「その制限は，合理性の認められる必要最小限度のものにとどめなければならない」として，比較衡量論と制約の必要最小限度性を強調した。

Ⅱ　二重の基準論（第8章「精神的自由権」4 Ⅳ 1 参照）

比較衡量論をベースとしながら，その弱点を克服し，より客観的な審査基準の構築に寄与したとされるのが，二重の基準論である。二重の基準論は，その名のとおり人権制約立法の審査において，精神的自由権が制約されている場合と，経済的自由権が制約されている場合とを区別して，それぞれ異なった審査基準を用いるという考え方である。

精神的自由権が制約されている場合に用いられる**厳格な基準**（**厳格審査基準**）は，規制の態様に応じて，さらに「検閲」基準，明確性の原則といった文面審査基準（図表5‐9のAの領域），「明白かつ現在の危険の基準」（Bの領域），「LRAの基準」（Cの領域）などに細分化されて用いられる。いずれも立法に対する合憲性推定（民主主義のもとでは，国会がつくった法令は原則として憲法に違反していないとの推定が与えられる）を排除して，憲法を基準として厳格な審査を行うところに特徴がある。図表5‐8で示した比較衡量論のモデル図に即していえば，最初の段階で天秤が違憲の側に大きく傾いているイメージとなる。これが合憲とされるためには，人権制限によって得られる利益がかなり重大であることが求められる。

経済的自由権が制約されている場合に用いられる**緩やかな基準**（**合理性の基**

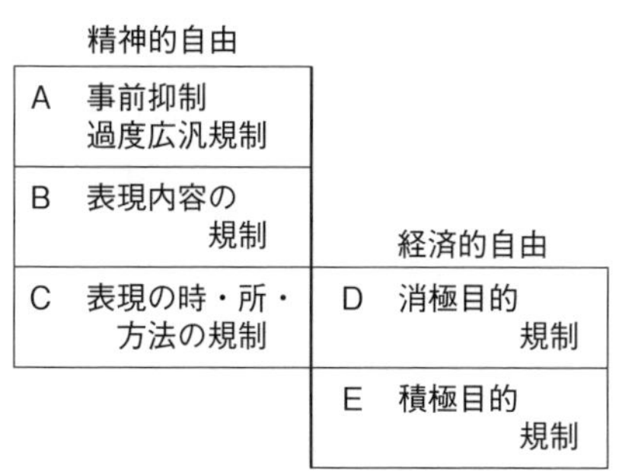

図表5－9　二重の基準論の基本的思考

出典：芦部信喜『憲法判例を読む』岩波書店，1987年，103頁より引用

準）は，規制目的との関係で，「厳格な合理性の基準」（Dの領域），「明白の原則」（Eの領域）に分けて用いられる。これらは立法に対する合憲性の推定を行い，立法裁量を尊重することを基本姿勢とする点で，厳格審査基準と区別される。やはり天秤のイメージを用いれば，こちらの場合，最初の段階で天秤が合憲に傾いている。これを違憲とするためには，人権の制限によって失われる利益が重大であるか，本来の規制目的に照らして不合理な規制であることの証明が必要となる。

この理論の背景には，①精神的自由権は経済的自由権と比べて，より民主制の過程に深くかかわるものであり，これが不当に制約されると民主制そのものがゆがんでしまう（民主政治のプロセス論），②経済的自由権の制約については，より専門性をもつ政治部門の判断を尊重すべきである，③精神的自由権は歴史的に制約を受けやすい人権であるため，裁判所が厳格にその制約の合憲性を審査すべき，といった理由があるとされる（詳しくは，第８章４Ⅳ「表現の自由の限界」および第９章５「経済的自由権の制限」を参照）。

Ⅲ　ドイツの３段階審査

現在の学説においては，新たな審査基準論として，ドイツ法の影響を受けた３段階審査が有力に展開されている。これは，人権制約の合憲性を審査するにあたって，①問題となる人権がいかなる自由を保護しているか（保護領域の画定），②国家による措置は憲法上保護された自由を制限しているか（制限），③その制限は形式的・実質的に憲法上正当化されるか（制限の正当化），という３段階で審査を行うものである。具体的な違憲審査基準は③の段階で問題となるが，ドイツにおいては比例原則審査という手法が用いられる。これは，人権制約の目的とその達成手段との間に比例的な関係があるかを問う審査手法であり，とりわけ，「手段の適合性」（手段が目的の実現を促進するか），「手段の必要性」（同じ目的を達成する他のより緩やかな手段は存在しないか），「狭義の比例性」（手段選択が目的との関係で均衡を失していないか）という３つの審査によって判断される。

３段階審査が二重の基準論を否定するものであるのか，それとも二重の基準論を補い，両立可能な理論として展開しうるのかについては，学説上対立のあるところである。しかし，二重の基準論によって説明されてきた最高裁判所の判例のなかには，薬事法事件判決のように３段階審査を採用しているものも見受けられ，その意味では両者を対立的に理解する必要はないように思われる。

5　私人間における基本的人権の保障

Ⅰ　社会的権力と人権

人権保障は，伝統的理解からすれば，国家権力による侵害から個人の自由を守ることを目的としていた。歴史的にみて，個人の自由にとっての最も重大な脅威は国家権力だったのである。国家の強大な権力の前では，無防備な個人はまったく無力である。そこで，国家と個人の非対等性を調整するために個人に保障されたのが人権であった。個人は人権を盾に国家権力と対峙（たいじ）しうるようになったのである。それゆえ，人権は「対国家的権利」としての性格を色濃くもつものであった。

しかし，現代においては，資本主義の発展などにより，社会のなかにさまざまな事実上の権力をもった団体や組織が登場している（社会的権力）。これらの団体は現代社会において社会を形成する重要な要素であると同時に，その権力の強さから，人権を脅かす存在ともなっている。たとえば，企業による労働者の自由の抑圧，私立大学における学生の自由の抑圧，マスメディアによる個人のプライバシー侵害などは，そのよい例であろう。ここでも個人は社会的権力との間での力の非対等性にさらされている。そこで，社会的権力による「侵害」からも人権を保護する必要はないのか，という問題提起がなされるようになった。これを「**人権規定の私人間適用**」の問題とよぶ。

Ⅱ　人権規定の私人間適用に関する学説

1　無適用説

無適用説は，人権規定がもともと「対国家的権利」であったことを根拠に，私人間の関係への適用を否定する考え方である。この場合，私人間の争いは憲法上の人権規定とは無関係にあくまで私法（民法など）によって調整されるべきものと考えられる。したがって，この立場においては，私人Aによる私人Bに対する人権侵害とみられるような行為があったとしても，それは人権侵害ではなく，Bは憲法上の人権規定に対する違反を主張することはできないこととなる。

2　直接適用説

直接適用説は，最高法規である憲法上の人権規定は私人間においても遵守されるべきであり，それゆえ直接的な効力をもつと理解し，私人間の争いにも直接憲法上の人権規定が適用可能とする立場である。この立場では，私人Aによる私人Bに対する人権侵害的行為に対して，Bは憲法上の人権規定を根拠とする妨害排除請求が可能であり，裁判所もまたAの行為を憲法違反と評価できることになる。たとえば，企業が労働者を特定の思想･信条などを理由に解雇したりすると，労働者は憲法19条（思想・良心の自由）や憲法14条（平等原則）違反を主張でき，裁判所も憲法違反を理由として解雇を無効とすることができる。

3　間接適用説

間接適用説は，憲法上の人権規定は直接私人間の争いを調整しないが，民法

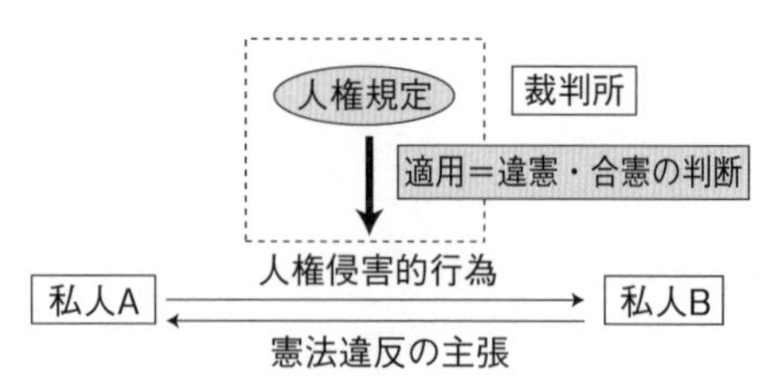

図表 5-10　直接適用説のモデル図

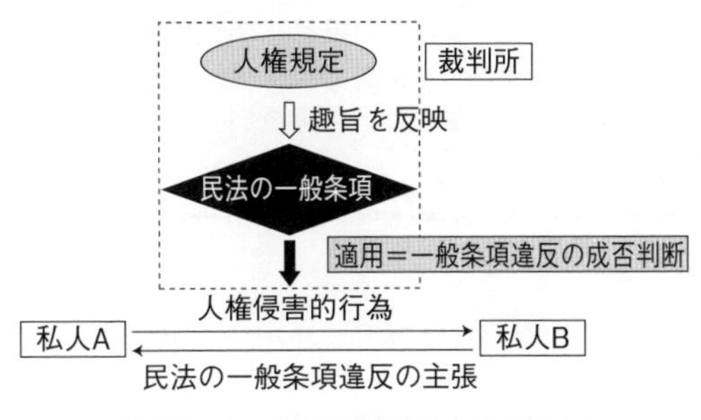

図表5-11　間接適用説のモデル図

の一般条項を介して人権規定の趣旨が私人間に間接的に適用されると理解する。この考え方は，私的自治に一定の配慮を行い，そのうえで民法1条（信義則），民法90条（公序良俗），民法709条（不法行為）といった民法の一般条項の解釈に際して，憲法上の人権規定の趣旨を読み込んで私人間の紛争を解決しようとするものである。この立場の場合，やはり私人間では人権侵害の主張はできないこととなるが，裁判所が民法の解釈にあたって人権保障の趣旨を反映させながら解決をはかることができるとされる。前述の例でいえば，企業による解雇は憲法19条・14条の趣旨を読み込んだ民法90条によって無効とされる（つまり，平等の保障を公序良俗の内容とすることで，思想による差別待遇は公序良俗に反する，と理解する）余地が生じることになる。現在の通説・判例の立場であり，最高裁判所は**三菱樹脂事件**以降，この立場を採用しているとされる。

重要判例

三菱樹脂事件（最大判昭48・12・12民集27・11・1536）

大学卒業後3ヵ月の試用期間を付して採用された原告が，大学在学中の学生運動経験等を入社試験に際して申告しなかったことを理由に本採用を拒否されたため，解雇権の濫用を理由に地位の確認や賃金の支払いを求めて出訴した事件。

最高裁判所は，憲法の各規定は，「もつぱら国または公共団体と個人との関係を規律するものであり，私人相互の関係を直接規律することを予定するものではない」としたうえで直接適用説を否定し，「場合によつては，私的自治に対する一般的制限規定である民法１条・90条や不法行為に関する諸規定等の適切な運用によつて，一面で私的自治の原則を尊重しながら，他面で社会的許容性の限度を超える侵害に対し基本的な自由や平等の利益を保護し，その間の適切な調整を図る方途も存する」と述べ，間接適用の可能性を示唆した。

Topics

温泉施設での入浴拒否と人権

2013（平成25）年に，北海道の温泉施設で，顔にタトゥーを入れたニュージーランドの先住民族であるマオリ族の女性が入浴を拒否される事件が起こった。温泉施設側は，入れ墨が他人に威圧感・恐怖感を与えることを理由に入れ墨を一律に入浴拒否の理由としたが，女性側はタトゥーが民族の伝統文化であり，それにもかかわらず入浴を拒否するのは差別的であると反論した。

かつて，北海道小樽市の温泉施設が施設の入り口に「外国人の方の入場をお断りします。JAPANESE ONLY」という張り紙をし，実際に訪れた外国人に対して入浴拒否をしたことが問題となったことがあった。入浴拒否のきっかけは外国人入浴客のマナーの悪さであったが，この問題は後に訴訟に発展し，第１審である札幌地方裁判所判決（札幌地判平14・11・11判時1806・84）は，温泉施設側には営業の自由があることを認めつつも，外国人に対して一律に入浴拒否をすることは「明らかに合理性を欠くもの」だとして，「外国人一律入浴拒否の方法によってなされた本件入浴拒否は，不合理な差別であって…不法行為にあたる」と判断した。

この問題のなかには，外国人の人権（①），私人間での人権侵害（②），人権（営業の自由）の限界（③）といった，この章で取り扱った事項が複合的に関係している。札幌地方裁判所の判決は，①について，外国人にも憲法14条１項（法の下の平等）の保障があることを前提に，②について，間接適用説の立場から，不法行為に関する規定の解釈に憲法14条１項の趣旨を読み込み，そして③については，温泉施設側は「他の利用者に迷惑をかける利用者に対しては，利用を拒否し，退場を求めることが許される」が，このおそれがない者についてまで入浴を拒否することは「不合理な差別」となるとの判断によって，営業の自由が制約される根拠を示した。

冒頭で紹介した2013（平成25）年のケースは訴訟には発展しなかったが，文化的な軋轢（あつれき）を残した。皆さんなら，この問題に憲法の観点からどのような評価を与えるであろうか。

第6章 包括的基本権

POINT

① 憲法13条前段で定められている個人主義の原理とは，どのようなことを意味するか。
② 憲法13条後段で保障される幸福追求権とは，どのような性質の人権であるか。また，包括的基本権としての性質を有するとは，どのようなことか。
③ 幸福追求権の法的性質の学説としては，人格的利益説と一般的自由説の２説があげられるが，それぞれどのような内容の学説であるか。
④ 「新しい人権」とはどのような人権であり，「新しい人権」として認められた権利としてはどのようなものがあるか。

1 憲法13条の規範内容

憲法13条は，「すべて国民は，個人として尊重される。生命，自由及び幸福追求に対する国民の権利については，公共の福祉に反しない限り，立法その他の国政の上で，最大の尊重を必要とする」と規定する。

本条の前段と後段の意義については，次のような理解がなされている。

Ⅰ 前段の意義

憲法13条前段の「すべて国民は，個人として尊重される」との規定は，個人が人間社会の価値の根源であるとする個人主義の原理を定めたものである。この一人ひとりの人間を個性をもったかけがえのない存在として大切にするという個人主義の考え方は，日本国憲法の人権保障全体の基本理念となっている。

Ⅱ　後段の意義

憲法13条後段が定める「生命，自由及び幸福追求権」については，「生命権」と「幸福追求権」とを分離して考える説もあるが，生命，自由および幸福追求権は，ともに個人の人格的生存に不可欠な利益を内実とし，その意味でこれら三者を区別して論じる必要はなく，統一的にとらえるのが適切であることから（佐藤幸『憲法［第3版］』青林書院，1995年，449頁），一般に略して「**幸福追求権**」とよばれている。

この「生命，自由及び幸福追求権」の文言は，ジョン・ロックの『市民政府論』のなかの「生命，自由，財産」という言葉を想起させるアメリカ独立宣言の「すべての人は平等に造られ，造物主によって一定の譲り渡すことのできない権利を与えられており，その中には生命，自由及び幸福追求が含まれている」という記述に由来するとされている（高井裕之『憲法の争点』有斐閣，2008年，92頁）。

ところで，憲法13条後段に定められた幸福追求権は，当初憲法14条以下に列挙された個別の人権の総称であり，具体的な法的権利ではないと理解されていた。しかし，1960年代以降，情報化社会の進展などによる個人のプライバシー侵害への法的保護の必要性や公害・環境破壊問題への法的対応の必要性を背景として，判例・学説において幸福追求権の意義が見直されるようになった。そして，今日においては，幸福追求権は，「憲法に列挙されていない新しい人権の根拠となる一般的かつ包括的な権利であり，この幸福追求権によって基礎づけられる個々の権利は，裁判上の救済を受けることができる具体的権利である」（芦部信喜『憲法［第5版］』岩波書店，2011年，119頁）というように，その具体的権利性を肯定する学説が通説的な見解となっている。このことから，幸福追求権は，憲法に列挙されていない「新しい人権」の根拠として，**包括的基本権**と称されるようになった。

さらに，個別の人権を保障する条項と本条との関係については，一般法と特別法の関係になり，あることについて適用範囲や対象を限定した特別法と全般的に適用される一般法が存在する場合に特別法が優先して適用される特別法優位の原理によって，個別の人権（特別法）が妥当しない場合に限って憲法13条（一般法）が適用されると解されている。

2　幸福追求権の権利内容に関する学説

憲法13条は「**新しい人権**」の根拠規定となっているが，幸福追求権の内容や新しい人権として承認される基準をどのように考えるかということに関して，次のような学説が唱えられている。これらの学説は，幸福追求権が個別的基本権を包括する基本権であるとする点では一致しているが，服装の自由やバイクに乗る自由などあらゆる生活領域における行為の自由（一般的行為の自由）が人権として保障されるかどうかということに関しては結論が異なる。

Ⅰ　人格的利益説

人格的利益説とは，幸福追求権を個人の人格的生存に不可欠な利益を内容とする権利の総体と解する説である。この説によれば，一般的行為の自由は基本的に憲法上の保護の対象とならない。

ただし，この説による場合でも，これらの行為を一部の人について制限・剥奪するには，合理的な理由が必要となり，平等原則や比例原則とのかかわりで，憲法上問題となることもありうる（前掲・芦部『憲法［第５版］』120頁）。

Ⅱ　一般的自由説

一般的自由説とは，幸福追求権は個別的基本権を包括する基本権であるが，その内容はあらゆる生活領域に関する行為の自由であると解する説である。この説によれば，あらゆる生活領域における行為の自由が憲法上の保護の対象となる。

これら２説のうち，人格的利益説が「個人の人格的生存に不可欠な利益」のみを憲法上の保護の対象とするのは，「人権のインフレ化」や裁判官の主観的な価値判断による権利の創設を防止するためである（芦部信喜『憲法学Ⅱ』有斐閣，

1994年，341頁)。その一方で，一般的自由説の立場からは，人格的利益説のいう「人格的生存に不可欠」という判断基準が，憲法上の人権かどうかを判定するには不明確であるなどとの批判がある（戸波江二『公法研究』58号15頁)。これら２説のうち人格的利益説が通説となっている。

3　新しい人権

幸福追求権に基づき学説上提唱された「新しい人権」としては，プライバシーの権利，自己決定権，環境権，日照権，嫌煙権，健康権，平和的生存権，スポーツ権などがある。これら新しい人権のうち，最高裁判所の判例において明確に認められたものは，プライバシーの権利の一種としての肖像権のみである。これらのうち，代表的なものとして，プライバシーの権利，自己決定権，名誉権，環境権について解説することとしたい。

Ⅰ　プライバシーの権利

プライバシーの権利は，もともとはアメリカにおいて19世紀末以来判例で認められた「ひとりにしてもらう権利」(a right to be let alone) のことを意味した。わが国では1964（昭和39）年の「宴のあと」事件（東京地判昭39・９・28下民集15・９・2317）において「私生活をみだりに公開されない法的保障または権利」としてプライバシーの権利が裁判上初めて認められた。そして，プライバシーの権利は，同判決のように，私人間における私生活上の事実の公開が不法行為（民709条）であることを追及するための民事法上の権利として認められた。

その後，最高裁判所においても，京都府学連事件（最大判昭44・12・24刑集23・12・1625）で，「個人の私生活上の自由の一つとして，何人も，その承諾なしに，みだりにその容ぼう・姿態を撮影されない自由を有する」とされ，「これを肖像権と称するかどうかは別として，少なくとも，警察官が，正当な理由もないのに，個人の容ぼう等を撮影することは，憲法13条の趣旨に反し，許されない」と判示して，プライバシーの権利の一種としての肖像権を実質的に認めた。さらに，前科照会事件（最判昭56・4・14民集35・3・620）においては，「前科・犯罪経歴は人の名誉・信用にかかわる事項であり，前科等のある者もこれをみだりに公開されないという法律上の保護に値する利益を有する」とした。これらの最高裁判所判決によって，従来私法上の権利として認められた人格権としてのプライバシー権は，憲法上の権利としても位置づけられた。

その後，情報化社会の進展にともない，行政機関や企業によって保有されている国民のさまざまな個人情報について，国民各自が自己の情報の開示・訂正・抹消を請求できるようにすることが必要であると考えられるようになった。このため，プライバシーの権利についても，従来の消極的な権利としての理解から「**自己に関する情報をコントロールする権利**」として，積極的な請求権的側面も有する権利としてとらえる見解が有力となった（前掲・芦部『憲法［第5版］』122頁）。プライバシーの権利は，表現の自由など憲法上の個別的権利と抵触することが多く，裁判でも争われた事例がある（たとえば，「石に泳ぐ魚」事件――最判平14・9・24判時1802・60など）。このため，これら憲法上の個別的権利との調整をはかっていくことも必要である。

なお，プライバシーの保護については，2003（平成15）年に個人情報保護の基本理念や国・地方公共団体等の責務等を定めた基本法部分と民間事業者の個人情報取扱いを規制する部分から構成される「個人情報の保護に関する法律」（**個人情報保護法**）が制定されるとともに，国の行政機関に関する法律として「行政機関の保有する個人情報の保護に関する法律」が制定された。

重要判例

前科照会事件（最判昭56・4・14民集35・3・620）

事件の概要

被上告人Xは，自動車教習所の技能指導員をしていたが解雇されたことを争っていたところ，同自動車教習所の弁護士Aは，所属する京都弁護士会を通してXの前科等について「中央労働委員会，京都地方裁判所に提出するため」と記載して京都市伏見区役所に照会した。同区役所から同市中京区役所に照会文書が回付されたところ，同区長は照会に応じ，Xの前科等を回答した。そこでXは，当人の名誉，信用，プライバシーに関係する「自己の前科や犯歴を知られたくない権利」を侵され，予備的解雇を通告されたことでいくつもの裁判等を抱え多大な労力・費用を要することになったが，その原因は中京区長の過失にあるとして，Xは京都市（Y）を相手取り，損害賠償を請求する訴えを提起した。第1審はXの請求を棄却したが，控訴審は請求を一部認容したため，Yが上告した。

判旨

最高裁判所は次のような理由でYの上告を棄却した。

① 前科および犯罪経歴は人の名誉，信用に直接かかわる事項であり，前科等のある者もみだりに公開されないという法律上の保護に値する利益を有する。

② 弁護士法23条の2に基づく前科等の照会については格別の慎重さが要求されるが，本件の照会申出書には「中央労働委員会，京都地方裁判所に提出するため」とあったにすぎず，このような場合に，市区町村長が漫然と弁護士会の照会に応じ，犯罪の種類，軽重を問わず，前科等のすべてを報告することは，公権力の違法な行使にあたる。

上記判決は，民事事件として争われたものであり，憲法上の人権としてのプライバシー権が争われたわけではない。このため，同判決の多数意見もあえてプライバシーの用語を使わず「人の名誉，信用に直接かかわる事項」という表現にとどめている。ただし，同判決の伊藤正己裁判官による補足意見では「他人に知られたくない個人の情報は，それがたとえ真実に合致するものであっても，その者のプライバシーとして法律上の保護を受け，これをみだりに公開することは許されず，違法に他人のプライバシーを侵害することは不法行為を構成する……」として，「**情報プライバシー権**」を示すとともに，「前科等は個人のプライバシーのうちでも最も他人に知られたくないものの一つである」と指摘している。そして，前科等を公開する必要が生じた場合でも，公開が許されるためには「裁判のために公開される場合であっても，その公開が公正な裁判の実現のために必須のものであり，他に代わるべき立証手段がないときなどのように，プライバシーに優越する利益が存在する」場合に限られるとする。さらに，前科等の情報を保管する機関には，その秘密の保護につき特に厳格な守秘義務が課せられており，その意味から中京区長が前科等の情報を保管する者としての義務に忠実であったとはいえないとし，情報管理者には厳格な守秘義務が課せられることを指摘している。このように，本件最高裁判所判決には，伊藤裁判官の補足意見も含めて，個人情報保護法および行政機関個人情報保護法が施行され，行政機関が保有する個人情報の管理がより厳格に求められている今日においても，情報の管理者にとって個人情報の取扱いに示唆を与える内容が含まれている。

Ⅱ　自己決定権

自己決定権とは，「個人の人格的生存にかかわる重要な私的事項を公権力の介入・干渉なしに各自が自律的に決定できる自由」（前掲・芦部『憲法［第５版］』125頁）である。

もともとプライバシーの権利は，アメリカにおいて子どもをもつかどうかなど家族のあり方を決める自由（避妊や妊娠中絶など）を中心に判例上形成されてきたものであることから，自己決定権はプライバシーの権利とまったく別個独立した権利ではなく，情報プライバシー権（自己に関する情報のコントロール権）とならんで「**広義のプライバシーの権利**」を構成するものと解するのが妥当であるとの見解（前掲・芦部『憲法［第５版］』125頁）がある。この見解によれば，自己に関する情報のコントロール権（**狭義のプライバシーの権利**）と自己決定権によって「広義のプライバシーの権利」が構成されることになる。

憲法15条以下の個別的に保障された自由権についても，個人の自律的な決定の保障が含まれるため，憲法上の権利として自己決定権の問題をもち出す必要はない。

したがって，自己決定権が問題となるのは，それ以外の場合である。この意味での自己決定権が問題となる領域としては，上記の家族のあり方を決める自由のほか，ライフスタイルを決める自由（髪形，服装），生命の処分を決める自由（医療拒否，尊厳死など）があげられる（前掲・芦部『憲法［第５版］』125頁）。わが国では，自己決定権を明確に認めた判例は存在しないが，学校の校則で定めた髪形の自由やバイクに乗る自由への規制が別の観点から争われた事例は存在する。たとえば，丸刈り校則事件は，熊本県下の公立A中学校では1981（昭和56）年当時男子学生の髪形について「丸刈，長髪禁止」と校則で定められていたことに対して，丸刈りを望まず在学中３年間普通の髪形で過ごした男子生徒Xとその両親が，在学中教師や生徒たちから嫌がらせを受けたとして，学校長Y_1に対しては当該校則の無効確認等を，町Y_2に対しては損害賠償を求めて提訴した事件である。本件について熊本地方裁判所は，Y_1に対する請求は却下，Y_2に対する請求は棄却するとの判断を下した（熊本地判昭60・11・13行集36・11＝12・1875）。本件において，Xらは校則による髪形への規制について憲法21条の表現の自由を侵害するものとして争ったが，熊本地方裁判所は，「髪型が思想等の表現であるとは特殊の場合を除き，見ることはできず，特に中学生において髪型が思想等の表現であると見られる場合は極めて稀有であるから，本件校則は，憲法21条に違反しない」と判示した。本件については，憲法21条ではなく，憲法13条の自己決定権に基づく髪形の自由の問題として提訴すべきであったと考えられる。

Ⅲ　名　誉　権

北方ジャーナル事件（最大判昭61・6・11民集40・4・872）によれば，名誉とは「人の品性，徳行，名声，信用等の人格的価値について社会から受ける客観的評価」のことである。この名誉については，人格価値に直接かかわる利益であるため，プライバシーの権利より前から法的保護の対象とされてきた。そして，名誉権とプライバシー権の違いは，前者が人の価値に対する社会の評価を意味し，後者は社会的評価にかかわりない私的領域を意味する（前掲・芦部『憲法［第５版］』123頁）。

名誉権が侵害された場合について，上記最高裁判所判決は，損害賠償（民710条）または名誉回復のための処分（民723条）を求めることができ，人格権としての名誉権に基づき，加害者に対し，現に行われている侵害行為の排除と将来生ずべき侵害を予防するための侵害行為の差止めを求めることができるとした。そして，同判決が示したように，人格権としての個人の名誉の保護が憲法13条に根拠をもつことが認知されている。

なお，名誉権に対する侵害行為が行われた場合には，上記の民法上の手段のほか，刑法230条に基づき**名誉毀損罪**として法的責任を問われることとなる。

ところで，同判決が指摘したように，言論，出版等の表現行為により名誉権が侵害された場合は，人格権としての個人の名誉の保護と表現の自由の保障（憲21条）とが衝突し，その調整をはかる必要がある。このため，刑法230条の２の規定により，人の名誉を侵害する行為であっても，その行為が「公共の利害に関する事実」について行われ，その目的がもっぱら公益をはかるためのものであると認められるときには，違法性が阻却され，個人の名誉の保護と表現の自由の保障との調整がはかられている。

Ⅳ　環　境　権

環境権は，良好な環境を享受し，これを支配する権利である。この権利は，1960年代以降顕著となった大気汚染や水質汚濁などの公害問題により国民の生命・健康が脅かされる事態が発生したことをきっかけとして，新しい人権として提唱されるようになった。環境権が想定する「環境」の客体については，大気や水などの自然環境に限定する見解と，遺跡・寺院などの歴史的・文化的環境や道路・公園・電気・ガスなどの社会的環境を含める見解があるが，後者では環境権の内容が広範になりすぎ，権利性が弱められることなどから，前者が多数説となっている（辻村みよ子『憲法［第３版］』日本評論社，2008年，310頁）。

そして，環境権は，良い環境を享受し支配する権利の実現のため，公権力による積極的な環境保全ないし改善のため施策を求める社会権的な側面と，公権力による生活環境の侵害の排除を求める自由権的側面を有する複合的な権利である。このため，前者については憲法25条に，後者については憲法13条に根拠を求める見解が通説的な見解となっている。ところが，環境権に関する学説は，公権力に対する憲法上の権利として主張されていることから，ただちに私法上の権利として妥当するわけではなく，またその内容も必ずしも明確でないことなどから，判例は，環境権を認めることに消極的である（前掲・芦部『憲法学Ⅱ』

362-363頁)。このようななかで，大阪空港公害訴訟第２審（大阪高判昭50・11・27判時797・36）では，「個人の生命，身体，精神及び生活に関する利益」としての人格権に基づく差止請求を認めた。この判決以後，**人格権**に基づく差止請求という構成は，その後の公害訴訟で広く採用されている。ただし，大阪空港公害訴訟の最高裁判所判決は，過去の損害賠償請求は認めたが，差止請求は却下した（最大判昭56・12・16民集35・10・1369)。

このため，近年においては，学説上も環境権よりも限定された概念として，「環境人格権」の考え方が提唱されている。この考え方は，環境権が周辺の環境の破壊・汚染（のおそれ）を問題とするのに対して，環境権の自由権的側面に注目して，個人の生命・健康などへの侵害（のおそれ）を主張し，それらの侵害の排除を求める権利を憲法13条により保障される人格権の一つとして位置づけるものである（たとえば，内野正幸『憲法解釈の論点［第４版］』日本評論社，2006年，57頁)。

関連条文

民法709条　故意又は過失によって他人の権利又は法律上保護される利益を侵害した者は，これによって生じた損害を賠償する責任を負う。

民法710条　他人の身体，自由若しくは名誉を侵害した場合又は他人の財産権を侵害した場合のいずれであるかを問わず，前条の規定により損害賠償の責任を負う者は，財産以外の損害に対しても，その賠償をしなければならない。

民法723条　他人の名誉を毀損した者に対しては，裁判所は，被害者の請求により，損害賠償に代えて，又は損害賠償とともに，名誉を回復するのに適当な処分を命ずることができる。

刑法230条　公然と事実を摘示し，人の名誉を毀損した者は，その事実の有無にかかわらず，３年以下の懲役若しくは禁錮又は50万円以下の罰金に処する。

２　死者の名誉を毀損した者は，虚偽の事実を摘示することによってした場合でなければ，罰しない。

刑法230条の２　前条第１項の行為が公共の利害に関する事実に係り，かつ，その目的が専ら公益を図ることにあったと認める場合には，事実の真否を判断し，真実であることの証明があったときは，これを罰しない。

２　前項の規定の適用については，公訴が提起されるに至っていない人の犯罪行為に関する事実は，公共の利害に関する事実とみなす。

３　前条第１項の行為が公務員又は公選による公務員の候補者に関する事実に係る場合には，事実の真否を判断し，真実であることの証明があったときは，これを罰しない。

刑法232条　この章の罪は，告訴がなければ公訴を提起することができない。

２　告訴をすることができる者が天皇，皇后，太皇太后，皇太后又は皇嗣であるときは内閣総理大臣が，外国の君主又は大統領であるときはその国の代表者がそれぞれ代わって告訴を行う。

第7章 平等権

POINT

① 憲法14条の「法の下の平等」は，憲法の人権保障の中で，どのような意義を有するか。
② 憲法14条の「法の下の平等」は，法適用の平等のみを定めたものか，あるいは法内容の平等まで求めるか。
③ 憲法14条1項後段と前段の規定の関係をどのように理解したらよいか。
④ 旧民法900条第4号ただし書の嫡出でない子の相続分を嫡出子の2分の1と定めた規定は，どのような理由に基づき憲法14条1項に違反するとされたか。
⑤ 平等違反の違憲審査基準をどのように考えるべきか。

1 憲法14条の「法の下の平等」規定の意義

憲法14条1項は「すべて国民は，法の下に平等であつて，人種，信条，性別，社会的身分又は門地により，政治的，経済的又は社会的関係において，差別されない」と規定する。

この規定は**法の下の平等**の基本原則を定めたものであるが，本条の意義を考える前提として，平等思想の沿革を理解することが必要である。そして，以下に解説するように，本条が日本国憲法の人権保障全体のなかでどのような意義を有するかについて考えてみたい。

Ⅰ 平等思想の沿革

平等思想の歴史は，古代ギリシアにまでさかのぼることができる。たとえば，アリストテレスは，すべての人を等しく扱う平均的正義と等しくないものはそれに応じて扱うという配分的正義を区別した。そして，17世紀から18世紀のジョン・ロックやJ・J・ルソーなどの近代自然法思想において，国家権力に対する平等な取扱いの要求として唱えられるに至った。彼らは中世におけるキリスト教の「**神の前の平等**」思想を，現実社会における平等の考え方としての「**法の前の平等**」に変えた。このような思想的背景により，貴族や平民などの身分に応じた平等しか認められなかった身分制社会を打破する近代市民革命は，自由と平等の理念のもとに行われた。たとえば，「自由，平等，博愛」の旗印のもとに行われたフランス革命の結果つくられたフランス人権宣言1条において「人は，自由かつ権利において平等なものとして出生し，かつ生存する」と定められた。また，アメリカ独立宣言においては「すべての人は平等に造られ，造物主によって一定の譲り渡すことのできない権利を与えられており，その中には生命，自由および幸福追求が含まれている」との文言が盛り込まれた。

そして，近代市民革命後の社会においては，すべての個人を法的に均等に取り扱い，その自由な活動を保障する**形式的平等（機会の平等）**が理念とされた結果，資本主義の進展にともない，持てる者（富者）と持たざる者（貧者）との格差が拡大していった。

このため，20世紀の社会福祉国家においては，「人間たるに値する生活」を実現するためドイツのワイマール憲法以降の現代憲法で社会権が保障され，社会的弱者を国家が救済することによって，**実質的平等（結果の平等）**の実現がはかられるようになった。

Ⅱ　「法の下の平等」規定が憲法の人権保障のなかで占める意義

憲法14条の法の下の平等規定は，憲法13条の包括的基本権規定とならび，憲法の人権保障の総則的な意義を有する。すなわち，たとえば思想・良心の自由の保障においては各人は平等でなければならないなど，憲法15条以下で保障される個別的人権において平等に取り扱われなければならないという意味で，憲法の人権保障全体にかかわる規定である。

Ⅲ　平等権と平等原則

憲法14条の法の下の平等規定は，実体的な権利としての「**平等権**」を定めたものか，それとも「**平等原則**」を定めたものであるかという問題がある。

この点に関しては，平等権は常に他者との比較において成立するものであり，実体的な権利性を有しないとする見解もあるが，平等権と平等原則を互換的に解し，両者を区別してとらえないのが通説である。

そして，平等権と平等原則との関係については，憲法14条の規定を国民は法的に平等に扱われ不合理な差別をされない権利を保障したものと国民の側からとらえたものが「平等権」，国家は国民を不合理に差別してはならないというように国家の側からとらえたものが「平等原則」であるということになる。

Ⅳ　法適用の平等と法内容の平等

憲法14条の「法の下の平等」の意味として，立法権を拘束する**法内容の平等**を求めるのか，それとも行政権と司法権だけを拘束する**法適用の平等**を意味するのかが問題となる。

この点に関する学説のうち，行政権と司法権だけを拘束するという**立法者非拘束説（法適用平等説）**は,「法の下の」の「法」を「法律」と解釈し，その結果，行政権と司法権による法適用の平等のみを意味すると解釈する説である。ただし，この見解に立った場合でも，憲法14条１項後段列挙事由のみは立法者も拘束すると解している。しかしながら，立法権も憲法によって拘束されるという法の支配の考え方をとった場合には,「法の下の平等」の「法」には憲法を含む広い意味での法を指すことになる。そして，憲法のもとでは，立法権も行政権もすべて平等に国民を扱うことが求められることから，法の内容が平等であること，さらには立法権も平等原則に拘束されることを意味する（**立法者拘束説［法内容平等説］**）ことになる。法の内容に不平等な取扱いが定められていれば，いかにそれを平等に適用しても平等の保障は実現されず，個人の尊厳の原理が無意味に帰するおそれがあるため，後者の立法者拘束説が通説となっている。

Ⅴ　形式的平等と実質的平等

本章***1*** Ⅰ「平等思想の沿革」で解説したように，現代社会福祉国家においては，実質的平等が要請されるようになったが，憲法14条の「法の下の平等」が各人の現実の差異の是正を求める「**実質的平等**」まで求めているのか，それとも各人の現実の差異を一切捨象(しゃしょう)して原則的に一律平等に扱う「**形式的平等**」にとどまるのかという問題がある。

この問題については，憲法14条の「法の下の平等」は，形式的平等を意味し，実質的平等の実現は，社会権によるとする見解が通説となっている。(芦部信喜『憲法［第5版］』岩波書店，2011年，127頁)。

Ⅵ　相対的平等と絶対的平等

通説・判例によれば，法の下の平等は，同一の事情・条件のもとでは均等に扱うという「**相対的平等**」を意味し，いかなる場合にも各人を絶対的に均等に扱うという「**絶対的平等**」を意味しないと解されている。このため，恣意的な取扱いは許されないが，合理的な理由に基づき異なった取扱いをすることは許されるとするのが通説・判例となっている。その結果，合理的な理由でない「**不合理な差別**」は禁止されることになる。

2　平等違反の違憲審査基準

本章***1*** Ⅵ「相対的平等と絶対的平等」で解説したように，平等権に反する差別であるかどうかを判断するためには，なにが合理的な取扱いで，なにが不合理な差別であるかを判断する必要がある。それを判断する基準が，平等権の**違憲審査基準**である。

この違憲審査基準については，次のような点が問題となる。

憲法14条1項後段は，「人種，信条，性別，社会的身分又は門地により，政治的，経済的，又は社会的関係において，差別されない」と規定する。ここにあげられた「人種」以下の差別禁止事由については，次の３つの異なる見解がある。

① **限定的列挙説**……後段に掲げられた列挙事由には特別の意味があり，列挙事由に基づく差別は絶対的に禁止される。

② **代表的例示説**……後段に掲げられた列挙事由は，歴史的にみて不合理な差別が行われてきた代表的な事由である。

③ **単純例示説**……後段列挙事由には特別の意味はなく，たんなる例示にすぎない。

これらの説のうち，①説は前段と後段の関係について，前段は法律の適用における平等権を保障したものとし，後段は生活規制無差別の権利という平等権とは別の立法者も規制する権利であるとする。しかし，この説によれば後段列挙事由に該当する場合にはただちに不合理な差別となってしまう。

判例は，③説をとり，憲法14条１項は「国民に対し，法の下の平等を保障したものであり，右法条に列挙された事由は例示的なものであって，必ずしもそれに限るものではない」とする（最大判昭39・５・27民集18・４・676）。

これに対して，②説が学説において有力な見解となっている。そして，違憲審査基準とかかわらせて，列挙事由による区別の場合には，原則として不合理が推定され，これを合憲とするためにはよりいっそう厳しい判断基準に合致しなければならず，合憲であると主張する側が合理的な差別であることを論証する責任を負うとする（伊藤正己『憲法』弘文堂，1995年，244頁）。

さらに，芦部説は伊藤説を補強して，憲法14条１項後段の列挙事由以外の事由による取扱い上の差異が平等原則違反で争われる場合でも「二重の基準論」の考え方に基づき，対象となる権利の性質の違いを考慮して，立法目的と立法目的を達成する手段の２つの側面から合理性の有無を判断するのが妥当であるとする。そして，具体的には，権利の性質の違いによる審査基準として，厳格審査基準，厳格な合理性の基準，合理的根拠の基準が提唱されている（前掲・芦部・130-131頁参照）。

3　後段列挙事由と審査基準

憲法14条1項後段に掲げられている「人種」,「信条」,「性別」,「社会的身分」,「門地」の5つの列挙事由（ならびにそれに類似する事由）については，平等原則違反として違憲が推定され，厳しい審査基準が適用されるとするのが多数説となっている。ただし，それぞれに適用されるのが，本章**2**「平等違反の違憲審査基準」であげた厳格審査基準によるのか，厳格な合理性の基準によるのかについては，見解が一致していない。以下において，後段列挙事由の内容・問題点等について解説したい。

Ⅰ　人種による差別

人種とは,「人間の生物学的な特徴による区分単位」であり,「皮膚の色を始め頭髪・身長・頭の形・血液型などの形質を総合して分類される」（広辞苑）人類学上の種類であるが，今日では広く「人種，皮膚の色，世系又は民族的若しくは種族的出身」（人種差別撤廃条約1条）を指す。人種による差別は，アメリカ合衆国の黒人差別や南アフリカのアパルトヘイトなど，特に多人種によって構成される国々で深刻な政治的・社会的問題となってきた。わが国でもアイヌ人，混血児，帰化人などが問題となる。このうち，アイヌ民族問題については，1899（明治32）年に制定された北海道旧土人保護法が廃止され，1997（平成9）年にアイヌの文化の振興とその伝統に関する知識の普及・啓発に関する新法が制定された。アメリカでは，1964（昭和39）年に制定された公民権法等によって，**積極的差別是正措置**（アファーマティブ・アクション）が推進され，差別解消のための措置がとられてきた。

Ⅱ　信条による差別

信条とは，歴史的には宗教上の信仰を意味するが，今日ではさらに広く人生観，世界観，政治観などの思想上の信念を含むとするのが通説となっている。

Ⅲ　性別による差別

明治憲法下の日本では，女性は参政権をもたず，また妻は民法上無能力とされるなど，法制度上も女性に対する差別が行われた。戦後日本国憲法において法の下の平等や家族生活における男女の平等規定（憲24条）が置かれ，1945（昭和20）年に女性の参政権を認めた公職選挙法の制定や民法の親族・相続編の全面改正など，形式的平等実現のための法改正が行われた。さらに，1979（昭和54）年に国連総会で採択された女子差別撤廃条約の批准により，国籍法が改正され，男女雇用機会均等法が制定された。近年においては，1999（平成11）年に男女共同参画社会基本法が制定され，男女平等の推進がはかられている。

さらには，1981（昭和56）年に下された最高裁判所判決により，男子55歳，女子50歳という男女別定年制を定めた就業規則が不合理な差別であり，民法90条に反して無効であるとされた（日産自動車男女別定年制事件――最判昭56・3・24民集35・2・300）。

このほか，民法731条が定める婚姻適齢の年齢の区別（男子18歳，女子16歳）および民法733条により女性のみに課される6ヵ月の再婚禁止期間の合憲性が問題とされ，後者については，最高裁判所は，同条の規定が「父性の推定の重複を回避し，父子関係をめぐる紛争の発生を未然に防ぐ」という合理的な目的に基づくものである以上，それが「憲法の一義的な文言に違反しているにもかかわらず国会があえて当該立法を行う」という例外的な場合にはあたらないとし，国家賠償法の適用上違法とはならないとした（最判平17・12・5判時1563・81）。これら2つの民法の条文については，国連の規約人権委員会が日本政府による第6回定期報告を審査した結果を採択した総括所見（2014年）においても，主要な懸念事項の一つにあげ，改正を勧告している。

また，その後，最高裁は，民法の再婚禁止規定について「100日超過部分は合理性を欠いた過剰な制約を課すもの」とし憲法14条1項・24条2項に違反するとし，国会の立法不作為の主張は斥ける判決を下した（最大判平27・12・16民集69・8・2427）。

なお，この最高裁判決を受けて，2016年（平成28年）６月１日に①女性の再婚禁止期間を前婚の解消又は取消しの日から起算して100日に短縮し，②女性が前婚の解消若しくは取消しの時に懐胎（妊娠）していなかった場合又は女性が前婚の解消若しくは取消しの後に出産した場合には再婚禁止期間の規定を適用しないとする民法の一部を改正する法律が成立し，公布・施行（2016年６月７日）された。

Ⅳ　社会的身分

社会的身分の定義については，「社会において継続的に占める地位」（最大判昭39・５・27民集18・４・676）と広く解する見解，「自己の意思をもってしては離れることのできない固定した地位」と狭く解する見解，「人が社会において一時的ではなく占めている地位で，自分の力ではそれから脱却できず，それについて事実上ある種の社会的評価が伴っているもの」と解し両者の中間に位置する見解がある。

憲法14条１項後段の列挙事由を単なる例示であるとする見解に立つ場合は，社会的身分の定義は問題とならないが，列挙事由に特別の意味があるとする見解に立つ場合には，範囲を明確にする必要があり，狭義説と中間説の解釈と結びつくことになる。社会的身分に該当するものとして，嫡出子・非嫡出子の区別があげられる。非嫡出子の法定相続分を嫡出子の２分の１と定めていた旧民法900条４号但書の合憲性が問題となった事件において，最高裁判所は，かつて民法が**法律婚主義**を採用している以上，法律婚の尊重と**非嫡出子**の保護の調整をはかった右規定の立法理由には合理的根拠があるなどとして憲法14条１項に反しないとの判断を示していた（最大決平７・７・５民集49・７・1789）。しかし，最高裁判所は，近年に至り，同条は憲法14条１項に反し違憲無効であるとの決定を下した。

婚外子法定相続分違憲決定（最大決平25・9・4民集67・6・1320）

事件の概要

2001（平成13）年7月に死亡した被相続人Aの遺産につき，Aの嫡出である子（その代襲相続人を含む）であるY_1・Y_2が，Aの嫡出でない子Xら（抗告人）に対し，遺産の分割の審判を申し立てたところ，原審は，民法900条4号ただし書の規定のうち嫡出でない子の相続分を嫡出子の相続分の2分の1とする部分（本件規定）が憲法14条1項に違反しないとし，本件規定にしたがってAの遺産を分割すべきとした。このことに対してXらが特別抗告した。

決定要旨

⑴ 本件規定の憲法14条1項適合性の判断基準　相続制度を定めるにあたっては，それぞれの国の伝統，社会事情，国民感情なども考慮されなければならない。現在の相続制度は……その国における婚姻，親子関係に対する規律，国民の意識等を離れてこれを定めることはできない。これらを総合的に考慮したうえで相続制度をどのように定めるかは立法府の合理的な裁量判断に委ねられているというべきである。本件で問われているのは，……本件規定により嫡出子と嫡出でない子との間で生じる法定相続分に関する区別が，合理的根拠のない差別的取扱いにあたるか否かである。

⑵ 本件規定の憲法14条1項の適合性　最高裁判所1995（平成7）年7月5日決定（民集49・7・1789）では本件規定を憲法14条1項に違反しないとしたが，次のような理由から，今回の最高裁判所決定では，本件規定は違憲であるとした。すなわち，①わが国における婚姻，家族の形態の著しい多様化や婚姻，家族の在り方に対する国民意識の多様化，②現在，わが国以外で嫡出子と嫡出でない子の相続分に差異を設けている国は欧米諸国になく，世界的にも限られた状況にある，③国際人権規約（市民権規約）及び子どもの権利条約の批准及びこれらの条約に基づく委員会による本件規定に対する懸念の表明や法改正の勧告，④住民票や戸籍における記載の仕方の変更，最大判平成20年6月4日（民集62・6・1367）による国籍法3条の違憲判断，⑤嫡出子と嫡出でない子の法定相続分を平等とする法律案の政府による準備，⑥本件規定の合理性は種々の要素を総合考慮し，個人の尊厳と法の下の平等を定める憲法に照らし，嫡出でない子の権利が不当に侵害されているか否かという観点から判断すべき法的問題であり，法律婚尊重の意識の幅広い浸透や嫡出でない子の出生数の多寡，諸外国と比較した出生割合の大小は，上記法的問題の結論にただちに結びつくものとはいえない。⑦1995（平成7）年大法廷決定において嫡出でない子の立場を重視すべきであるとして5名の裁判官が反対意見を述べたほか，婚姻，親子，家族形態とこれに対する国民意識の変化，さらには国際的環境の変化を指摘して，1947（昭和22）年民法改正当時の合理性が失われつつあるとの補足意見が述べられ，……特に最高裁判所2003（平成15）年3月31日第一小法廷判決（集民209・397）以降の当審判例は，本件規定を合憲とする結論をかろう

じて維持したものとみることができる。⑧1947（昭和22）年民法改正時から現在に至るまでの間の社会の動向等を総合的に考察すれば，家族という共同体の中における個人の尊重がより明確に認識されてきたことは明らかである。そして，法律婚という制度自体はわが国に定着しているとしても，上記のような認識の変化に伴い，上記制度の下で父母が婚姻関係になかったという，子にとって自ら選択ないし修正する余地のない事柄を理由としてその子に不利益を及ぼすことは許されず，子を個人として尊重し，その権利を保障すべきであるという考えが確立されてきている。

そして，最高裁判所は，以上を総合して，少なくともAの相続が開始した2001（平成13）年7月当時においては，立法府の裁量権を考慮しても，嫡出子と嫡出でない子の法定相続分を区別する合理的な根拠は失われていたというべきであるとし，本件規定は，遅くとも2001（平成13）年7月当時において，憲法14条1項に違反していたとの結論を下した。さらに，最高裁判所は，本決定が先例としてもつ事実上の拘束性について「本決定の違憲判断は，Aの相続の開始時から本決定までの間に開始された他の相続につき，本決定を前提としてされた遺産の分割の審判その他の裁判，遺産の分割の協議その他の合意等により確定的なものとなった法律関係に影響を及ぼすものではないと解するのが相当である」とした。

上記決定で争点となった旧民法900条4号ただし書については，前記1995（平成7）年7月5日大法廷決定における最高裁判所の5人の裁判官の反対意見では，「出生について何の責任も負わない非嫡出子をそのことを理由に法律上差別することは，婚姻の尊重・保護という立法目的の枠を超えるものであり，立法目的と手段との実質的関連性は認められず合理的であるということはできない」などと同決定とは相反する見解が出されていた。また，学説も嫡出か嫡出でないかという社会的身分に基づく不合理な差別であると解する見解が有力となっていた。今回の最高裁判所大法廷による決定は，1995（平成7）年7月5日の最高裁判所大法廷決定の反対意見の論拠や国際的な動向をふまえ，憲法14条1項に違反するとの判断を示したものといえる。

なお，この最高裁判所決定を受けて，2013（平成25）年12月5日，民法の一部を改正する法律が成立し，嫡出でない子の相続分は嫡出子の相続分と同等にされた（同月11日公布・施行）。

V 門　　地

門地とは家柄を意味する。明治憲法下の華族が典型であるが，憲法14条２項により廃止された。

以上のⅠからⅤの列挙事由については，政治的関係，経済的関係および社会的関係のいずれの分野においても，国民は権利のうえで平等に扱われる。

4 議員定数不均衡の合憲性

法の下の平等にかかわる重要な問題として，**議員定数不均衡**の問題がある。これは，国会議員の選挙に関して，各選挙区の議員定数の配分に不均衡があることによって，各選挙区ごとの人口数または有権者数との比率において，選挙人の投票価値（一票の重み）に不平等が存在することの合憲性を問う問題である。

近代の選挙および選挙法に通じる原則のなかで重要なものとして，選挙人の選挙権に平等の価値を認める平等選挙の原則がある。日本国憲法においては，14条以外に44条で「両議院の議員及びその選挙人の資格は，法律でこれを定める。但し，人種，信条，性別，社会的身分，門地，教育，財産又は収入によつて差別してはならない」と規定する。

このことから，平等選挙の原則については，選挙制度に関する国会の立法裁量との関係が問題となる。

平等選挙の原則から帰結されるものとしては，１人の選挙人が１票の投票権をもつとする「**１人１票の原則**」がある。この原則は憲法14条・44条等により保障されており，公職選挙法36条においても「投票は，各選挙につき，１人１票に限る」と定め，複数投票が禁じられている。

選挙権の平等に関しては，「１人１票の原則」による数的な意味での平等のほかに，**投票価値の平等**，すなわち議員１人当たりの有権者数の平等も要請するかどうかが問題となる。この点に関しては，学説・判例ともに投票価値の平等は，法の下の平等の当然の要請として保障されるとしている。

また，この選挙権の平等は，選挙権が「国民の国政への参加の機会を保障する基本的権利として，議会制民主主義の根幹をなすもの」（最大判昭51・4・14民集30・3・223）であることからも要請される。最高裁判所の判例の動向等は第11章***4***「選挙制度をめぐる問題」を参照のこと。

関連条文

民法90条　公の秩序又は善良の風俗に反する法律行為は，無効とする。

民法731条　男は，18歳に，女は，16歳にならなければ，婚姻をすることができない。

民法733条　女は，前婚の解消又は取消しの日から起算して百日を経過した後でなければ，再婚をすることができない。

2　前項の規定は，次に掲げる場合には適用しない。

一　女が前婚の解消又は取消しの時に懐胎していなかった場合

二　女が前婚の解消又は取消しの後に出産した場合

民法746条　第733条の規定に違反した婚姻は，前婚の解消若しくは取消しの日から起算して百日を経過し，又は女が再婚後に出産したときは，その取消しを請求することができない。

民法900条　同順位の相続人が数人あるときは，その相続分は，次の各号の定めるところによる。

一　子及び配偶者が相続人であるときは，子の相続分及び配偶者の相続分は，各2分の1とする。

二　配偶者及び直系尊属が相続人であるときは，配偶者の相続分は，3分の2とし，直系尊属の相続分は，3分の1とする。

三　配偶者及び兄弟姉妹が相続人であるときは，配偶者の相続分は，4分の3とし，兄弟姉妹の相続分は，4分の1とする。

四　子，直系尊属又は兄弟姉妹が数人あるときは，各自の相続分は，相等しいものとする。ただし，父母の一方のみを同じくする兄弟姉妹の相続分は，父母の双方を同じくする兄弟姉妹の相続分の2分の1とする。

男女雇用機会均等法1条　この法律は，法の下の平等を保障する日本国憲法の理念にのつとり雇用の分野における男女の均等な機会及び待遇の確保を図るとともに，女性労働者の就業に関して妊娠中及び出産後の健康の確保を図る等の措置を推進することを目的とする。

男女雇用機会均等法2条　この法律においては，労働者が性別により差別されることなく，また，女性労働者にあつては母性を尊重されつつ，充実した職業生活を営むことができるようにすることをその基本的理念とする。
2　事業主並びに国及び地方公共団体は，前項に規定する基本的理念に従つて，労働者の職業生活の充実が図られるように努めなければならない。

第8章 精神的自由権

POINT

① 思想・良心の自由を保障する意義を理解する。
② 信教の自由を保障する意義を理解する。
③ 政教分離原則を理解する。
④ 学問の自由を保障する意義を理解する。
⑤ 表現の自由の価値を理解する。
⑥ 表現の自由の限界を考える。

精神的自由には，物事を考えたり，信じたりする内面的な部分（**内面的精神活動の自由**）と，考えたことを発表したり，考えたことに基づいて行動したりする外面的な部分（**外面的精神活動の自由**）がある。憲法は，精神的自由権として，思想・良心の自由（憲19条），信教の自由（憲20条），学問の自由（憲23条），表現の自由（憲21条）を保障している。このうち，思想・良心の自由は内面的精神活動の自由に，表現の自由は外面的精神活動の自由にあたる。信教の自由および学問の自由は，内面的精神活動の自由と外面的精神活動の自由の双方を含む。

図表8－1　精神的自由権の全体構造

精神的自由権	内面的精神活動の自由	思想・良心の自由（19条）
	外面的精神活動の自由	表現の自由（21条）
	双方を含む自由	信教の自由（20条）
		学問の自由（23条）

1 思想・良心の自由

I 意　　義

思想・良心の自由は，精神的自由権のなかでも最も根本的なものである。人が心の中でなにを考えているのかは他人からはわからないはずであり，また，思想・良心の自由は表現の自由と結びついているため，表現の自由を保障すれば十分であると考えられている。そのため，諸外国の憲法には，日本国憲法のように思想・良心の自由を保障する規定を独自に設けている例はあまりみられない。これは，明治憲法下で，治安維持法の運用にみられるように，国家にとって不都合な思想が弾圧された歴史をふまえて，日本国憲法では，精神的自由権の総則的な規定として，思想・良心の自由を保障したためである。

思想・良心とは，個人の世界観や人生観，主義，主張など，人格形成にかかわる部分のみに限定する考え方もあるが（**信条説**），個人の内心一般を広く含むものと解するべきだろう（**内心説**）。なお，思想・良心のうち，良心を倫理的側面に重心を置いたものとして区別することもできるが，特に区別する必要はなく，両者は一体的にとらえられる。

II 保障の意味

憲法は，「思想および良心の自由は，これを侵してはならない」と規定する（憲19条）が，「侵してはならない」とはどういう意味なのだろうか。そもそも，思想・良心の自由は，内面にとどまる限りは，他者の権利と衝突することはあり得ないから，思想・良心の自由は絶対的に保障される。しかし，内面の精神活動が外部行為と密接不可分であるため，外部行為の規制を通じた内心の自由の制約が起こりうる。

内心の自由の制約の態様としては，第１に，**思想に基づく不利益処分**がある。憲法19条は，特定の思想をもつことあるいはもたないことを理由に不利益な取扱いをすることを禁止している。

第２に，**告白の強制**がある。個人の思想を開示させることは，特定の思想に基づく不利益処分の前提として行われることがあるが，不利益処分をともなわない場合であっても，告白を強制すること自体が憲法19条違反となる。すなわち，**沈黙の自由**が保障される。

第３に，**内心に反する行為の強制**がある。個人の思想・良心に反する行為を強制することは，それが特定の思想をもつようにまたはもたないようになされるならば，憲法19条違反となる。しかし，一般には正当と認められる法律によって義務づけられた行為が，特定の思想の持ち主にとっては受け入れがたい場合はどうだろうか。これらの行為を常に拒否できるとすれば，社会生活自体が成り立たなくなる。しかし，個人の内面の精神活動は外部的行為と密接不可分であるため，問題となる。この問題の事例としては，国旗・国歌に関する事件がある。最高裁判所は，公立小学校の入学式において，音楽教諭にピアノ伴奏をするよう求める校長の職務命令が争われた事件では，思想・良心の自由を侵害しないとした（最判平19・２・27民集61・１・291）。しかし，公立小学校の卒業式において，国歌斉唱の際に起立斉唱を命じた校長の職務命令が争われた事件では，「個人の歴史観ないし世界観に由来する行動（敬意の表明の拒否）と異なる外部的行為（敬意の表明の要素を含む行為）を求められることとなり，その限りにおいて，その者の思想及び良心の自由についての**間接的な制約**となる面があることは否定し難い」としたうえで，職務命令は制約を許容しうる程度の必要性および合理性を認められるので，違憲とはいえないと判示した（最判平23・５・30民集65・４・1780）。

重要判例

ピアノ伴奏拒否事件（最判平19・２・27民集61・１・291）

市立小学校の音楽専科の教諭X_1に対する，入学式の国歌斉唱の際にピアノ伴奏を行うことを内容とする校長の職務命令が憲法19条に違反するかどうかが争われた事件では，最高裁判所は，以下のように述べてX_1の請求を棄却した。

学校の儀式的行事において国歌斉唱の際のピアノ伴奏を拒否することは，X_1にとっては，自身の歴史観ないし世界観に基づく１つの選択ではあろうが，一般的には，これと不可分に結び付くものということはできず，本件職務命令が，直ちにX_1の有する歴史観ないし世界観それ自体を否定するものではない。客観的に見て，入学式の国歌斉唱の際にピアノ伴奏をするという行為自体は，音楽専科の教諭等にとって通常想定され期待されるものであって，上記伴奏を行う教諭等が特定の思想を有するということを外部に表明する行為であると評価することは困難なものである。本件職務命令は，X_1に対して，特定の思想を持つことを強制したり，あるいはこれを禁止したりするものではなく，特定の思想の有無について告白することを強要するものでもなく，児童に対して一方的な思想や理念を教え込むことを強制するものとみることもできない。

重要判例

起立斉唱拒否事件（最判平23・５・30民集65・４・1780）

都立高等学校の教諭であったX_2に対する，卒業式における国歌斉唱の際に起立斉唱することを命ずる旨の職務命令が憲法19条に違反するかどうかが争われた事件では，最高裁判所はピアノ伴奏拒否事件と同様に，本件職務命令が，ただちにX_2の有する歴史観ないし世界観それ自体を否定するものではないとしつつ，以下のように述べ，X_2の請求を棄却した。

起立斉唱行為は，教員が日常担当する教科等には含まれないものであり，一般的，客観的に見ても，国旗および国歌に対する敬意の表明の要素を含む行為である。そうすると，自らの歴史観ないし世界観との関係で否定的な評価の対象となる国旗および国歌に対して敬意を表明することには応じ難いと考える者が，これらに対する敬意の表明の要素を含む行為を求められることは，その行為が個人の歴史観ないし世界観に反する特定の思想の表明に係る行為そのものではないとはいえ，個人の歴史観ないし世界観に由来する行動（敬意の表明の拒否）と異なる外部的行為（敬意の表明の要素を含む行為）を求められることとなり，その限りにおいて，その者の思想および良心の自由についての間接的な制約となる面があることは否定しがたい。

このような間接的な制約が許容されるか否かは，職務命令の目的および内容ならびに上記の制限を介して生ずる制約の態様等を総合的に較量して，当該職務命令に上記の制約を許容し得る程度の必要性および合理性が認められるか否かという観点から判断するのが相当である。本件についてみると，職務命令の目的および内容並びに上記の制限を介して生ずる制約の態様等を総合的に較量すれば，上記の制約を許容し得る程度の必要性および合理性が認められる。

2 信教の自由

Ⅰ 意　　義

16世紀の宗教改革により，伝統的権威からの人々の精神的開放が追求され，その結果，個人の精神的自由の確立が実現された。つまり，信教の自由はあらゆる精神的自由を確立するための推進力となった。

明治憲法も信教の自由を保障していたが（旧憲28条），神社の国教的地位と両立する限度で認められたにすぎなかった。神社神道は実質的に国教であり，国家主義や軍国主義の精神的な柱となった。

戦後，連合国軍総司令部（GHQ）は「国教分離の指令（神道指令）」を発して，神道のこのような特殊性を否定し，日本に信教の自由の確立を要請した。また，天皇によるいわゆる人間宣言により，天皇とその祖先の神格が否定された。日本国憲法は，このような沿革をふまえ，個人の信教の自由を厚く保障するとともに，国家と宗教の分離を明確化している。

Ⅱ　信教の自由の内容

憲法は，「信教の自由は，何人に対してもこれを保障する」と規定している（憲20条1項前段）。憲法が保障する信教の自由には，①信仰の自由，②宗教的行為の自由，③宗教的結社の自由，がある。

1　信仰の自由

信仰の自由とは，宗教を信仰し，または信仰しない自由，信仰する宗教を選択し，変更する自由である。これには信仰告白の自由，信仰告白を強制されない自由，信仰をもっていることまたはもっていないことによる不利益な取扱いを受けない自由，宗教教育を受けるまたは受けない自由などが含まれる。

2　宗教的行為の自由

宗教的行為の自由とは，信仰に基づいて礼拝，儀式，行事，布教など宗教上の行為を任意に行う自由であり，宗教的行為をしない自由，宗教的行為への参加を強制されない自由も含まれる。

3　宗教的結社の自由

宗教的結社の自由とは，宗教団体を結成する自由であり，そのような団体への加入，脱退，不加入の自由も含まれる。

Ⅲ　信教の自由の限界

信仰の自由は内心にとどまるため絶対的に保障される。しかし，宗教的行為の自由は，他人の生命・健康を損なう場合や他人の個人の尊厳を損なう場合，他人の人権と衝突する場合に，必要最小限の制約を受ける。しかし，これらは行為の自由とはいえ，内面的な自由と密接不可分であるため，その合憲性は厳格に審査されなければならない。

Ⅳ　政 教 分 離

1　意　　義

憲法は，「いかなる宗教団体も，国から特権を受け，又は政治上の権力を行使してはならない」と規定し（憲20条1項後段），また，「国及びその機関は，宗教教育その他いかなる宗教的活動もしてはならない」と規定して（憲20条3項），政治と宗教とを分離している（**政教分離**）。さらに，「公金その他の公の財産は，宗教上の組織若しくは団体の使用，便益若しくは維持のため」に「これを支出し，又はその利用に供してはならない」と規定して（憲89条），政教分離を財政面から裏づけている。この原則は，政教分離という制度を保障することにより，信教の自由の保障をより確実にしようとするものであるといわれる。

国家と宗教との関係は，大きく分けて3つある。1つ目に，国教制度を建前とするが，ほかの宗教についても信教の自由を保障し，寛容に処遇するイギリス型がある。2つ目に，国家と宗教とは各々その固有の領域において独立であることを認め，教会は公法上の特別の地位を認められ，国家と教会の双方にかかわる競合事項については和親条約を締結し，これに基づいて処理すべきものとするドイツ・イタリア型がある。３つ目に，国家と宗教とを分離し，相互に干渉しないとするアメリカ型がある。日本はアメリカ型に属する。どのタイプを採用するのかは，それぞれの国の歴史的事情によって異なる。また，国家と宗教とを分離している国でも，分離の程度は国によって異なる。

日本がアメリカ型を採用した理由には，明治憲法下において，神社神道が事実上国教としての扱いを受け，ほかの宗教が圧迫されたことへの反省がある。

2　政教分離の限界

国家と宗教とを分離するといっても，現実社会において，両者を完全に分離するのは不可能である。たとえば，私学助成は宗教系の私立学校も対象としている。また，寺社仏閣の歴史的建造物に対しては，保存修繕のための補助金が支給されている。そこで，どの程度の結びつきなら許されるのか，あるいは許されないのかが問題となる。

最高裁判所は，**津地鎮祭事件**において，問題となった行為の目的が宗教的意義をもち，その効果が宗教に対する援助，助長，促進または圧迫，干渉等になる場合には，その行為は政教分離原則違反となるという「**目的効果基準**」を示した。そして，その判断は，主催者，式次第など外面的形式にとらわれず，行為の場所，一般人の宗教的評価，行為者の意図・目的および宗教意識，一般人への影響等，諸般の事情を考慮し，社会通念にしたがって客観的になされなければならないとした（最大判昭52・７・13民集31・４・533）。これに対しては，社会通念を判断基準に持ち込むと，信教の自由はそもそも宗教的少数者の保護に意義があるのに，多数者の観点から考えるという間違いを犯すことにつながりかねないという批判や，この基準のもとでなにをどのように評価した結果，合憲または違憲となるのか明らかではないため，この基準はいわば「目盛りのない物差し」である（つまり，基準として機能していない）という批判などがなされる。

さまざまな批判がなされたにもかかわらず，最高裁判所は一貫して目的効果基準を用いて政教分離原則違反となるかどうかを判断してきた。しかし，市有地が神社に無償提供されていることの合憲性が争われた**空知太（そらちぶと）神社事件**では，最高裁判所は，目的効果基準を用いず，当該無償提供行為が政教分離原則に違反すると判断した（最大判平22・１・20民集64・１・１）。最高裁判所が，なぜ目的効果基準を用いなかったのかについては明らかではなく，さまざまな議論がなされており，今後の判断が注目されている。

図表８－２　政教分離原則が問題となった事例の最高裁判所判決

事件名	争点	判決
津地鎮祭事件 （最大判昭52・７・13民集31・４・533）	三重県津市が，市体育館の建築着工のための起工式を，神社宮司ら神職主催のもとに神式にのっとって挙行し，神職報償費と供物料を公金から支出したことが政教分離原則に反するか。	合憲
自衛官合祀事件 （最大判昭63・６・１民集42・５・277）	自衛隊地方連絡部が，私的団体と協力のもと，殉職した自衛官を県護国神社に合祀したことが政教分離原則に反するか。	合憲
大阪地蔵像事件 （最判平４・11・16集民166・625）	市が，地蔵像を建立，移転するために市有地を無償提供することは政教分離原則に反するか。	合憲
箕面忠魂碑・慰霊祭事件 （最判平５・２・16民集47・３・1687）	市が，忠魂碑を移設するために私有地を無償貸与すること，および同忠魂碑前で行われた慰霊祭に教育長が参列し，またその挙行のために市職員や公費を使ったことが政教分離原則に反するか。	合憲
愛媛玉串料訴訟 （最大判平９・４・２民集51・４・1673）	県が，靖国神社の例大祭に際して玉串料等を公金から支出したこと，および県護国神社の慰霊祭に際して供物料を公金から支出したことが政教分離原則に反するか。	違憲
大嘗祭（だいじょうさい）参列事件 （最判平14・７・11民集56・６・1204）	県知事が，皇室行事の一つである「大嘗祭」に参列し，そのために公金を支出したことが政教分離原則に反するか。	合憲
空知太（そらちぶと）神社事件 （最大判平22・１・20民集64・１・１）	市が，市有地を神社施設の敷地として無償提供していたことが政教分離原則に反するか。	違憲
白山ひめ神社事件 （最判平22・７・22集民234・337）	市長が，白山比咩（ひめ）神社の鎮座2100年を記念する大祭の実施を目的とする奉賛会の発会式に出席して祝辞を述べたことが政教分離原則に反するか。	合憲

V　政教分離と信教の自由との衝突

政教分離は，信教の自由を確保するための原則であるといわれるが，信教の自由と政教分離の双方を厳格に貫くと，両者は衝突することがある。宗教に中立的で一般的に適用される規制が特定の宗教の信者に重い負担となることがあるが，その宗教の信者に便宜をはかるならば，国家が特定の宗教を優遇することになりかねない。

教会学校に参加するために日曜授業を欠席した公立小学校の児童が，欠席扱いをすることは信教の自由を侵害すると主張した事件では，東京地方裁判所は，宗教行為に参加する児童に対して授業への出席を免除することは，公教育の宗教的中立性を保つうえで好ましくないとした（東京地判昭61・3・20行集37・3・347）。高等専門学校の学生が，その信仰する宗教の教義にしたがい，剣道の実技を履修することを拒否したために退学処分となった事件では，最高裁判所は，その生徒に代替措置を認めることは政教分離原則には反しないとした（最判平8・3・8民集50・3・469）。

3　学問の自由

I　意　　義

憲法は，学問の自由を保障している（憲23条）。思想・良心の自由や表現の自由が保障されていれば，学問の自由も当然に保障されることになる。実際に，諸外国の憲法では，学問の自由を独立の条文で保障する例は多くなく，明治憲法にも学問の自由を保障する規定はなかった。しかし，明治憲法下で，政府の考えに合わない学説が弾圧されることがあったため（天皇機関説事件，滝川事件など），日本国憲法では，学問の自由を保障する規定をおいた。

Ⅱ　保障内容

学問の自由の内容としては，①学問研究の自由，②研究発表の自由，③教授の自由がある。

1　学問研究の自由

学問の自由の中心は，真理の発見・探究を目的とする研究の自由である。学問研究は，権力から干渉されるべきではなく，自由な立場での研究が要請される。そのため，従来は，学問研究は内面的な精神活動であり，研究の内容に基づく規制は絶対に許されないと考えられてきた。しかし，近年では，核兵器や遺伝子治療，クローン技術など，生命，身体に対して予測不可能な形で多大な被害をもたらす可能性のある技術や生命倫理の観点から問題があると考えられる技術などについては，特別の制限が許されるという主張がなされている。もっとも，学問の自由を保障する意義からすると，研究の自由の制限は，学会のガイドラインなどによる自主規制によることが望ましいと考えられる。

2　研究発表の自由

研究の結果を発表することができないならば，研究自体が無意味に帰するので，学問の自由は，当然に研究発表の自由を含む。

3　教授の自由

研究者は，研究の成果を教授する自由を有する。従来は，教授の自由は大学その他の高等学術研究機関における教授の自由にのみ認められ，初等・中等教育機関（小学校，中学校，高等学校）の教師には認められないと考えられてきた。今日では，初等・中等教育機関においても教育の自由が認められるべきであると考えられている。もっとも，児童，生徒は大学生とは異なり批判能力がないことや，教育の機会均等と全国的な教育水準を確保する要請があることなどから，初等・中等教育機関の教師には完全な教授の自由は認められないと考えられている。

Ⅲ　大学の自治

学問の自由を保障するためには，大学のあり方について，外部から干渉を受けてはならない。そこで，憲法23条は，研究の自由などに加え，大学の自治を保障していると考えられている。大学の自治の内容としては，教授その他の人事の自治と，大学の施設と学生の管理の自治の２つがある。これに，財政運営の自治を加える説もある。大学の自治は，特に警察権力との関係で問題となる。ただし，大学の自治は，大学に治外法権を認めるものではない。犯罪の捜査などのための警察の立ち入りを一切拒否するということはできない。正規の令状があれば大学は立ち入りを拒めないが，それ以外の場合には大学の了解が必要だと考えられている。

4　表現の自由

Ⅰ　意　　義

思想・良心，信仰などの内面的精神活動は，外部に表明されることができて初めて，それをきっかけに意見の交換が始まるなど，社会的効用を発揮する。その意味で，表現の自由は非常に重要な権利といえる。

表現の自由には，表現活動を通じて個人の人格を発展させるという個人的な価値（**自己実現**）だけではなく，主権者である国民が言論活動を通じて政治的意思決定に関与するという，社会的な価値（**自己統治**）がある。

Ⅱ　知る権利とアクセス権

表現の自由は，他者とコミュニケートする自由であり，対等な市民が思想・意見を自由に交換するイメージが前提とされていた。しかし，20世紀になると，マス・メディアが発達し，表現の「**送り手**」としてのマス・メディアと，「**受け手**」としての一般国民という役割が固定化されてきたため，情報の「受け手」

である国民が，**情報の受領を妨げられない権利**（**知る権利**）が主張されるようになった。この知る権利には，**政府の情報を求める権利**（**情報公開請求権**）という側面もある。ただし，国家が膨大な情報を有する現代では，いかなる情報をどのような範囲で開示するかについては，法令により具体化する必要がある。そのため，最初は多くの地方公共団体で，情報公開条例が制定され，国政レベルでは，1999（平成11）年に**情報公開法**が制定された。

他方で，情報の受け手である国民が，情報の送り手であるマス・メディアに対して自己の意見を発表する場を求める権利（**アクセス権**）が主張されることがある。ヨーロッパでは，多くの国が，新聞などで批判された者が無料で反論文の掲載を求めることができる権利（**反論権**）を法律で認めている。ただし，私企業であるマス・メディアは編集権を有しており，最高裁判所は，反論権の制度は，公的事項に関する批判的記事の掲載を躊躇させ，表現の自由を間接的に侵すおそれがあると指摘している（サンケイ新聞意見広告事件——最判昭62・4・24民集41・3・490）。

Ⅲ　報道の自由

表現の「送り手」と「受け手」との分離が顕著である現在では，国民が自己実現や自己統治のための情報を得るためには，マス・メディアの役割が欠かせない。最高裁判所も，テレビ局に取材フィルムの提出を命じることの合憲性が争われた博多駅事件において，「報道機関の報道は，民主主義社会において，国民が国政に関与するにつき，重要な判断の資料を提供し，国民の『知る権利』に奉仕する」と述べて，報道機関の報道の重要性を指摘している（最大判昭44・11・26刑集23・11・1490）。また，報道のためには取材が不可欠だが，最高裁判所は，「憲法21条の精神に照らし，十分尊重に値する」と述べるにとどまっている。なお，国民に判断材料を提供するためには，政府機関に対する取材が必要になるが，このような取材は，公務員の守秘義務と衝突する。最高裁判所は，この問題につき，取材の方法が，「法秩序全体の精神に照らし相当なものとして社会観念上是認されるもの」であれば，正当な業務行為として違法性が阻却されると述べている（沖縄密約電文漏洩事件——最決昭53・5・31刑集32・3・457）。

Ⅳ　表現の自由の限界

1　二重の基準論（第5章「基本的人権総論」*4* Ⅱ参照）

表現の自由も，他者の人権との関係で制約されることがある。しかし，表現の自由は重要な権利であるため，その規制立法の合憲性は慎重に審査されなければならない。そこで，広く支持されているのが，「**二重の基準論**」という考え方である。二重の基準論とは，表現の自由などの精神的自由を規制する立法の合憲性は，経済的自由を規制する立法の合憲性より厳格に審査されなければならない，とする考え方である。

二重の基準論の根拠としては，まず，表現の自由は**民主主義の政治過程**を維持するのに不可欠である点があげられる。民主主義国家においては，国民は，国政や公職選挙の候補者についてのあらゆる情報をもっていないと，選挙でより良い代表を選ぶことができない。また，選挙以外の場面でもさまざまな表現活動を通じて，国民の声を伝えることが必要となる。そのため，精神的自由が制約されてしまうと，国民が必要な情報を得られなくなるおそれや，国民の声が伝えられなくなるおそれが生じる。経済的自由を侵害する立法ならば，政治過程，すなわち選挙や世論形成を通じて，規制立法を廃止することができる。

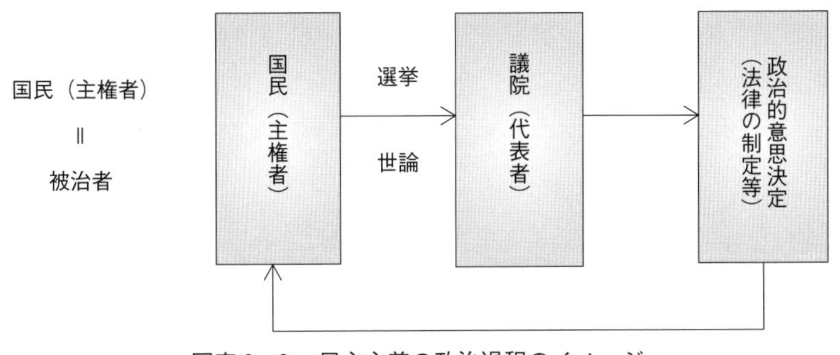

図表8－3　民主主義の政治過程のイメージ

しかし，精神的自由を侵害する立法の場合は，それにより民主主義の政治過程が阻害されてしまうので，政治過程によって廃止することが困難になってしまう。そこで，非政治機関である裁判所が救済する必要がある。

次に，裁判所の能力の問題があげられる。経済的自由を規制する立法の合憲性を判断するためには，諸利益の調整と政策的な判断を必要とする。裁判所は，その組織，権限の特性からみて，そのような問題を判断する能力に乏しいため，議会の判断を尊重すべきだと考えられている。

最高裁判所も，小売市場距離制限事件（最大判昭47・11・22刑集26・9・586）や薬事法事件（最大判昭50・4・30民集29・4・572）などにみられるように，不十分ながら二重の基準論を受け入れているとされる（第9章「経済的自由権」を参照）。しかし，最高裁判所は，経済的自由には厳格な審査は必要ないと述べているだけである。精神的自由には厳格な審査が必要であるとする判例はない。

このように，最高裁判所は否定的ではあるが，学説は，表現の自由を規制する立法の合憲性は厳しく審査されるべきだと主張している。しかし，表現の自由の規制立法に対して用いられる審査も一様ではなく，表現の種別や規制立法の態様に応じて異なる。表現の自由の規制類型は，以下の**2**から**4**の3つに大別できる。

2　表現そのものの規制

(1)　検閲・事前抑制　　憲法は，「検閲は，これをしてはならない」と規定する（憲21条2項）。検閲は，公権力が，ある表現が規制の対象になるかを発表前に審査するものであり，判断が恣意的になってしまうため，公権力にとって不都合な表現が妨害されることになる。その意味で，検閲は表現の自由に対する最も強い規制といえる。そこで，憲法は，別個の条文を設けて，検閲を禁止した。

判例は，検閲の主体を行政権に限るなど，検閲の概念を狭くとらえている。しかし，検閲にあたらない場合でも，公権力が表現を発表前に禁止することは，憲法21条1項により原則的に禁止される。この点で問題となるのが，裁判所による事前差止めだが，その場合は，手続が公正な法の手続によるものであるから，表現を差し止めないと人の名誉やプライバシーに取り返しがつかないような重大な損害が生じる場合など，例外的な場合には，厳格かつ明確な要件のもとで許される。

(2)　漠然不明確または過度に広汎な規制　　表現を規制する法律は，明確でなければならない。なぜなら，なにが処罰対象かがわからないような不明確な規制の場合，処罰をおそれて表現を差し控えてしまうからである（**萎縮効果**）。そこで，規制の文言が漠然としており，いかなる表現が規制されるのか不明な法令の規定は，文面上無効となる（漠然ゆえに無効の法理）。なお，最高裁判所は，文言が漠然不明確か否かは，**通常の判断能力を有する一般人の理解**において，具体的な場合に当該行為がその適用を受けるものかどうかの判断を可能ならしめる基準が読みとれるかどうかによって判断すべきであるとしている（徳島市公安条例事件――最大判昭50・9・10刑集29・8・489）。また，明確な規定であっても，規制の範囲が広汎すぎて違憲的に適用される可能性がある規定もまた文言上無効となる（過度に広汎ゆえに無効の法理）。

3　表現内容規制

表現内容規制とは，ある表現を，それが伝達するメッセージを理由に制限する規制である。表現内容規制は，特定の内容の表現が言論市場から締め出されてしまうことになり，また，権力者が自己に都合の悪い表現内容を規制することにつながりかねない危うさをはらんでいる。

わいせつ表現，名誉毀損的表現などは，その内容自体が保護すべき法益を侵害するものであり，憲法21条が保障する表現の範囲に入らないと考えられていた。しかし，そのように考えると，わいせつや名誉毀損を法律がどのように定義するかによって，本来許される表現まで規制されてしまうおそれが生じる。そのため，許される表現と許されない表現との境界を明確にする必要がある。そこで，あらかじめ表現の自由の価値と規制する公共的利益のもつ価値とを類型的に衡量し，規制される表現の範囲をできるだけ限定して定義して，その定義に該当しない限り憲法の保障を及ぼす必要があると考えられるようになった（**定義づけ衡量**）。そのような表現以外の場合に内容に基づく規制がなされたならば，最も厳格な審査を行うべきであり，やむにやまれぬ政府利益という立法目的を達成するために必要最小限の手段として厳格に定められている場合にのみ合憲になると考えられている。

⑴　わいせつ表現　　わいせつ表現の制約も昔から行われてきた。現在では，刑法175条により，わいせつな文書等の頒布等が禁止されている。しかし，性に関する表現すべてが当然に処罰されるわけではない。わいせつとはなにかを明らかにしなければ，漠然不明確な規制であるとして違憲となるだろう。

最高裁判所は，わいせつを「徒に性欲を興奮又は刺戟せしめ，且つ普通人の正常な性的羞恥心を害し，善良な性的道義観念に反するもの」と定義づけたチャタレー事件（最大判昭32・3・13刑集11・3・997）以降，わいせつ概念を明確化しようとしている。悪徳の栄え事件（最大判昭44・10・15刑集23・10・1239）では，わいせつ性は**文書全体との関連性**で判断すべきだとした。さらに，四畳半襖（ふすま）の下張事件（最判昭55・11・28刑集34・6・433）では，わいせつ性は，文書における性描写の程度や比重，芸術性や思想性による性的刺激の緩和などを考慮して全体的に判断するとした。そして，メイプルソープ写真集税関検査事件（最判平20・2・19民集62・2・445）では，このような**総合考慮の手法**によって，男性の全裸写真を含む現代芸術家の写真集のわいせつ性を否定した。

関連条文

刑法175条１項　わいせつな文書，図画，電磁的記録に係る記録媒体その他の物を頒布し，又は公然と陳列した者は，２年以下の懲役若しくは250万円以下の罰金若しくは科料に処し，又は懲役及び罰金を併科する。電気通信の送信によりわいせつな電磁的記録その他の記録を頒布した者も，同様とする。

２　有償で頒布する目的で，前項の物を所持し，又は同項の電磁的記録を保管した者も，同項と同様とする。

Topics

児童ポルノ

近年，児童ポルノの規制が大きな問題となっている。児童ポルノは，具体的な児童という被害者が存在する点で，わいせつ表現とは性質の異なる問題だと考えられている。十分な判断能力をもたない児童を性的搾取，性的虐待から保護することはきわめて重要な問題である。そのため，児童ポルノについては，頒布に至らないたんなる提供行為やそのための製造なども処罰の対象となるなど，刑法175条よりも広い範囲の行為が規制の対象となっている。また，法定刑も刑法175条よりも重い。さらには，2014（平成26）年にいわゆる児童ポルノ禁止法が改正され，単純所持も規制の対象となった。しかし，児童ポルノの定義次第では，子どもの水浴びや入浴の写真なども児童ポルノに該当することになりかねない（つまり，多くの一般国民が処罰対象となりかねない）ことなどから，単純所持の違法化については，その合憲性や政策的妥当性について疑問の声もある。

また，近年，漫画やアニメ，CGによる児童ポルノの規制が主張されているが，これらには被害者がいないので，規制は許されないのではないかとの意見もある。

⑵　名誉毀損・プライバシー侵害　　名誉・プライバシーは憲法13条により保護されると考えられているので，表現の自由との調整が必要になる。

名誉毀損については，刑法230条で罰則が定められている。しかし，歴史的にみれば，名誉毀損法は政府批判を規制する口実として用いられてきたことを考えると，安易に規制を認めるべきではない。そこで，戦後，刑法230条の２が設けられ，①事実が公共の利害に関係し（**事実の公共性**），②その表現がもっぱら公益をはかる目的でなされた場合には（**目的の公益性**），③事実が真実であることの証明がされれば（**真実性**），免責されるとした。しかし，真実性の要件を満たすことは非常に困難であったため，最高裁判所は，「事実が真実であることの証明がない場合でも，行為者がその事実を真実であると誤信し，その誤信したことについて，確実な資料，根拠に照らし相当の理由があるとき」は，名誉毀損の罪は成立しないとした（夕刊和歌山時事事件——最大判昭44・6・25刑集23・7・975）。

他人の私事を暴露するなど，プライバシーを侵害する表現も，表現の自由との調整が必要となる。プライバシーが問題となる場合は，摘示事実が真実であることは免責理由にはならない。しかし，たとえ真実でも，公共の利益に関する情報はプライバシー保護の対象外となる場合がある。特に，政治家などの公人は，みずから公衆の視線にさらされることを選んだ者なので，公人のプライバシーが問題になる場合は，表現の自由が重視される。これに対し，一般人のプライバシーが問題となる場合は，最高裁判所は，プライバシーを広く保護する傾向にある。

関連条文

刑法230条１項　公然と事実を摘示し，人の名誉を毀損した者は，その事実の有無にかかわらず，３年以下の懲役若しくは禁錮又は50万円以下の罰金に処する。

刑法230条の２第１項　前条第１項の行為が公共の利害に関する事実に係り，かつ，その目的が専ら公益を図ることにあったと認める場合には，事実の真否を判断し，真実であることの証明があったときは，これを罰しない。

Topics

ヘイト・スピーチ

ヘイト・スピーチとは，「人種，民族，宗教，性別等に基づく憎悪および差別を正当化若しくは助長する表現」と定義される。近年，「在日特権を許さない市民の会（以下，「在特会」という）」の活動などをきっかけに，この「ヘイト・スピーチ」という言葉がしばしば聞かれるようになっている。

現在のところ，日本ではヘイト・スピーチを規制する法は存在しない。2016年には，「本邦外出身者に対する不当な差別的言動の解消に向けた取組の推進に関する法律（ヘイト・スピーチ解消法）」が成立した。しかし，同法は罰則を定めていないため，ヘイト・スピーチを規制する法とはいえない。名誉毀損罪（刑230条）や侮辱罪（刑231条）が適用できる事例もあるが，表現の対象が，人種，民族などの不特定多数の者である場合，名誉毀損罪や侮辱罪は適用できない。そこで，最近では，ヘイト・スピーチ規制法を制定すべきかどうかが問題となっている。

ヘイト・スピーチの背後にあるのは人種などをめぐる差別問題である。日本国憲法は，個人の尊重を基本理念としており，また，平等の理念は，自由とともに近代立憲主義の二大理念の一つとされてきた。人種は，個人の人格価値を決定するものではないから，人種による差別が個人の尊重や平等の理念と相容れないことは明らかである。しかし，ヘイト・スピーチは，政治的表現と紙一重という側面があるのも事実であり，民主主義社会における表現――特に政治的表現――の重要性を考えると，ヘイト・スピーチの規制は例外的な場合を除いては許されないとするのが有力説である。

これに対し，近年では，ヘイト・スピーチは，①犠牲者に身体的·精神的害悪を与える，②思想の自由市場の機能をゆがめさせる，③平等保護の要請に反する，④人間の尊厳を侵害する，ことなどを理由に，ヘイト・スピーチの規制は可能であるとの主張もなされている。

ヘイト・スピーチ規制法が憲法上正当化されるか，また政策的に妥当かどうかは，規制表現の自由の重要性に配慮しつつ，ヘイト・スピーチがどのような害悪をもたらすのかを，差別の歴史的背景，実態などを考慮しながら分析し，また規制法がどのような影響をもたらすのかなどもふまえて検討するべきである。

⑶　営利的表現　　商業広告のような営利的表現は，かつては経済的自由の問題と考えられていた。しかし，国民が消費者としてさまざまな情報を受け取ることの重要性から，営利的表現も憲法21条の保護を受けると解されている。ただし，表現の自由の重点は，自己統治の価値におかれるため，営利的言論の保障の程度は，非営利的言論（政治的言論）よりも低いとする意見が有力である。最高裁判所は，この問題について，そもそも表現の自由の問題としてとらえていない（最大判昭36・２・15刑集15・２・347）。

⑷　煽動（せんどう）　　煽動処罰とは，犯罪を教唆（きょうさ）する行為の処罰とは異なり，犯罪の実行行為が現に行われなくても，独立に煽動行為を処罰するものである。たとえば，たんなる政治理論の主張が，内乱罪の実行行為を惹起（じゃっき）する現実の危険がなくても，煽動罪として処罰されることもある。このような表現は，それ自体ではなんら害悪をもたらすものではないため，犯罪の実行と無関係に処罰するべきではない。そこで，ある煽動表現が，重大な害悪を発生させる「**明らかに差し迫った危険**」がある場合に初めて，その表現を規制することが許されると考えるべきである。

４　表現内容中立規制

表現内容中立規制とは，表現をそれが伝達するメッセージの内容や伝達効果に直接関係なく，**時，場所，方法**などの表現の態様の問題点に着目した規制である。たとえば，混雑する時間帯あるいは場所でのビラ配りの規制，大音量のスピーカー規制などがある。表現内容中立規制がなされても，表現の他の回路（ほかの時間，場所，方法など）が存在することが通常であるため，権力者が都合の悪い表現を規制しているのではないかという疑いも小さい。そのため，表現内容規制と比べ，制約の審査基準は緩やかになる。ただし，法文上は内容中立につくられていても，現実には特定内容の表現に特に不利益に働く場合には，表現内容規制と同様に扱うべきことになる。

5　政 府 言 論

表現の自由に関する議論は，表現の自由を国家による不当な侵害からどのように保障するのかが重要な課題となっている。しかし，現代では，国家は表現を規制するだけではなく，刊行物の刊行・配布や記者会見など，みずからが表現主体となることもある。このような国家による表現を政府言論とよぶ。政府による言論は，主権者である国民の知る権利に応えるために必要といえる。しかし，圧倒的な資源（財的資源，人的資源等）を持つ国家が言論市場に参入すると，独占を許し，市場は大きく歪められるおそれもある。

この問題に関連して，国家がみずから表現主体となるのではなく，資金や表現する場を提供することによって，私人の表現を「援助」することについての問題が近年指摘されている。表現の自由は，表現活動を国家によって妨害されない自由なので，表現活動への国家の援助を求める権利は保障されていない。つまり，ある表現に対して援助がされないからといって，その表現の自由が侵害されたことにはならない。しかし，国家が援助対象を自由に選んでもよいとすると，みずからに都合のよい表現だけを援助することもありえる。

このような政府による言論あるいは言論への援助をどのように考えるのかが，表現の自由をめぐる新しい課題となっている。

5　集会の自由

多数人が共通の目的をもって同一の場所に集まり，目的実現に向けた行動を行うことを「集会」という。集会は，表現の「受け手」であることが多い一般人が表現行為を行うのに最も手頃な手段であり，憲法21条は，言論・出版と並んで，集会の自由を保障している。

集会の自由を行使するためには，場所が必要となり，また行動をともなうこともあるから，他の人の権利や自由と衝突することもある。そのため，それを調整するために規制を受けることもある。他方で，集会に利用できるような場をもつ人は多くないため，集会の自由を実質的に保障するためには，道路や公園などの公の場所への自由なアクセスや，公共の施設を利用できることが重要となる。このような公の施設につき，地方自治法は，地方公共団体は「正当な理由がない限り，住民が公の施設を利用することを拒んではならない」としている（自治244条２項）。この点について，最高裁判所は，人の生命，身体又は財産が侵害され，公共の安全が損なわれる「明らかな差し迫った危険の発生が具体的に予想される」場合には利用を拒むことができるとした（泉佐野市民会館事件——最判平７・３・７民集49・３・687）。

最近では，不当な差別的言動が行われるおそれが客観的な事実に照らして具体的に認められる場合には公の施設の利用を拒むことができるとするガイドラインを作成する自治体もある。これらのガイドラインが集会の自由の不当な制約にならないかが問題となる。

デモ行進などの集団行動は，**「動く集会」**と考えられているが，交通秩序に大きな影響を与えうるため，公安条例や道路交通法の規制を受けている。公安条例は，集団行動を行うときに，公安委員会の「許可」を受ける，あるいは「届出」をすることを求めている。最高裁判所は，合理的かつ明確な基準のもとで許可制をとることは憲法上許されるとしている。東京都公安条例事件（最大判昭35・７・20刑集14・９・1243）が，「平穏静粛な集団であっても，時に昂奮，激昂の渦中に巻きこまれ，甚だしい場合には一瞬にして暴徒と化」す危険が存在することは，「群集心理の法則と現実の経験に徴して明らかである」として，許可基準がきわめて曖昧（あいまい）な条例を合憲としたことには批判がなされている。

6 結社の自由

憲法21条１項は，表現の自由の一環として，結社の自由を保障している。「結社」とは，多数人が共通の目的をもって継続的に集まることをいう。結社の自由は，団体を結成しそれに加入する自由，団体を結成しない自由，団体に加入しない自由，脱退する自由を意味する。ただし，弁護士会や税理士会など，専門的，技術的，公共的性格を有する団体などの場合には，強制加入制が許されることもある。また，労働者の労働組合への加入が雇用条件となっているユニオン・ショップ協定や，地域の自治会も事実上の強制加入団体であるといわれている。

結社の自由に基づいて設立された団体は，**内部統制権**をもつが，構成員の自由と衝突することもある。最高裁判所は，たとえば，労働組合の意向に反して市議会議員選挙に立候補した組合員に対して処分した事件では，当該処分は組合の統制権の限界を超える違法なものであると判断した（三井美唄炭鉱労組事件——最大判昭43・12・４刑集22・13・1425）。

結社の自由は，一定の内在的制約に服する。たとえば，犯罪を行うことを目的とする結社は認められない。その例として，破壊活動防止法がある。同法１条は，「団体の活動として暴力主義的破壊活動を行つた団体に対する必要な規制措置を定めるとともに，暴力主義的破壊活動に関する刑罰規定を補整し，もつて，公共の安全の確保に寄与すること」を目的としており，２条で，「国民の基本的人権に重大な関係を有するものであるから，公共の安全の確保のために必要な最小限度においてのみ適用すべき」としている。同法に基づいて，公安審査委員会が，集会や機関誌の印刷・頒布を禁止したり，団体の解散を行うことなどができるため，制限の範囲が広すぎるのではないかとの批判もある。

同法は，かつてオウム真理教への適用が検討されたが，適用要件を欠くと判断され，適用は見送られた。また，2012（平成24）年に「暴力団員による不当な行為の防止等に関する法律」が改正され，市民に重大な危害を加える暴力行為を行い，さらに同様の行為を繰り返すおそれがある暴力団を「特定危険指定暴力団」に，また，市民に重大な危害を加える抗争行為暴力団を起こし，同様の抗争行為のおそれのある暴力団を「特定抗争指定暴力団」に指定して，指定された区域内での事務所の使用を制限し，また，不当な要求行為を行った者を，中止命令なしに逮捕できるようにした。これに対し，同法が結社の自由を侵害するのではとの主張もなされているが，福岡地方裁判所は，同法は「結社の自由を直接制約するものではない」と判示した。また，同裁判所は，「結社に対する制約であると捉えたとしても……合理的な規制の態様および範囲内のものである」とした（福岡地判平27・７・15判例集未登載）。

第9章 経済的自由権

POINT

① 経済的自由権の変質。
② 経済的自由権の内容。
③ 経済的自由権の制限と制約規準。

職業選択の自由，居住・移転の自由，財産権をまとめて「経済的自由権」という。

1 経済的自由権の承認と権利の変質

近代市民革命期に経済的自由権が承認され，憲法で保障された。そこに至る経緯をみるために少し歴史をさかのぼってみよう。

いつ資本主義が成立したかをここで正確に断定できないが（商業資本主義の成立は15世紀ごろといわれている），いずれにしろ人々の経済活動は，自給自足，物々交換から始まって，家内制・工場制手工業を経て，産業革命（蒸気機関，各種機械の発明）により機械制大工業（大量生産）へと発展し，原料の供給地であり市場でもある植民地の獲得も相まって，19世紀には近代資本主義経済が確立されたと一般的に理解されている。

このような発展の背景には，資本を蓄積した富裕層（ブルジョワジー）がその経済活動を通じてさらなる利潤を追求するために要求した諸権利があった。まず私有財産，所有権の保障である。当時は不可侵のものと理解されていた。次に自由な経済活動である。封建制の時代には特権層による独占やギルドの支配など，さまざまな拘束があったからである。さらに，自由な経済活動を行うには，原料や商品を運ぶための移動の自由，労働者を確保するための職業選択の自由に加えて，取引や約束を確実なものとする契約の自由が必要であった。18世紀末の近代市民革命を担ったのは上層の市民層であり，彼らの多くはみずからの負担で教育を受けることのできた，いわば意識の高いブルジョワジーでもあったから，その要求＝経済的自由権の保障がまずもって保障されることになったのである。そこでは「**国家からの自由**」が強調され，自由放任主義経済が成立した。

19世紀には資本主義が発展したが，同時に自由権のさまざまな矛盾も生じた。契約の自由の名のもとに労働者は不利な労働契約を結ばざるをえず，働いても働いても貧しく悲惨な生活から抜け出すのは容易なことではなかった。一方で資本の蓄積が集中・寡占・独占へと至り，カルテルやトラスト，財閥が登場し，国の経済を支配するまでになった。経済的自由権はほんの一握りの者が享有するにすぎず，その弊害も大きいことが明らかとなったのである。そこで，経済的弱者の保護のために国家による経済活動の規制が求められ，20世紀の初めにドイツの「ワイマール憲法」(1919年）が「経済的自由権の絶対性を否認」し,「社会権」（=「**国家による自由**」）を保障したのである（同法151条１項・153条３項)。

世界大恐慌（1929年）の発生は，従来の資本主義理論の見直し（古典派経済学からケインズ理論へ）のきっかけとなり，国家が積極的に経済に介入すること，要するに公共投資により有効需要を増やし完全雇用を目指すことなど，が求められた。こうして，国家による財政政策の実施，つまり「**経済的自由権の政策的制限**」が行われることとなった。

このように，経済的自由権は絶対的な自由から，絶対性の喪失を経て，国家による政策的制限を受ける対象へと変質したのである。現在では，経済的自由権は，社会的拘束のもとにあると理解され，法律による広範な規制を受けるものと考えられている。

この歴史的背景のもとに日本国憲法も経済的自由権を保障しているのである。

2　財産権の保障

I　財産権の内容

憲法29条1項は,「財産権は, これを侵してはならない」と定めている。この規定は, まず,「**財産権の保障**」, すなわち, 個人が現に有している具体的な財産上の権利を保障している。個人は自己の所有する財産を自由に用いたり, 処分したりできる。そういう自由を国家ないし公権力が妨げてはならないという意味である。であれば, 契約の自由を始めとするさまざまな経済活動の自由を含むと解せよう。次に, 個人が財産権を享有しうる制度,「**私有財産制の保障**」も保障している。したがって, この私有財産制を否定することは認められず, 日本国憲法は資本主義経済体制を保障しているということになる。

財産権の保障は**制度的保障**と考えられており, 制度の核心部分は立法によっても侵害しえないとされている。多数説は生産手段の私有制をこの核心ととらえており, これを変更するには憲法改正が必要としている。他方で, 人が人間らしい生活を営むうえで必要な物的手段の享有と解し, これを侵害しなければ, 憲法改正を必要としないとする説もある。

II　財産権の制約

憲法29条2項は,「財産権の内容は, 公共の福祉に適合するやうに, 法律でこれを定める」と規定する。これは1項で保障された財産権が「**公共の福祉**」のために法律によって制限されることを明らかにしている。ここにいう「公共の福祉」とは, **内在的制約**(すべての人権におのずから内在する制約で, 人間の尊厳や他人の生命・健康への配慮, 人権相互の調整の観点から加えられる制約をいう)に加えて, 国家の経済政策(財政政策——これには租税政策, 社会保障政策などを含む)の実施のために加えられる制限, つまり**外在的制約**も含まれる。この趣旨を明確にするために, 憲法は12条・13条(内在的制約の根拠)に加えて,経済的自由権に関する22条・29条において，改めて公共の福祉（外在的制約の根拠）に言及したのである。

憲法29条２項に「法律でこれを定める」とあるが，これは文字通り「法律」によらなければならないという意味ではなく，地方公共団体の議会において民主的な手続にしたがって定められた「条例」によっても，「法律」に同視できる民主性を有するから（住民自治の表明），「法律の範囲内で」（憲94条），財産権制約が可能である。今日では判例上も確立されている（奈良県ため池条例事件――最大判昭38・６・26刑集17・５・521）。

Ⅲ　財産権の制限と補償

憲法29条３項は，「私有財産は，正当な補償の下に，これを公共のために用ひることができる」と定めている。ここで「**公共のために用ひる**」とは，道や学校，病院の建設など公共事業のための「公用収用」だけでなく，広く社会公共の利益のためを目的とするが，最終的には特定の個人が受益者となる場合の収用（自作農創設のための農地買収，団地造成のための土地買収など）も含むと理解されている。

「**正当な補償**」については，どのような場合に補償を必要とするか，その補償の内容はどうあるべきかについて議論がある。まず，補償の必要性について，特定の個人に特別の犠牲を強いる場合には補償が必要だとする特別犠牲説がある。財産権の侵害の性質に着目して内在的制約にあたる場合には受忍すべきで補償の必要はないが，外在的制約の場合には補償が必要とする説もある。また，制限の程度を考慮して財産権の本質的な制限かどうかを基準とする考え方もある。いずれにしても，この問題は公平または平等の観点から考える必要がある。すなわち，具体的な場合に，規制の目的や程度などを考慮して，特定の者に負担を強いるのが妥当か，それとも社会全体，つまり皆で負担するのが妥当かである。要するに，比較衡量によることになる。次に，補償の内容について，収用財産の市場価格を全額補償すべきとする完全補償説と，合理的に算出された額であれば必ずしも市場価格でなくてもよいとする相当補償説がある。政府の政策によって市場価格より低い価格で収用を行うことは,「正当」な補償とはいえない。当該個人に受忍義務のある場合，つまり問題の収用が内在的制約に該当する場合であれば，基本的には補償は必要ではないが（そのような場合でも例外的にある程度の補償が必要とされる場合もありえよう)，それ以外の場合には原則は完全補償をすべきである。また，立ち退きやこれにともなう転業など生活を再建するために必要な補償も加えて考えなくては,「完全」補償とはいえないであろう。

3　職業選択の自由

I　職業選択の自由の意義

憲法22条１項の保障する職業選択の自由とは，自分のしたい仕事（職業）を自由に選ぶことができるということである。それは，自分の個性や能力を発揮する場として，いうなれば，どのように生きるのかという**個人の人格的価値**とも大きく関係する。たんにお金を得るためだけではない。これには起業してみずから事業を行うだけでなく，雇用されて仕事をするという選択も含まれる。加えて，自分が選んだ仕事を行う自由，営業の自由も当然含まれるということになる。

II　職業選択の自由の限界

経済活動の自由はもともと政府による政策的な積極的規制を受けることが想定されている。また，職業は，その性質上，**社会的相互関連性**が大きいから，自由な職業活動を許すと国民の健康や生存，社会秩序などを脅かしたりしかねないので，さまざまな規制が加えられている。たとえば，人間の尊厳に反するものとして売春が禁止され，国民の健康や生存に関するものとして資格が必要とされるものに医師や看護婦がある。このほかに届出制や許可制などをあげることができる。

これらの規制には，社会的または経済的弊害の発生を防止する目的をもつもの（**消極目的の規制**）と経済の調和的発展を企図ないし維持し，または福祉国家の理念に基づく弱者の保護を目的とするもの（**積極目的の規制**）とがある。消極目的の規制は弊害の発生防止をねらいとするので，防止できればよいのだから，過剰な規制は許されず，防止のための必要最小限の規制にとどまらなくてはならない。営業許可制の多くはみなこの消極目的の規制である。これに反して，積極目的の規制は，目的を達成するのに必要な限度で規制を実施する。たとえば，小規模の商店（中小企業）を保護するために，スーパーなどの大型店舗の出店規制や売り場面積の規制などが目的達成に必要な限度で行われる。

4　居住・移転の自由

Ⅰ　その内容と性質

憲法22条１項の保障する居住・移転の自由とは，自分の住所または居所を自由に決め，国内を自由に往来（移動）できる自由を意味する。歴史的には人と物の自由な移動があって初めて資本主義経済が成立し機能することとなったから，経済的自由としての意義をもっている。もちろん自分の行きたい所へ自由に行くという意味で，人身の自由の側面もある。こうして人の活動領域が飛躍的に拡大するため，個人の人格的形成・発展に寄与するものとしての意義ももつことになる。

さて，人身の自由の側面があるとしても，たとえば伝染病予防のための隔離や自然災害が予測される場合の避難などの規制が加えられうる。これらは害悪の発生防止のための内在的制約ではあるが，ここではなにものにも代えられない生命や健康への配慮が念頭に置かれているので，そのためにとられる措置は必要最小限度にとどまってはならず，必要な限度での思い切った措置がとられなければならない（広い立法裁量の容認）。

Ⅱ　海外渡航の自由

海外渡航の自由には，一時的な海外旅行から長期的な滞在（海外勤務や留学など），永住までを含む。外国への移住を保障する憲法22条２項前段が，これらの自由も保障していると理解されている。

旅券法は旅券の発給拒否が可能な場合を定めているが（旅券法13条１項７号），なにが「日本国の利益」や「公安」を害するのかは明確ではない。事前に海外渡航の目的を特定することも容易ではない。ただ，平和主義を国是とするからには，これに反する国民の行為については厳格な対処がなされなくてはならない。たとえば，海外渡航がテロリスト組織への参加や戦闘行為への関与を疑わせる根拠がある場合などには，外務大臣はわが国の平和国家としての「国益」に反するとして旅券発給を拒否し，すでに発行した旅券の返納を求めるなどが許されよう。海外での犯罪行為の可能性が高い場合には，「公安」を害するものと解して同様の処理が可能だと思われる。

Ⅲ　国籍離脱の自由

憲法22条２項後段は，国籍離脱の自由を規定している。国民の自由意思により日本国籍を離脱する自由を認めたのである。ただし，国籍法は，「自己の志望によつて外国の国籍を取得したときは，日本の国籍を失う」（国籍法11条）と定めて，無国籍になる自由は認めていない。また，出生や帰化による重国籍の発生に関しては，国籍法は国籍の選択を求めて（国籍法14条），重国籍を認めない立場を明らかにしている。グローバル化の時代では，重国籍の発生はくい止められないが，国家としては自国民保護を徹底するためにも，国民としての義務履行を求めるためにも，誰が国民であるかを特定することになお意味を見出している。国民にとって国籍は基本的人権の保障を受けるうえで重要な意味をもち，重国籍は当該国民につねに有利に働くとは限らないから，その者の利益を考えれば，国籍唯一主義はなお一定の存在価値があるといえよう。

5　経済的自由権の制限

かつて神聖不可侵とされた経済的自由権も，日本国憲法のもとでは「**公共の福祉**」による制約を受けるものと考えられている。すべての人権におのずから内在する限界という意味での内在的制約はもちろんのこと，国家が政策として経済の調和的発展を企図ないし維持しようとして，または福祉国家の理念に基づく弱者保護をねらいとして加える制約（外在的制約）をも受けると理解されている。日本国憲法が，人権の総論部分の12条・13条で公共の福祉に言及しているのは，すべての人権には内在的制約があること，あわせて経済的自由権に関する22条・29条で特に公共の福祉に触れているのは，経済的自由権は内在的制約に加えて外在的制約にも服することを明らかにするためである。

それでは，どのような場合にどのような制約が加えられるのだろうか。最高裁判所の判例をみてみよう。

I　最高裁判所の判例

まず，職業選択の自由に関して，許可制の合憲性をめぐって，争われた事件がある。

「**許可制**」とは，法定の許可基準に照らして（一定の要件を満たしている場合に）行政庁の許可を得たうえで初めてその職業を営むことができるとする制度をいう。職業選択の制限としては，特定の職業を行うこと自体を認めない「**禁止**」に次いで厳格な規制である。

1　旧公衆浴場法事件（最大判昭30・1・26刑集9・1・89）

問題となった公衆浴場法は，適正配置基準（距離制限）を設けていた。最高裁判所は，この規制が行われないと，公衆浴場の偏在により利用が不便となり，濫立により無用の競争が生じ，経営を不安定にし衛生設備の低下等が生じる。このような事態は国民保険および環境衛生からできる限り防止することが望ましいから，「公衆浴場の設置場所が配置の適正を欠き，その偏在乃至(ないし)濫立を来すに至るがごときことは，公共の福祉に反する」とし，許可制にしても憲法22条に違反しないと結論づけた。

つまり，法の目的は弊害発生の防止である。このことから，そのための措置は公共の福祉に合致すると判断した。当初，最高裁判所は形式的な審査によって経済的自由の制限を簡単に認めたのである。

2　小売市場距離制限事件（最大判昭47・11・22刑集26・9・586）

本件でも法の定めた適正配置基準（距離制限）が問題になった。最高裁判所は，職業選択の自由に含まれる営業の自由規制に関して，まず弊害を除去または緩和する「消極目的の規制」と社会経済の均衡のとれた発展を企図する「積極的目的の規制」とを区別した。次に積極目的の法的規制措置については立法府の裁量にゆだねることとなり，「立法権がその裁量権を逸脱し，当該規制措置が著しく不合理であることの明白である場合に限って，これを違憲」とする「**明白性の原則**」が基準として妥当するとした。最後に積極的な中小企業保護政策として距離制限を設けたのであるから，著しく不合理であることが明白とは認められないとして，合憲と判断した。

「明白」という要件は誰もが著しく不合理と判断するという客観性を求めるもので，そこで要求されている客観性はかなりの高さである。そのような状態が成立する可能性はそう多くはないから，この明白性の原則を基準として用いると，積極目的の規制であれば，ほとんどの場合に違憲審査の基準をクリアでき，合憲と判断されることになる。つまり，この基準は相当緩やかということになる。

このように，最高裁判所は積極目的の規制については立法裁量を尊重し，明白性の原則を用いて緩やかな審査を行うという姿勢を示した。

3　薬事法事件（最大判昭50・4・30民集29・4・572）

ここでも適正配置基準（距離制限）が問題とされたのだが，薬事法の規制は国民の生命および健康に対する危険の防止のための消極目的の規制であり，その場合には法の採用する規制よりも人権を制限しないで同じ目的を達成できる規制があるかどうか（より制限的でない他の選びうる手段の基準＝ＬＲＡの基準），つまり**「厳格な合理性」の基準**で合憲性を判断するという立場をとった。そうして，立法事実を詳細に検討したうえで，規制の必要性と合理性が認められないと判断し，距離制限よりもより緩やかな方法で目的を達成できると指摘して，薬事法の規制を憲法違反とした。

最高裁判所は，消極目的の規制についてはＬＲＡの基準を用いて厳格な審査を行った。

この２つの判例（小売市場距離制限事件と薬事法事件）から，最高裁判所は，経済的自由権の制約において消極目的の規制と積極目的の規制を区別して，前者には厳格な基準を用い，後者にはより緩やかな基準を適用するという「**規制目的二分論**」を採用しているとする理解が一般的となった。そして，経済的自由権の限界として考えられてきた内在的制約と外在的制約の区別をこの消極目的と積極目的の規制と結びつけ，つまり，消極目的の規制＝内在的制約，積極目的の規制＝外在的制約という対応関係を支持する考え方が受け入れられた。

しかし，しばらくしてこのような理解について疑問を投げかける判決が下された。

４　森林法事件（最大判昭62・４・22民集41・３・408）

本事件では，共有林の持分価額が過半数に達しない場合の分割請求を否定していた森林法の合憲性が争われた。ここでは財産権（所有権）の制限が問題であった。経済的自由権に対する制限だから，当然規制目的二分論に依拠して判断が行われるはずであったが，最高裁判所は森林法の規制目的を特定はしたが，それが消極的か積極的かの判断をしないまま判決を下してしまったのである。すなわち，最高裁判所は，財産権に対する規制が憲法29条２項にいう公共の福祉に適合して是認されるかどうかは，「規制の目的，必要性，内容，その規制によって制限される財産権の種類，性質及び制限の程度等を**比較考量**して決すべきものである」との原則的立場を示して，森林の細分化を防止して森林経営の安定化をはかった。そして，国民経済の発展に資するとの規制目的は合理性があるが，問題とされた規制手段は立法目的との関係において合理性と必要性がないと判断して，違憲と断じたのである。

この判決をどのように理解するかで見解の対立が生じた。規制目的二分論は採用されていないとするものと，二分論に基づいてはいるが積極目的と消極目的の双方の性質をもついわば中間的な目的なので積極目的の場合より少し厳格な審査をしたとみるものである。実際のところ，最高裁判所は，特定した目的が積極的なのかそれとも消極的なのかについて検討していないから，二分論は採用されなかったとみるべきである。

広く考えれば経済的自由権に対する制約にまとめることができよう。しかし，職業選択の自由（営業の自由）に対する適正配置基準（距離制限）による規制と財産権（所有権）に対する分割制限という規制とでは，問題にされている権利も規制の種類も違うから，最高裁判所はもともと事案が違うと考えていて，それゆえ「制限される財産権の種類，性質及び制限の程度」との表現を用いて，二分論に依拠していないことを示しているのであろう。事案が異なれば，同じ考え方に立って処理する理由はなくなるからである。

5　新公衆浴場法事件（最判平元・1・20刑集43・1・1）

最高裁判所は，公衆浴場法の距離制限について再び判断を示した。すなわち，立法事実（立法の根拠となった社会的，経済的，文化的などの事実）に変化があったことを理由に，かつては弊害防止の消極目的と認定した距離制限を公衆浴場の保護という積極目的の規制と変更認定し，明白性の原則を用いて，合憲と判断した。森林法判決では採用されなかった規制目的二分論に再び基づく判断を示したのである。最高裁判所が二分論を捨てたわけではないことが確認されたが，そうなると一連の最高裁判所判例をどのように整理すべきなのかというむずかしい問題が生じた。おそらく距離制限に基づく許可制については規制目的二分論に依拠して審査するという姿勢は一貫しているとみるべきなのであろう。

ちなみに，もう1つの公衆浴場法の距離制限に関する最高裁判所判決（最判平元・3・7判時1308・111）は，適正配置規制の目的を「国民保険および環境衛生の確保にあると共に，……既存公衆浴場業者の経営の安定を図る」ためと認定し，適正配置規定を必要かつ合理的な範囲内の手段と判断して，合憲判決を下した。確かに判決は目的の性質，積極的か消極的かについては明言していないが，当初の消極目的に加えて認定した目的は，「既存の公衆浴場業者の経営の安定を図る」といういわば「積極的な目的」であり，時代の移り変わりに応じて（つまり立法事実の変化にしたがって），立法目的も変更認定して構わないとの姿勢がみてとれる。この態度は上述の同年１月の判決と同じである。そうしたうえで用いたのは「合理性」という緩やかな基準だから，実質的には両者とも積極目的に対して緩やかな基準を適用して審査したものと理解できる。本判決も二分論の考え方の影響下にあるものと考えてよい。

6　酒税法事件（最判平４・12・15民集46・９・2829）

本件では，最高裁判所は「租税の適切かつ確実な賦課徴収を図るという国家の財政目的のため」に酒類販売業免許制度を採用した立法府の判断は，著しく不合理ではないと判断した。どのような租税政策をとるかは国家にとって重要な財政政策の一つであり，社会全体の利益をはかるための政府の活動の財源を確保するためのものである。租税については，国政全般からの総合的な政策判断が必要なだけでなく，課税要件の決定などの際には専門技術的な判断が必要となる。つまり，租税に関しては立法府の政策的・技術的判断に任せる以外にないので，その判断を尊重せざるをえないのである。このための立法裁量は合理的であれば，合憲と最高裁判所は判断することになる。以上のような意味で広範な**立法裁量**が認められるので，緩やかな基準で審査が行われるのである。

酒類販売業の免許制度は職業選択の自由の制限である。適正配置基準による職業選択の自由の制限（許可制）については規制目的二分論が用いられているのに反し，同じ職業選択の自由の制限が問題ではあっても，ここでは政府にとって重要な目的である租税確保が念頭に置かれていて，租税に関しては広範な立法裁量を認めざるをえないので，**合理性の基準**を用いて緩やかな審査をし，立法裁量を尊重する姿勢をみせている。要するに，広範な立法裁量にゆだねるほかない租税にかかわる場合は別だと考えているのであろう。

7　証券取引法事件（最判平14・２・13民集56・２・331）

本件では，最高裁判所は，「財産権の種類，性質等は多種多様であり，また，財産権に対する規制を必要とする社会的理由ないし目的も……多岐にわたるため，財産権に対する規制は，種々の態様ものがあり得る」と指摘したうえで，「規制の目的，必要性，内容，その規制によって制限される財産権の種類，性質および制限の程度等を比較考量して判断すべき」との判断基準を示した。そして，規制目的は正当で，規制手段も必要性および合理性に欠けることが明らかであるとはいえない」として合憲と判断した。引用した判示部分は，森林法のそれとほぼ同一であり，同様に二分論を採用していない。

Ⅱ　ま　と　め

このようにみてくると，「規制目的二分論」は経済的自由権制限のあらゆる場面で用いることのできる汎用性の高い基準ではないということになる。ただし，最高裁判所判例も認めるように，経済的自由権は，精神的自由権とは異なり，内在的制約だけでなく外在的制約にも服するとの考え方には説得力がある。したがって，この２つの制約に対して異なる審査基準を用いてその合憲性を判断するという見解もなお有力に支持されているのである。

消極目的の規制の場合には，弊害の防止や緩和が目的だから，ある規制をして弊害が発生しなかったり，緩和するという効果があればよいのだから，それ以上の規制は不必要である（そのような規制は過剰な人権侵害になるから，避けなければならない）。そこで過剰な規制措置であるかどうかを厳格な合理性の基準を用いて審査するのである。ただし，公害や薬害の防止など人の生命や健康への配慮が念頭に置かれるときは，消極目的ではあっても，徹底的で必要な限度の規制が行われなくてはならない。

積極目的の規制の場合には，その目的が達成されるまで規制を続けなければならないから，**必要な限度の規制**が可能で，実際にどんな規制措置をとるのかは立法府の裁量に任せざるをえないから，目的達成手段の選択に関する立法裁量が著しく不合理であることが明白かどうかという明白性の原則で審査するのである。

ただ，規制目的がつねに積極・消極に二分できるとはいいがたい。もともと積極目的の「積極」の意味がわかりにくいとの指摘もあった。また，積極目的とも消極目的ともいえないような目的もあろう。とすると，二分論そのものが判例理論としてきちんと成立していたのかどうかも議論しなくてはならないことになりかねないが，とりあえず従来の議論をふまえたうえで，二分論的考え方を出発点として，どのような権利が問題で，どのような行為がどのように規制されているのか（規制の強弱ないし程度）といった**規制の実態**に着目して丹念な立法事実の検討を通じて問題にアプローチする方法をとることになろう。

実態に即した考え方について以下のような議論がある。まず，問題の規制が「事前」か「事後」かで権利制約の程度が異なるから，人権の重大な制約となりうる事前規制は当然厳格に審査しなければならない。次に，用いられている規制措置が「資格の要求」であれば，努力のうえでその資格を獲得し，この要求をクリアできる可能性が残されている。となれば，資格の種類にもよるが，努力次第で克服しうるから，それほど厳しく審査する必要はない。また，もし規制措置が「距離制限」であれば，許可申請者にとっては努力しても越えがたい（本人の能力とは関係ない）障害となる。となれば，その必要性や合理性について丁寧に審査する必要が生じる。規制措置の内容・性質によって，適用される審査基準の厳格度を変化させるものである（これをドイツ法に着想を得た「段階理論」という）。

上述の段階理論について，規制措置の内容・性質によって，適用する審査基準の厳格度を変化させて考えるべきだとする点は賛成できる。段階理論にとってのキーワードは「努力」と「可能性」であるが，資格は本人の努力次第で本当に獲得できるものなのだろうか。問題の資格の制度的欠陥や試験の難度は考慮に入れる必要はないのだろうか。つまり，主観的障害ではあっても，克服がたんなる可能性に過ぎず，実際は相当困難ということもあるのではないか。こう考えると，段階理論は規制の実態に着目しながらもやや形式的な理論ということになろうか。

Topics

少し考えてみよう

上記本文中で，場合によっては，「必要な限度の規制」が可能と述べたが，規制される側の権利の実態にも目を向ける必要はないだろうか。こちらも保障されなければならない人権なのである。必要ならば，瞬間的にでもゼロ保障ということが許されるのだろうか。なお慎重に考慮すべき問題である。とは言っても，内在的制約にあたるものであれば，それはもともと権利に内在する限界のことだから，それは受忍しなければならないのではないか……。いろいろと考慮すべき要素がありそうだ。君はどう考える？

第10章 身体的自由権

POINT

① 身体的自由権の由来と現代的意義について。
② 「刑事手続」の流れについて。
③ 「適正手続」とはなにか。
④ 被疑者や刑事被告人に与えられた権利について

1 総　　説

身体的自由権とは，人の身体が肉体的だけではなく精神的にも拘束を受けないことを意味する。

身体的自由権がなければ，私たちはなにも行うことができない。他の自由権が実際に効力をもつためにも，身体的自由権が確保される必要があり，そういう意味では，身体的自由権はあらゆる人権の基礎であるともいえる。

日本国憲法においては，まず18条において**奴隷的拘束**からの自由を定め，また，31条以下で，身体的自由権が制限される場合の手続についてかなり詳細に規定している。

これは，明治憲法下にあった戦前のわが国において，身体的自由権が不当に侵害されたことの反省によるものである。明治憲法にも身体的自由権はあるにはあったが，法律で規制できるという，不完全なものであり，実際に，捜査官憲による，不当な逮捕や監禁，拷問あるいは，恣意的な刑罰権の行使によって，身体的自由権が不当に侵害されていた。

日本国憲法においては，こうした歴史的な背景をふまえて，諸外国の憲法ではみられないほど詳細に規定している。

私たちの日常では，普段自分の身体的な自由を奪われるというような場面に出くわすことは稀であり，日常生活を普通に送るうえでこの自由権の意義を実感することは少ない。しかし，近年でも冤罪といわれる事件が明らかになり，無罪の言い渡しが行われたり，裁判のやり直しが行われていることを考えると，この自由権の意義は大きい。普段私たちがなにげなく自由に行動することができるのも，実は身体的自由権が目に見えないところでも作用していることのあらわれである。そういった意味においても，この自由権の果たす役割はとてつもなく大きい。

2　刑事手続について

身体的自由権の侵害については，**奴隷的拘束**からの自由のように，誰に対しても許されない場合もあるが，多くの場合は，刑事手続における侵害に関するものである。

本節では，まず，刑事手続について簡単に説明を加え，憲法における諸権利との関係について述べる（なお，憲法31条「法定手続の保障」，憲法36条「拷問の禁止」，憲法18条前段「奴隷的拘束の禁止」については，刑事手続のすべてに関係している）。

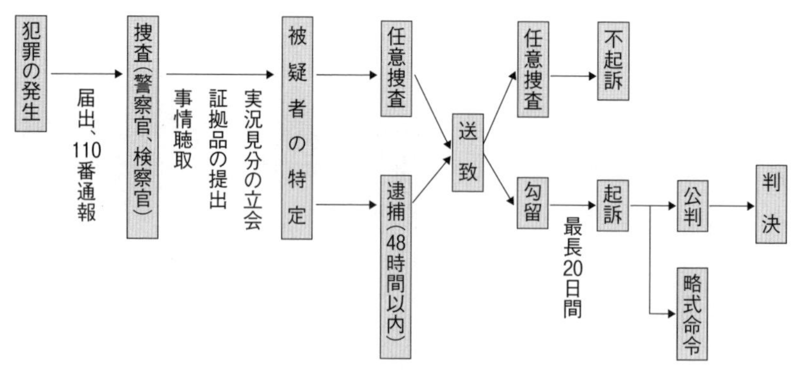

図表10-1　刑事手続の流れ

Ⅰ　捜査（憲33条・34条・35条を参照）

人を捕まえ，証拠を収集して，事実を明らかにし，事件を解決するために行う活動を，**捜査**という。

1　被疑者の身柄を拘束する場合

犯罪を行ったと疑われ，捜査機関によって捜査の対象とされている人のことを被疑者といい，警察は，必要な場合には，被疑者を逮捕するが，逮捕してから48時間以内に，その身柄を検察官に送ることになる。

これを受けた検察官が，その後も継続して，被疑者の身柄を拘束する必要がある場合には，裁判官に対して，24時間以内に勾留（こうりゅう）の請求を行い，裁判官がその請求を認めると，被疑者は，最長で20日間（通常は10日間が認められるが，最大10日間の延長が求められるので，この勾留期間においては，最長で20日間認められることとなる），勾留されることになる（合計で最大23日間身柄の拘束が可能ということになる）。

被疑者が，勾留されている間にも，警察は，さまざまな捜査活動を行う。

警察と検察は，刑事事件に関する捜査活動を行うという点においては共通しているが，最終的に被疑者を**起訴**するかどうかを決定する権限は検察にしかない点が異なる。

2　被疑者の身柄を拘束しない場合

被疑者が，逃走するおそれのない場合等には，被疑者を逮捕しないまま取り調べ（任意捜査という），証拠をそろえた後，捜査結果を検察官に送ることとなる。

Ⅱ　起訴（憲32条・37条１項・37条２項・38条・39条・82条を参照）

検察官は，勾留期間内に，被疑者を裁判にかけるかどうかの決定を行う。裁判にかける場合を「起訴」，裁判にかけない場合を「**不起訴**」という。

1　起　　訴

起訴には，公判請求と略式命令請求がある。

図表10-2　起訴処分

公判請求	通常の公開の法廷での，裁判を請求する。
略式命令請求	一定の軽微な犯罪について，書面審査により，罰金や，科料を命ずる裁判を，簡易裁判所に対して請求する。

また，被疑者を，逮捕しない事件送致の場合には，送致を受けた検察官は，事件について必要な捜査を行った後に，裁判にかけるかどうかの決定を行う。

2　不起訴

不起訴処分には，①嫌疑なし（被疑事実が犯罪にならない場合），②嫌疑不十分（犯罪の嫌疑がない場合または不十分な場合），③起訴猶予（犯罪の嫌疑はあるが訴追の必要がない場合，刑訴248条）などの理由で行われる。

不起訴処分については，検察審査会に審査の申立てが可能である。検察審査会は，国民のなかから「くじ」で選ばれた11人の検察審査員が，一般の国民を代表して，不起訴処分の良し悪しを審査することを主な仕事としている。検察審査会では，市町村の選挙管理委員会によって「くじ」で選ばれた検察審査員候補者のうちから，さらに「くじ」によって検察審査員または補充員を選定する。12月，3月，6月，9月の年4回この「くじ」が行われ，11人（年間44人）の審査員と補充員が選ばれる。任期は6ヵ月である。

Ⅲ　公判（裁判）

被告人，いわゆる犯人が起訴され，**公判**が開かれる日が決められた後，審理

図表10-3　不起訴処分

嫌疑なし	捜査をした結果として，被疑者に対する犯罪の疑いが晴れた場合。
嫌疑不十分	捜査をした結果，被害者に対する犯罪の疑いが晴れてはいないが，裁判で有罪の立証がむずかしいと考えられる場合。
起訴猶予	有罪の立証は可能であるが，被疑者の被疑事実が明白な場合において，被疑者の性格，年齢および境遇，犯罪の軽重および情状ならびに犯罪後の情況を鑑みて，検察官が，その裁量によって訴追を必要としない場合。

が行われ，判決が下される。

被告人が有罪か無罪か，有罪の場合は，どのような刑罰を科するかという結論である「主文」とその「理由」が言い渡される。

公判手続の間，被告人が逃走するおそれのある場合等には，裁判所は，被告人を勾留することになる。

判決について，検察官や被告人がその内容に不服がある場合には，さらに，上級の裁判所である高等裁判所等に訴えることになる。

Ⅳ　有罪（憲36条を参照）

３年以下の懲役あるいは禁錮（きんこ）の場合は，刑の執行を猶予する判決をすることができることとされている。執行猶予期間中，再び罪などを犯さず無事に過ごせば，言い渡された刑罰を受ける必要はなくなるが，執行猶予期間中に他の犯罪を行い裁判で有罪判決になると，原則その執行猶予判決は取り消され，刑務所に入らなければならない。

関連条文

刑事訴訟法248条　犯人の性格，年齢及び境遇，犯罪の軽重及び情状並びに犯罪後の情況により訴追を必要としないときは，公訴を提起しないことができる。

3　基本原則

Ⅰ　奴隷的拘束からの自由（憲18条）

憲法18条は「何人も，いかなる奴隷的拘束も受けない。又，犯罪に因る処罰の場合を除いては，その意に反する苦役（くえき）に服させられない」と定めている。

これは，人間の尊厳に反する非人道的な自由の拘束を廃絶することを目的としている。この規定では，「奴隷的拘束」と「その意に反する苦役」が禁止されている。

「**奴隷的拘束**」とは，自由な人格が否定されるほどに非人間的な状態をいう。

また，「その意に反する苦役」とは，本人の意思に反して強制される苦役，いわゆる強制労働を意味する。ただし，この自由は絶対無制限ではなく，一定の公共の福祉の制約を受ける。たとえば，火事や水害が発生した場合，消防や水防などで緊急の必要がある場合には強制的に協力させられることもある。しかし，徴兵制は認められておらず，違憲となる。また，国民対国家という関係だけでなく，私人関係下においてもこの条文は適用される。

Ⅱ　適正手続の保障（憲31条）

人身の自由についての基本原則である。アメリカ合衆国憲法の人権宣言の一つの柱とされている「法の適正な手続（due process of law）」に由来する。

この**適正手続の保障**という概念は，（刑事）手続が法律で定められているということだけでは不十分であり，以下の３つのことが必要とされている。

①　その定められた手続法（＝刑事訴訟法）自体が適正でなければならない。

②　実体法（＝刑法）も法律で定められなければならない。これを「罪刑法定主義」といい，犯罪と刑罰とはあらかじめ法律によって明確に規定されていなければならないという原則をいう。犯罪と刑罰があらかじめ規定されることで，自分の行為が処罰の対象となるかどうか予測ができるので不当な刑罰権の行使を予防できる。また何が犯罪にあたるかについては国民の代表機関である国会が定める法律で民主的に決定されることになり，より公平を期することになる。

③　法律で定めた実体規定（＝刑法の内容）も適正でなければならない。

法律（刑事訴訟法）をつくればいいというわけではなく，その法律（刑事訴訟法）の内容が適正なものでなければならない。たとえば，「取り調べにおいては拷問をしてよい」などという条文があったとする。その場合，確かに法律上の規定があるにはあるが，内容が適正かどうかという点には問題があるといわざるをえない。そして，手続があっても刑法がなければならないし，たとえば，「窃盗をしたものは死刑に処する」というように，刑法があっても内容が適正さを欠いたものではいけないということになる。

なお，適正手続の内容として「告知と聴聞（notice and hearing）」を受ける権利がとても重要となる。公権力が国民に刑罰などを科す場合には，当事者にあらかじめ，どのような事実に基づいて，逮捕・拘束されたり，裁判にかけられたりするのかを告知して，それに対して反論したり，訂正したり，意見を聞いてもらう機会を与えなければならない。

Ⅲ　行政手続への適用

憲法31条が「刑罰を科せられない」と規定していることから考えると，明らかに刑事手続を想定した条文であるといえるが，これを同じように個人の自由を制約するその他の行政処分上の手続に対しても適用が及ぶかが問題となる。

現在においては，適用か準用かという問題はさておき，適用が及ぶということが大勢の考え方になっている。具体的にいうならば，行政処分を受ける際には，告知と聴聞を受ける権利が保障されることになる。ここで注意を要するのは，刑事手続とまったく同じように及ぶわけではないということである。行政手続は多種多様にわたっているので，それぞれの場面ごとに考える必要がある。

重要判例

成田新法事件（最大判平４・７・１民集46・５・437）

運輸大臣は，「新東京国際空港の安全確保に関する緊急措置法（いわゆる成田新法）」３条１項にもとづき，X所有の通称「横堀要塞」を，暴力主義破壊者の集合・使用に供することを禁止する旨の処分を，1979（昭和54）年から1985（昭和60）年まで毎年Xに下した，Xはこの処分の取消しを求めた。

最高裁判所は，「憲法31条の定める法定手続の保障は，直接には刑事手続に関するものであるが，行政手続については，それが刑事手続ではないとの理由のみで，そのすべてが当然に同条による保障の枠外にあると判断することは相当ではない。しかしながら，同条による保障が及ぶと解すべき場合であっても，一般に，行政手続は刑事手続とその性質においておのずから差異があり，また，行政目的に応じて多種多様であるから，行政処分の相手方に事前の告知，弁解，防御の機会を与えるかどうかは，行政処分により制限を受ける権利利益の内容，性質，制限の程度，行政処分により達成しようとする公益の内容，程度，緊急性等を総合較量して決定されるべきものであって，常に必ずそのような機会を与えることを必要とするものではないと解するのが相当である」とし，行政上の不利益処分にも憲法31条の保証が及びうるとした。

4 被疑者・刑事被告人の権利

I　被疑者の権利

被疑者とは，犯罪を行ったという疑いを受け捜査の対象とはなっているが，まだ公訴されていない者をいう。「容疑者」という表現もあるが，これは法律用語ではなく世間一般の俗称である。被疑者は，「無罪の推定」により，裁判において有罪を宣告されるまで犯罪者として扱われることはない。

1　不当な逮捕からの自由（憲33条）

憲法は，「何人も，現行犯として逮捕される場合を除いては，権限を有する司法官憲（かんけん）が発し，且つ理由となつてゐる犯罪を明示する令状によらなければ，逮捕されない」（憲33条）と定めている。

明治憲法のもとでは，治安維持法など，人々を弾圧する法律が存在し実際に不当な弾圧が行われていた。現代社会において，最も身体の自由を拘束するのは，逮捕や刑罰の行使の場面である。そのため日本国憲法は，特に刑事手続について詳細な規定を定めている。

「逮捕」とは，罪を犯したと疑われる人（被疑者）の身柄を拘束する強制処分である。「逮捕」には，裁判官が発付する令状によって行われる逮捕と現に犯罪を行っているか，犯罪を行い終わって間がない場合などで，人違いなどのおそれがないと考えられるため，逮捕状が必要とされない「**現行犯逮捕**」がある。

現行犯とは，現に今罪を行っている最中の者や，たった今罪を行い終わった

図表10-4　逮捕の種類

通常の逮捕	憲33条，刑訴199条	逮捕状による逮捕。
現行犯逮捕	憲33条，刑訴212条	誰でも逮捕状なしに逮捕できる。
緊急逮捕	刑訴210条	逮捕後に令状を請求する。
別件逮捕	（憲33条，刑訴199条）	逮捕するには証拠が不足する犯罪のために，軽微な犯罪（証拠がそろっている）の令状をとって逮捕し，本件の取調べを行うこと。

者が，これに該当する（刑訴212条1項）。また，刑事訴訟法212条2項は，現行犯とみなす準現行犯として，①「犯罪直後において，犯人呼ばわりされている者」，②「犯罪直後において，犯罪に使ったと思われる凶器を保持している者」，③「犯罪直後において，身体または衣服に犯罪の明らかな跡がある者」，④「犯罪直後において，呼び止められて逃亡しようとする者」のいずれかに当てはまる者を定めている。

令状に基づく逮捕には，事前に裁判官が「逮捕することを許可する」旨の令状（通常逮捕状）を発付して行われる「**通常逮捕**」と，一定の刑罰の重い罪を犯したと疑われる場合で，逮捕状を請求する時間がないときに，まず被疑者を逮捕し，その後ただちに「その逮捕を認める」旨の裁判官の令状（緊急逮捕状）の発付を求める「**緊急逮捕**」がある。

犯罪による逮捕には，原則として司法官憲の発する令状（逮捕状など）を必要としたのがこの条文である。ここにいう「司法官憲」とは裁判官のみをいい，検察官は含まない。これは令状を事前に請求することにより，その逮捕のチェックを，中立的な機関である裁判官にさせるということで，権力の恣意(しい)的な逮捕などを阻止するためである。

憲法に規定されているのは通常の逮捕（令状による逮捕）と現行犯逮捕の2つだけである。緊急逮捕については，違憲ではないかという論争があるが，「緊急逮捕は憲法33条の趣旨に反しない」として，最高裁判所は合憲としている（最大判昭30・12・14刑集9・13・2760）。

別件逮捕については，**令状主義**の趣旨に反するので違法である。

2　不法な抑留・拘禁に対する保障（憲34条）

理由を告げられ，弁護人に依頼する権利を与えられなければ生命や自由を奪われたり，刑罰を与えられたりすることができない。

抑留（よくりゅう）とは，一時的な身体の拘束のこと（逮捕など）であり，拘禁とは，より継続的な身体の拘束のこと（勾留（こうりゅう）など）を意味する。刑事訴訟上の逮捕・勾留にともなう留置（りゅうち）は抑留であり，より継続的な拘束が拘禁（こうきん）である。

本条は，被疑者だけでなく，被告人にも保障が及ぶ。

保障の内容は，①ただちに，抑留・拘禁の理由が告げられること，②ただちに弁護人に依頼する権利（依頼する権利があるだけで，「弁護人がいなければ抑留・拘禁されない」という意味ではない），③要求をすれば，拘禁の理由が，本人と弁護人が出席する公開の裁判で示されること（これは拘禁の場合のみ保障される），の３つである。

刑事訴訟法に定められている勾留理由の開示の制度（刑訴82条以下）は，不当な拘禁の防止の趣旨を具体化したものである。

3　住居等の不可侵（憲35条）

憲法33条と同じく，**令状主義**を規定している。

住居は私たちの生活の中心となるべき場所であり，プライバシー保護の観点からも，十分な保護がなされなければならない。たとえ警察が犯罪の捜査に必要だと思っても，勝手に許可なく住居に侵入したり，証拠を押収してはならず，正当な理由に基づいて発せられた，捜索場所・押収（おうしゅう）物件を明示した令状がなければ，住居や持ち物についての権利を侵害することができない。

ただし，憲法33条に基づく場合は例外になる。これは，逮捕（現行犯かどうかを問わず）の場合，その逮捕にともなう合理的な範囲内においては，本条に基づく令状を必要としないで捜索や押収ができるということを意味する。

捜索とは，裁判所もしくは捜査機関が，被疑者・被告人または証拠物を発見するため，身体・物・住居などを強制的に調べることである。押収とは，裁判所や捜査機関が証拠物や没収すべき物を占有・確保することで，差押え・提出命令・領置（りょうち）（被告人・被疑者などが遺留した物または所有者・所持者・管理者が任意に提出した物を，裁判所や捜査機関が取得し管理下におくこと）の３種がある。

4　黙秘権（憲38条）

刑事被告人は，黙秘権をもち，みずから不利になる事実は述べなくてもよい。これを受けて，刑事訴訟法は被疑者および被告人に対して，いわゆる**黙秘権**を保障している（刑訴198条２項・291条３項）。

Ⅱ　刑事被告人の権利

刑事被告人とは，捜査機関によって犯罪の疑いをかけられ，検察官から起訴された者をいう。つまり，被疑者が検察官により起訴されると刑事被告人になる。

刑事被告人も，被疑者と同じく「無罪の推定」が適用されるので，裁判において有罪を宣告されるまで犯罪者として扱われることはない。

「刑罰」については「刑法」に規定されているが，この「刑法」は罪を犯した者に対して「刑罰」を科すことによって社会秩序を維持することを目指したものである。しかし，この刑罰の中身は，死刑・懲役・禁錮（きんこ）および罰金といった，生命や財産を奪うことを内容としており，過酷な面をもっている。刑罰の過酷性ということを考えた場合，それが裁判官や検察官といった国家権力によって恣意（しい）的に使われたり，濫用されたりすることはあってはならない。内容はもとより，科刑の手続は慎重かつ公正でなければならない。

そこで，憲法は主として刑事被告人の権利を保障するため，憲法32条（「裁判を受ける権利」）と，憲法82条（「裁判の公開の原則」）に一般的に規定しているが，それに加えて，憲法37条以下に詳細な規定を定めている。前述の憲法32条は国民の裁判請求権一般について規定しており，憲法37条以下については，特に刑事被告人の権利を明確にするために規定されたものである。

1　公平な裁判所の迅速な公開裁判を受ける権利（憲37条）

裁判が迅速性を欠いた場合，刑事被告人は多くの不利益を被ることが予想される。被告人は，公判期日に出頭義務を負い，場合によっては拘禁されたりするなど，物心両面にわたる不利益を課せられている。とりわけ無罪となるべき被告人については裁判が迅速を欠いた場合の不利益は著しいものがあり，さらに，時の経過につれて被告人に有利な証拠もだんだんと失われてしまう。しかし，刑事訴訟法は，裁判が迅速性を欠いた場合に，被告人を直接救済する規定をもっていないので，憲法37条１項が重要な意味をもつ。

(1) **「公平な裁判所」**　ここにいう「公平な裁判所」とは，偏った裁判が行われないように裁判所の構成が公平であるだけでなく，訴訟手続も公平であることが求められるということを意味する。裁判官が予断や偏見をもって臨むことが禁じられるだけでなく，このような傾向をもたない裁判官で構成される裁判所で裁判を受けることができるという意味である。

そこで，刑事訴訟法において，裁判所職員の除斥（じょせき）（たとえば被告人が裁判官の親族にあたるなど，その裁判官がその職務から排除されること），忌避（きひ）（除斥にはあたらないが，公平な判断が困難な場合に，検察官等の申立てによりその裁判官がその職務から排除されること）および回避（除斥や忌避に該当することを裁判官みずからが申し出て，その職務から退くこと）の制度を採用し（刑訴20条以下），また，手続的には，裁判官をしてあらかじめ予断を抱いて裁判に臨ませないため，**起訴状一本主義**がとられている（刑訴256条２項）。これにより，起訴状には，裁判官が事件につき予断を抱くおそれのある書類その他のものを添付してはならない。

(2) **「迅速な裁判」**　不当に時間のかかる裁判は，裁判を行っていないのと変わらないのであり，すばやく審理することが求められる。

2003（平成15）年に制定された「裁判の迅速化に関する法律」は２条で「裁判の迅速化は，第１審の訴訟手続については２年以内のできるだけ短い期間内にこれを終局させ，その他の裁判所における手続についてもそれぞれの手続に応じてできるだけ短い期間内にこれを終局させることを目標」と定め，具体的に目安を示している。

また，2009（平成21）年には「裁判員制度」がスタートした。「公判前整理（こうはんぜん）手続」では，裁判を始める前に，非公開で検察官と弁護士が裁判官の前でそれぞれの主張を明確にし，争点を整理し，証拠調べの請求や開示をしたり，裁判の日程などを決める。３日から５日ぐらいをかけて連日で法廷を開き，合わせて１週間程度で判決まで言い渡すことを目標としている。裁判員制度そのものは裁判の迅速化を目指すものではないが，裁判員裁判が裁判員による連日開廷を基本とするため，結果的に迅速化に寄与するといえよう。

しかし，裁判は迅速でありさえすればよいものではない。一般に刑事訴訟は，内容的に公正な解決が導かれるためにも，そして，形式的には公正な解決を目指し，諸手続をきちんと踏んで行われるためにも，ある程度の期間は要するものである。ただいたずらに期間の短縮のみを目指したならば，拙速（せっそく）裁判となってしまうおそれがあるので，本来の目的を見失うような短縮は避けなければならない。

⑶　**公開裁判**　　公開裁判とは，その対審および判決が公開の法廷において行われる裁判をいう（憲82条１項）。

対審（たいしん）とは，刑事訴訟の手続において，裁判官の前で，検察官と被告人の弁護人が口頭で主張を戦わせることである。テレビや映画の場面でよく見かける，検察官と被告人が繰り広げる，さまざまなやり取りのことである。

公開という意味は，傍聴者や記者など一般の人の前で行われることを意味する。裁判に対する国民の監視が保障されることにより，国民の基本的人権が保障されるだけでなく，司法に対する信頼も確保されることになる。

2　証人審問権・喚問権（憲37条２項）

⑴　**証人審問権**　　審問とは，詳しく問いただすことをいう。被告人はすべての証人に対して，十分に反対尋問をする権利が与えられている。逆にいうと，証人が証言したことに対して，被告人の主張を十分に聴く機会がきちんと与えられない場合，証人の証言に対しては証拠能力が否定されるということを意味する。直接審理主義を保障するものであり，これに基づく制度が，刑事訴訟法に定める伝聞証拠禁止の原則である（刑訴320条）。

⑵　**証人喚問権**　　喚問（かんもん）とは，呼び出して詳しく問いただすことをいう。被告人には，証人を強制的に呼び出して問いただす権利が保障されている。

この証人喚問権は，被告人に有利な証人を求める権利を保障するものであり，これを公費で，強制手続により求める権利が保証されることにより，被告人の権利保障の徹底をはかっている。ただし，裁判所は被告人が申請したすべての証人を喚問する必要はなく，その裁判を行うのに必要な証人を喚問すれば足りるし，「公費で」といっても最終的に有罪が確定した場合は，被告人に訴訟費用を負担させることについては差し支えないとされる。

3　弁護人依頼権

(1)　趣旨　　刑事被告人は，いかなる場合にも，資格を有する弁護人を依頼することができる。被告人は，法的な対応・知識が十分でない場合が少なくなく，十分かつ実質的な防禦（ぼうぎょ）活動を保証するためには，それ相応に法律や裁判に精通し，それらに対する高度な能力や知識をもつ必要がある。

弁護人の活動の中心をなすのは，刑事訴訟法に定められた接見交通権（刑訴39条1項）の確保であり，弁護人と被告人が自由に接見できることで，被告人が十分な防禦活動を実現できる。そのため，被告人が貧困その他経済的事由によって弁護人を依頼できない場合は，国が国選弁護人を附さなくてはならない（刑訴36条）。これに付随して，刑事訴訟法289条においては，必要的な弁護事件について定め，「死刑又は無期若しくは長期3年を超える懲役若しくは禁錮にあたる事件」においては必ず弁護人をつけなければならないとされる。

(2)　国選弁護人の選任　　弁護人には私選弁護人と国選弁護人の2種類がある。刑事事件手続において，被疑者や被告人のために弁護活動を行うのが弁護人であるが，手続上は私選弁護人を原則とする。ただし，経済的な理由などで私選弁護人を選任できない場合には，国選弁護人を選任できる。国選弁護人は裁判所（刑訴36条・37条・290条），または裁判長（刑訴289条2項）が選任する。ただし，実務上国選弁護人の選定は，それぞれの地方弁護士会にまかされている。国選弁護事件の受任希望弁護人を募ったうえで名簿を作成し，そこに登録されている弁護人から順次選任していくのが通例である。これまでは被告人のみに国選弁護人が付されていたが，2006（平成18）年の刑事訴訟法の改正により被疑者国選弁護人制度が導入され，2018（平成30）年から，同制度の対象が「被疑者が勾留された全事件」に拡充された。

4　自己負罪（じこふざい）の拒否

憲法38条１項は「何人も，自己に不利益な供述を強要されない」と定めるが，これは，国民が自己にとって不利益な供述は話さなくてよいし，もし話さなくても，そのことが原因で罪が重くなったりしない，という意味である。刑事訴訟法は被疑者および被告人に対して，いわゆる黙秘権を保障している（刑訴198条２項・311条１項）。

また，同条２項では，「強制，拷問若しくは脅迫による自白又は不当に長く抑留若しくは拘禁された後の自白は，これを証拠とすることができない」とし，自白強要からの自由を保障している。強制的に得られた自白や，拷問や脅迫されて得られた自白は，犯罪の証拠としては証拠とすることが許されないし，理由もなく長く身柄を拘束された後の自白も証拠とすることができない。

同条３項では，「何人も，自己に不利益な唯一の証拠が本人の自白である場合には，有罪とされ，又は刑罰を科せられない」とし，強制的に自白させた証拠以外にそれを補強する証拠がその他に見つからない場合は，有罪の証拠にはならないとしている。

戦前のわが国の警察等での取り調べでは，不当に拘束したうえで脅迫して自白を得ることもあった。

Topics

足利事件

1990（平成２）年５月12日，栃木県足利市にあるパチンコ店の駐車場から女児（４歳）が行方不明になり，翌朝，河川敷で遺体となって発見された。犯人とされて服役していた菅家利和氏のDNA型と，遺留物のDNA型が一致しないことが2009（平成21）年５月の再鑑定により判明し，冤罪（えんざい）であったことが発覚。すぐに菅家氏は釈放され，その後の再審で無罪が確定した。この事件の取り調べでは，自白の強要や殴る蹴るなどの拷問に等しい暴行が横行した取り調べが問題となった。

5　刑罰の不遡及と二重の危険の禁止（憲39条）

憲法39条は「何人も，実行の時に適法であつた行為」については，「刑事上の責任を問はれない」と定め，実行時に違法とされていた行為にのみ刑罰が科され，過去にさかのぼって法律を適用することができないことを意味する。これはいわゆる事後法の禁止（遡及効の禁止）を定めた規定である。

また，「同一の犯罪について，重ねて刑事責任上の責任を問はれない」と定めているのは，「二重の危険」「一事不再理」とよばれるものである。1回の犯罪行為で，2回も3回も繰り返して処罰を受けることは許されない。

ともに，個人の生命や財産を奪う可能性のある刑罰の行使に対し，抑止力をもつことで法的な安定性を確保することを目指すものである。これとは逆に，実行当時に違法だった行為がその後に合法となった場合には，免訴判決が出される（刑訴337条2号）。

6　拷問・残虐刑の禁止（憲36条）

⑴　趣旨　　憲法36条は「公務員による拷問及び残虐な刑罰は，絶対にこれを禁ずる」と定め，刑事手続だけでなく，あらゆる公務員による残虐な刑罰が禁止されている。特にこの条文については「絶対に」という表現で，いかなる例外も認めないことを宣言しているのが特徴である。これは，明治憲法のもと，しばしば公務員による残虐な刑罰が行われてきたことへの反省に基づく。「絶対に」という表現が出てくるのは日本国憲法のなかで，この1ヵ所だけであるというところに，その強い意気込みがうかがえる。

拷問とは，自白を強要するため，肉体的・精神的な苦痛を与えることをいう。

残虐な刑罰とは，「不必要な精神的，肉体的苦痛を内容とする人道上残酷と認められる刑罰」と定義される。

⑵　「残虐な刑罰」と死刑　　わが国における「**死刑**」が「残虐な刑罰」にあたるかが問題となる。

わが国で行われている「絞首刑」については，「その時代と環境とにおいて人道上の見地から一般に残虐性を有するものと認められる場合」はさておき，現行の絞首刑による死刑そのものは残虐刑に該当しないとしている（最大判昭23・3・12 刑集2・3・191）。しかし，近年の国際的な死刑廃止運動の高まりもあり，死刑制度そのものの見直しが叫ばれている。国際社会の趨勢としては，ヨーロッパを中心に死刑廃止の動きが広がっている。2012（平成24）年には，EUが日本の死刑執行に対して死刑の停止を求める声明を出した。

わが国の死刑制度の問題として，死刑反対論者からは，以下のようなものが指摘されている。

① 死刑囚の劣悪な環境（死刑確定囚は執行の直前まで長期間にわたって独房に拘禁され，刑務官以外の人に会う機会はほとんどないこと）。

② 死刑確定から執行までの期間が正確でなくばらつきがある。

③ 死刑と無期懲役との差が大きすぎる（無期懲役は命を奪われないだけでなく，仮釈放が認められれば社会復帰が可能となるが，死刑は社会復帰の可能性はない）。

④ 死刑の執行は，家族や弁護人に事前に知らされることなく実施され，次に誰が処刑されるのかを知ることができないこと。

⑤ より苦痛の少ない方法，たとえば薬による薬殺なども検討すべきではないか。

一方，死刑存置論者の意見としては，以下のようなものが主張されている。

① 死刑は犯罪被害者やその家族の精神的な救済のために必要である。

② 凶悪な犯罪はその命をもって償うべきである。

③ 死刑を廃止すれば，凶悪な犯罪が増える（犯罪の抑止）。

死刑制度のあり方について，その対立は収まることはなく，今も議論が続いている。

重要判例

永山事件（最判昭58・7・8刑集37・6・609）

最高裁判所は，「死刑制度を存置する現行法制の下では，犯行の罪質，動機，態様ことに殺害の手段方法の執拗性・残虐性，結果の重大性ことに殺害された被害者の数，遺族の被害感情，社会的影響，犯人の年齢，前科，犯行後の情状等各般の情状を併せ考察したとき，その罪責が誠に重大であつて，罪刑の均衡の見地からも一般予防の見地からも極刑がやむをえないと認められる場合には，死刑の選択も許される」として，死刑選択の許される基準について述べた。

関連条文

刑事訴訟法36条　被告人が貧困その他の事由により弁護人を選任することができないときは，裁判所は，その請求により，被告人のため弁護人を附しなければならない。但し，被告人以外の者が選任した弁護人がある場合は，この限りでない。

刑事訴訟法37条　左の場合に被告人に弁護人がないときは，裁判所は，職権で弁護人を附することができる。

一　被告人が未成年者であるとき。

二　被告人が年齢70年以上の者であるとき。

三　被告人が耳の聞えない者又は口のきけない者であるとき。

四　被告人が心神喪失者又は心神耗弱者である疑があるとき。

五　その他必要と認めるとき。

刑事訴訟法37条の２第１項　被疑者に対して勾留状が発せられている場合において，被疑者が貧困その他の事由により弁護人を選任することができないときは，裁判官は，その請求により，被疑者のため弁護人を付さなければならない。ただし，被疑者以外の者が選任した弁護人がある場合又は被疑者が釈放された場合は，この限りでない。

同２項　前項の請求は，勾留を請求された被疑者も，これをすることができる。

刑事訴訟法37条の５　裁判官は，死刑又は無期の懲役若しくは禁錮に当たる事件について第37条の２第１項又は前条の規定により弁護人を付する場合又は付した場合において，特に必要があると認めるときは，職権で更に弁護人１人を付することができる。ただし，被疑者が釈放された場合は，この限りでない。

刑事訴訟法76条１項　被告人を勾引したときは，直ちに被告人に対し，公訴事実の要旨及び弁護人を選任することができる旨並びに貧困その他の事由により自ら弁護人を選任することができないときは弁護人の選任を請求することができる旨を告げなければならない。ただし，被告人に弁護人があるときは，公訴事実の要旨を告げれば足りる。

刑事訴訟法198条２項　前項の取調に際しては，被疑者に対し，あらかじめ，自己の意思に反して供述をする必要がない旨を告げなければならない。

刑事訴訟法199条１項　検察官，検察事務官又は司法警察職員は，被疑者が罪を犯したことを疑うに足りる相当な理由があるときは，裁判官のあらかじめ発する逮捕状により，これを逮捕することができる。(以下，略)

刑事訴訟法210条１項　検察官，検察事務官又は司法警察職員は，死刑又は無期若しくは長期３年以上の懲役若しくは禁錮にあたる罪を犯したことを疑うに足りる充分な理由がある場合で，急速を要し，裁判官の逮捕状を求めることができないときは，その理由を告げて被疑者を逮捕することができる。この場合には，直ちに裁判官の逮捕状を求める手続をしなければならない。逮捕状が発せられないときは，直ちに被疑者を釈放しなければならない。

刑事訴訟法289条２項　弁護人がなければ開廷することができない場合において，弁護人が出頭しないとき若しくは在廷しなくなつたとき，又は弁護人がないときは，裁判長は，職権で弁護人を付さなければならない。

Topics

裁判傍聴に行こう！

裁判は，公開の法廷で行われ，誰でも無料で，特に予約の必要もなく傍聴することができます。裁判員裁判がわが国でもスタートし，以前よりも裁判に関心を持つ国民が増えてきているといえるが，裁判を傍聴する人はほんどいないのが実状です（ただし，有名人の起こした事件や社会の反響の大きい事件などでは，傍聴を希望する人が相当数にのぼり，その場合は事前に抽選が行われ，当選した人でないと傍聴できないこともあります）。

筆記用具は持っていってもいいが必要がなければメモを取る必要はないでしょう。裁判所敷地内（法廷内だけでなく，庁舎内廊下・庁舎外の前庭などを含む）で写真を撮ったり，録音することなどは禁じられています。

法廷内および法廷前の廊下では,私語を慎み，静かにしましょう。法廷の外では，開廷を待つ被告人自身（保釈中や在宅起訴）やその家族，被害者など，裁判関係者もいることを自覚し，大声でしゃべったり，悪ふざけをすることはマナー違反となるので注意しましょう。携帯電話の電源を法廷に入る前に切ることや，審理中の入退室についても，静かに行うこともマナーですので意識しましょう。各法廷の入り口にある「傍聴についての注意」に詳細が書いてあるので，入室前に必ず見ておきましょう。

入口に，それぞれの開始時間と事件名，被告人名，法廷の番号，審理の段階等が書かれているので，興味のある事件を選ぶとよいでしょう。

また，法廷入口のドアに小さなのぞき窓があり，そこから中の様子がのぞけるようになっています。入る前にちょっとのぞいて様子を見て入ってもよいでしょう。裁判が始まっていても，静かに入廷すれば問題ありません。

関係者の視線が気になることもあるかもしれませんが，裁判傍聴は憲法に定められた大切な国民の権利ですので，気兼ねする必要はありません。ただ，法廷に入るとなんとも言えない緊張感が漂います。これまで学んだ内容を，実体験を通して理解するためにも，裁判の傍聴に行ってみませんか。

第11章 参 政 権

POINT

① 参政権は国政との関係でどのような機能を営むのか。
② 選挙制度はどのように構築されているか。
③ 定数不均衡とはどのような問題か。

1 参政権の意義と内容

Ⅰ 参政権の意義

日本国憲法が採用する**国民主権原理**は，国民が政治に参加することを当然の前提としている。国民は主権者として国の政治に参加し，国政のあり方についての最終的な決定を下したり，あるいは国政を正当化する最終的な権威となったりする（この点については，第３章を参照）。こうした意味で，**政治に参加する権利としての参政権**は，国民主権と密接に関連する重要な権利である。

参政権は，市民革命期には，納税額や財産などで選挙権者・被選挙権者を限定する制限選挙が採用されたこともあり，一部の国民にしか認められていなかった。しかし，その後，労働者や農民の政治参加の要求が高まり，普通選挙制が導入されると，広く国民一般に認められるようになり，基本的人権としての位置づけを得るようになった。現代国家においては，民主制の実現のために不可欠な国民の能動的な活動を保障する権利として，重要な意味をもっている（能動的権利としての参政権）。

とはいえ，参政権は，人が生まれながらにしてもつ権利という意味での人権（前国家的権利）とは異なり，国家社会があって初めて意味をもつ権利である（後国家的権利)。実際，国家や社会が存在していないところでは，そもそも政治というものが存在しないこととなるので，そこでいくら政治参加を主張しても無意味だろう。また，後述するように，選挙権を純粋な意味での「権利」ではなく，「公務」ととらえる考え方も有力である。さらに，参政権の行使のためには，選挙制度の存在が不可欠である（制度依存的性格)。こうしたことから，参政権は他の基本的人権と保障や制約のあり方に違いがあることも否定できない。

Ⅱ　参政権の内容

参政権は，それを国政に参加するあらゆる作用と広く理解すれば，実にさまざまなものを含むことになる。日本国憲法も各個別条文でこれを保障する。以下では，とりわけ図表11-１の①，②を中心について論じていく。

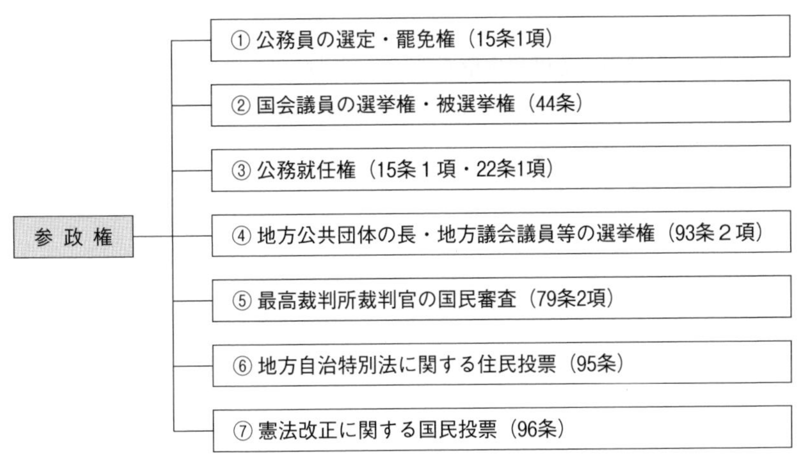

図表11-１　参政権の内容

2 選挙権・被選挙権

I 選　挙　権

選挙は国民主権を支える制度として最も重要な制度である。選挙を通じて国民の代表である国会が形成され，また，その選挙において国民の政治的意思が「制度的に」表明される。実は，国民は制度的な政治意思の表明をこれ以外の機会にはほとんどなしえないといってよい。そのため，選挙権・被選挙権は国民が行使する参政権として最も一般的であると同時に，重要である。

選挙権は，憲法15条1項により「公務員選定･罷免の権利」の一環として国民に保障されるとともに，国政選挙に関しては44条，地方選挙については93条がそれぞれ個別の規定をしている。なお,15条3項は「成年者による普通選挙」を保障するが，2015（平成27）年の公職選挙法改正により選挙権年齢が20歳以上から18歳以上に引き下げられた。

選挙権の性格については，以前から学説上争いがある。これは，国民主権という考え方は国民の政治参加を抜きにしては成立しないため，選挙に参加することが「権利」であるのか，それとも「義務（公務）」であるのかが争われているためである。

選挙を公務として考える場合には，選挙権の制限が正当化されるため，制限選挙制をも導きうる。また，選挙が公務であれば，投票を義務化したり，棄権行為を処罰したりすることも可能かもしれない。しかし，日本国憲法が普通選

図表11-2　選挙権の性格

選挙権権利説	選挙権は，主権者の主観的権利。
選挙権公務説	選挙権は，選挙という公の職務を執行する義務（公務）。
権　限　説	選挙権は権利ではなく，主権者が国家機関として行使する権限。
二　元　説	選挙権は個人の主観的権利であると同時に，公務でもある。

挙を要求し，投票の自由（憲15条4項）を保障していることからすれば，選挙権は原則として権利であると考えるべきであろう。ただし，選挙にあたってはその公正の確保が重視されるべきであり，また未成年者には選挙権の保障がないこと（憲15条3項）などを考え合わせれば，選挙を純粋な個人の自由行使の問題とすることも適切ではない。したがって，選挙は個人の権利行使のみならず，公務員という国家機関を選定する公の職務としての性格をも有するとして選挙権の性格を考える立場（二元説）が妥当である。

Ⅱ　被選挙権

被選挙権については，さらにその法的性格が問題となる。というのも，憲法15条1項は被選挙権を明示的には規定していないからである（公職選挙法にいう被選挙権は「両議院の議員…の資格」［憲44条］などの言い換えと考えられている）。

権利能力説とよばれる立場は，被選挙権を，個人の主観的権利ではなく，選挙に参加する資格ないし権利能力と解する。これに対して，立候補説とよばれる立場は，被選挙権を「立候補の自由」ととらえ，それを個人の主観的権利と解する。

判例は当初，権利能力説の立場を採用していたが，その後，立候補説に近い立場を示し，被選挙権を憲法15条1項によって保障されたものと解するようになった（最大判昭43・12・4刑集22・13・1425）。これにともない，学説においても立候補説が有力となっている。

3　選挙制度

Ⅰ　選挙原則

参政権の行使は，**選挙制度**の存在を前提とする。そのため，選挙制度の具体的なあり方は，参政権の実現にとってきわめて重要な意味をもつ。このとき，選挙制度を具体化するにあたっては，いくつかの遵守すべき原則があるとされ

図表11-3　選挙原則

原則	内容	否定・禁止される制度
普通選挙 （15条3項）	人種・性別・信条・社会的身分などによって選挙権・被選挙権を制限しない。	制限選挙
平等選挙 （44条，公選36条）	選挙権については「数的平等」（「1人1票の原則one person, one vote」）とともに「価値の平等」が保障される。	不平等選挙 （等級選挙など）
自由選挙 （15条4項）	投票については個々人の自由が保障され，立候補，投票，棄権などについて，その責任を問われない。	強制投票制
秘密選挙 （15条4項）	投票内容について秘密を保障する。選挙人は投票内容の告白を強制されない。	公開投票制
直接選挙 （15条1項）	選挙人が直接公務員を選出する。複選制や準間接選挙は，43条にいう選挙には含まれない。	間接選挙

てきた。近代の選挙法は，選挙の自由･公正と効果的な代表との両立を目指して，**5つの基本原則**を採用する。

Ⅱ　選挙区制

選挙制度の構築にあたって重要な要素となるのが，具体的な選挙・投票の方法である。選挙･投票についての基本的な方式の一つとしてあげられるのが，「**選挙区制**」である。この制度のもとでは，有権者は，選挙に際して「選挙人団」という単位を構成する。このとき，全国の有権者が1つの選挙人団となって選挙を行うこともある（日本の参議院比例代表選出議員選挙や旧全国区選挙など）。しかし，通常は，全国をいくつかの選挙区に分割して，各選挙区の選挙人団が一定数の議員を選出する方法がとられる。選挙区制には，選挙区の分割の仕方や議員数の割り振りによって，大別して2つの類型が考えられる。

1　小選挙区制

小選挙区制では，1つの選挙区から1人の議員が選出される。この制度においては，各選挙区から多数派の代表のみが選出されるため，多数代表制の典型とされる。小選挙区制については，図表11-4のような長所･短所が指摘される。

図表11-4　小選挙区制の長所と短所

長所	短所
① 二大政党制を促し，政局が安定する。	❶ 死票が多く，少数者の意思が国政に反映されなくなる。
② 一般に区域が狭いため，選挙費用が節約できる。	❷ 新しい政党や候補者の参入がむずかしい。
③ 有権者と候補者とが身近になるため，人物を見きわめやすい。	❸ 買収等の選挙腐敗を誘発しやすい。
	❹ 人物本位の選挙になりやすく，政策が軽視される。
	❺ 選挙区の利益中心の選挙となり，国全体の利益の実現がしにくくなる。

2　大選挙区制

大選挙区制では，1つの選挙区から2人以上の議員が選出される。これは，選挙区の少数派にも議員を選出する可能性を与えることになるため，少数代表制の選挙方法である。日本では，1994（平成6）年に公職選挙法が改正されるまで，各選挙で3～5人の議員を選出する大選挙区単記制度（中選挙区制ともいう）が採用されていた。大選挙区制についても，図表11-5のような長所・短所が指摘される。

図表11-5　大選挙区制の長所と短所

長所	短所
① 死票が少なく，少数者の意思が国政に反映されやすい。	❶ 同一政党から複数の候補者が立ち，共倒れを起こす可能性がある。
② 選挙腐敗が少なくなる。	❷ 一般に区域が広くなるため，選挙費用がかさむ。
③ 候補者の選択の幅が広く，人物よりも政策の重要性が増す。	❸ 有権者と候補者，有権者と議員との関係が疎遠になり，選挙に対する関心が薄れやすい。
④ 利益誘導が少なくなり，国全体の利益が実現しやすい。	❹ 小党乱立となり，政局が不安定になる。

Ⅲ　比例代表制

選挙区制と並んで，現代の選挙制度のなかで一般的に用いられるようになっている選挙・投票の方式が，「**比例代表制**」である。比例代表制は大選挙区制の一類型であるが，選挙における各党派の得票数に応じて議席を割り当てる制度であり，より有権者の意思を正確に国政に反映することができるといわれる。比例代表制の投票方式は単記移譲式と名簿式とに大別される。

1　単記移譲式

単記移譲式は，当選のために必要十分な得票数（当選基数）を超える票を，選挙人の指定する順序にしたがって，他の候補者に移譲するという方式である。有権者は複数の候補者に対して，好ましい順に順位をつけ，第1順位の者が当選基数を超えた場合に，その票が第2順位以下の候補者に割り振られる。有権者の自由を尊重する投票方式であり，有権者の票が死票にならないのも特徴である。

2　名簿式

名簿式は，政党の作成した名簿に対して有権者が投票を行い，名簿上の候補者の間で票の移譲が行われる。名簿式では，政党の指定した順位で当選者が決まる拘束名簿式と，投票者が名簿上の候補者について順位を変更したり，一候補者のみを指定して投票したりすることのできる非拘束名簿式とが区別される。

名簿式での議席配分にはさまざまな計算方法があるが，日本の選挙制度では**ドント式**が採用されている。ドント式は，各政党の得票数を1，2，3，4……の数で順に除し，それぞれの商を大きなものから並べて，上位から議員定数を満たすまで配分する方式である。

比例代表制の問題点としては，①議会において小党乱立の傾向が強くなり，政局が不安定になりやすい，②得票計算などに技術的な困難がともない，当選確定手続が煩雑になる，③政党本位の選挙となり，選挙の直接性の観点から問題がある，といった点があげられる。

例：定数10の選挙区で，A党が2000票，B党が1500票，C党が700票，D党が300票を獲得した場合

	A党	B党	C党	D党
÷1	2000（1）	1500（2）	700（5）	300
÷2	1000（3）	750（4）	350	
÷3	666（6）	500（7）		
÷4	500（7）	375（10）		
÷5	400（9）			
÷6	333			

※括弧内の数字は当選順位

図表11-6　ドント式の計算例

Ⅳ　日本の現行選挙制度

1　衆議院議員選挙制度

現行の衆議院議員選挙制度は，**小選挙区比例代表並立制**を採用している。この制度は，総定数465を，定数289の小選挙区制と定数176の比例代表制とに分け，それぞれの選挙方式で当選が決定される制度である（公選4条：2017年改正後のもの）。

小選挙区制では，各選挙区において有効投票の最多数を得た者が当選人となる（公選95条1項）。比例代表制においては，全国を11ブロックに分け，ブロック単位で各政党の得票を集計し，ドント方式で獲得議席を決定したうえで，各政党の比例名簿登載者の上位から獲得議席数を満たす者までを当選人とする（公選95条の2）。

有権者は，小選挙区制については投票用紙に候補者1人の氏名を自書し，比例代表制については政党の名称または略称を自書し，それぞれ1票ずつ，計2票を投票する（公選36条・46条）。

現行制度は，小選挙区制と比例代表制とを組み合わせて，多数代表と少数代表とのバランスをとろうとしているとみることができるが，実際には定数が小選挙区289に対して比例代表176にとどまるため，比例代表制の効果は少なく，

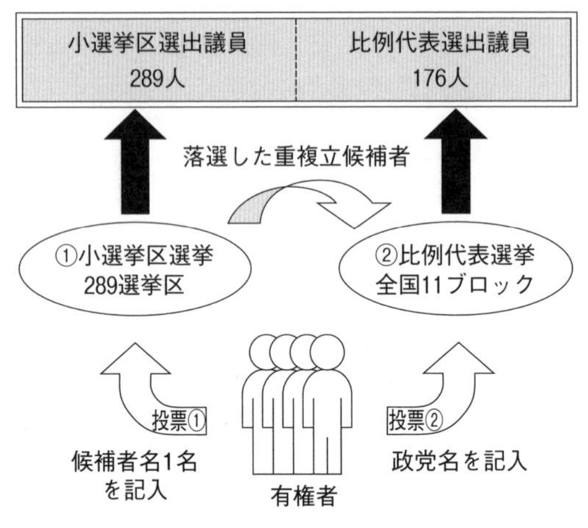

図表11-7　現行の衆議院議員選挙制度

小選挙区制の機能が強調される仕組みになっている。また，特徴的な点としては，政党によって届け出られた候補者に限って，小選挙区と比例代表への重複立候補が認められていることがあげられる（公選86条の2第4項）。このため，重複立候補者は小選挙区で落選した場合でも，比例区での当選の可能性が残されている（いわゆる「復活当選」）。政党は，重複立候補者を比例名簿の同一順位に並べることができるが，この場合，小選挙区における当選者の得票数に対する重複立候補者の得票数の割合（惜敗率）の高い候補者から比例名簿の順位が決められていく（公選86条の2第6項・95条の2第3項）。

現行制度の問題点としては，①小選挙区制と比例代表制という異なる論理に基づく制度を単純に並べるものであるため，有権者の混乱をひき起こす，②小選挙区の選挙区割りに際して，人口格差を縮小することがむずかしい，③政党本位の選挙が志向されたことにより，政党以外は小選挙区での政見放送ができないなど選挙運動に関する制約が多くなった，といった点が指摘される。

2　参議院議員選挙制度

参議院議員選挙制度は，①全国を一選挙区として行われる**非拘束名簿式比例選挙**と，②各都道府県を一選挙区とする**大選挙区制選挙**とを組み合わせたものである。その際，総定員248を，比例選挙100と選挙区選挙148とに分け，3年ごとに定数の半数が改選される（公選4条：2018年改正後のもの，憲46条）。なお，選挙区制は定数2～8名で行われるが，定数2名の選挙区では半数改選のため，実質的に小選挙区制と同様の選出方法となる。

非拘束式比例選挙においては，まず，各政党が順位をつけずに候補者名簿を作成する。有権者は「政党名投票」か，名簿に登載された候補者の1人に投票する「候補者投票」のいずれかを任意に選択して投票を行う。各党の議席数は，政党名と候補者名とを合算した得票数に基づいて，ドント式で決定される。そして，各党の当選人は，「候補者投票」の得票数の多い順に決定される。

参議院議員選挙制度に対しては，とりわけ比例代表選挙について，①全国的

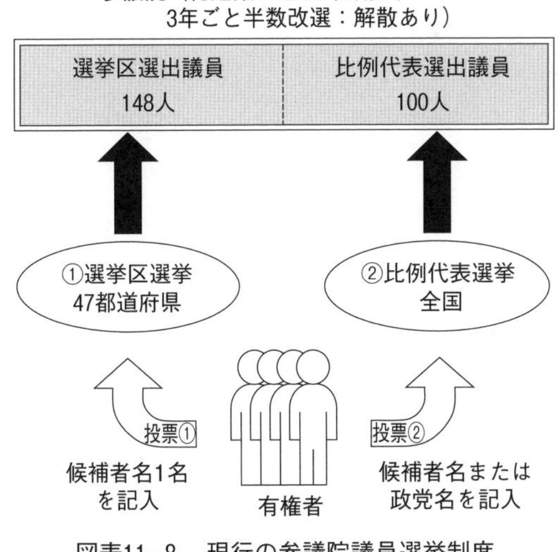

図表11-8　現行の参議院議員選挙制度

に知名度のある「タレント候補」に頼る傾向が生じる，②特定の業界・団体の後押しを受けた当選人が，国政の場で一部の業界･団体のために活動する傾向が強まる，③「候補者投票」での大量得票によって当選した議員と，その得票のおかげで議席を得た議員との間に政治的影響力の差が生じるおそれがある，といった問題点が指摘されている。

関連条文

公職選挙法４条　衆議院議員の定数は，465人とし，そのうち，289人を小選挙区選出議員，176人を比例代表選出議員とする。

２　参議院議員の定数は248人とし，そのうち，100人を比例代表選出議員，148人を選挙区選出議員とする。

３　（略）

4　選挙制度をめぐる問題

Ⅰ　議員定数の不均衡

現在，選挙権の平等には「１人１票」という数的平等だけではなく，１票の重みの平等，すなわち「**投票価値の平等**」という質的平等が含まれると解されている。つまり，国民主権の考え方からすれば，国民一人ひとりが国政に対してもつ影響力は等しくなければならず，そこになんらかの較差があってはならないということになる。

こうした投票価値の平等を考える場合に問題となるのが，**議員定数の不均衡**という現象である。現在，公職選挙法では選挙区割りによって議員の定数が決定されている（公選12条以下）。この選挙区割りにあたっては，議員定数と有権者人口との比例的な関係が追及されなければならない。しかし，実際には，選挙区割りを行った後での人口移動などにより，有権者の数と議員定数が比例しなくなることがある。これを議員定数不均衡問題という。各選挙区間で議員定

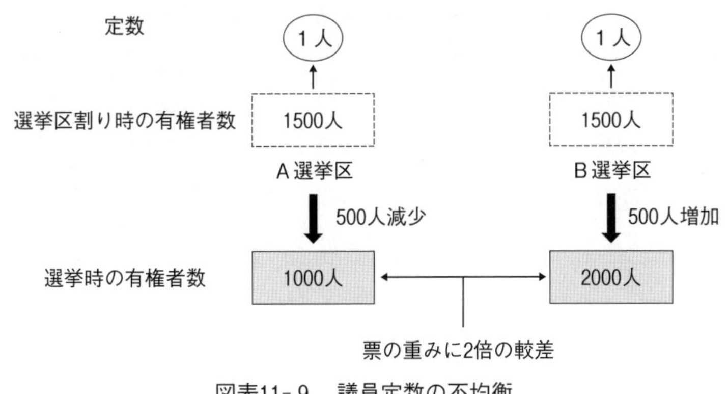

図表11-9　議員定数の不均衡

数に不均衡が生じると，それは議会に1人の代表を送るために必要な票数に較差が生じ，それは結果的に国政への国民一人ひとりの影響力に差が生じることになるため，投票価値の平等に反することになるのである。

Ⅱ　議員定数不均衡訴訟

こうした議員定数の不均衡は，訴訟の場で多く争われてきた。学説においては，最大較差が**1対2**以上開いている場合は，実質的に有権者数の少ない選挙区の有権者が2票分の投票価値をもつことになるため，1人1票の原則を本質的に破ることになるので違憲だとする見解が多数を占める。しかし，最高裁判所は必ずしもそのような判断を下していない。以下では，衆議院議員選挙の場合と参議院議員選挙の場合とをそれぞれみていこう。

1　衆議院議員定数不均衡訴訟

衆議院議員選挙についてのリーディング・ケースとなった昭和51年判決は，議員定数の不均衡は，①それが国会の合理的裁量の限界を超えているものと推定され，これを正当化すべき特別の理由が示されず，②憲法上要求される合理的期間内の是正が行われない場合に，憲法14条1項違反となるとの基本的な判断枠組みを示した。したがって，定数不均衡が投票価値の平等に反する状態で

図表11-10　おもな衆議院議員定数不均衡訴訟

判決日	選挙日	最大較差	合理的期間	結果
昭和51年４月14日	昭和47年12月10日	4.99	経過している	違憲（事情判決）
昭和58年11月７日	昭和55年６月22日	3.94	経過していない	違憲状態
昭和60年７月17日	昭和58年12月18日	4.40	経過している	違憲（事情判決）
平成５年１月20日	平成２年２月18日	3.18	経過していない	違憲状態
平成７年６月８日	平成５年７月18日	**2.82**	—	**合憲**
平成11年11月10日	平成８年10月20日	**2.31**	—	**合憲**
平成19年６月13日	平成17年９月11日	**2.17**	—	**合憲**
平成23年３月23日	平成21年８月30日	2.30	経過していない	違憲状態
平成25年11月20日	平成24年12月16日	2.43	経過していない	違憲状態
平成27年11月25日	平成26年12月14日	2.13	経過していない	違憲状態

あっても，是正のための合理的な期間が経過していないとされれば，違憲とは判断されないことになる。こうした場合に下される判決が「**違憲状態**」判決である。

かつては，衆議院の場合，最大較差が３倍を超えない限り，投票価値の平等に反しない（つまり①の要件を満たさない）とするのが最高裁判所の立場だと考えられていた。しかし，近年の判決においては2.30倍の較差をも違憲状態としており，より厳格な態度が示されるようになってきた。最近の判例の中には，較差が２倍以上となっているかどうかを重視するものも現れている（最大判平30・12・19民集72・６・1240）。このため，合憲/違憲の判断にあたって，②の合理的期間の要件が重要な意味をもつようになっている。

ただし，①②の要件が満たされれば，即座に選挙の違憲無効判決が下されるかというと，必ずしもそうはいえない。昭和51年判決，昭和60年判決にみられるように，議員定数不均衡訴訟においては，しばしば不均衡状態を違憲としながらも問題となっている選挙の有効性を認めるという，一見すると矛盾した判断が下されている。これは，選挙を無効とすることで衆議院議員が存在しない状態となり，しかもその状態において選挙区割りの変更のための法改正をしなければならないという不都合を回避するために用いられる手法であり，「**事情**

判決の法理」とよばれる。

衆議院議員の定数不均衡訴訟（最大判昭51・4・14民集30・3・223）

選挙区間の1票の較差が最大1対4.99となっていた1972（昭和47）年12月10日の衆議院議員選挙についての選挙無効訴訟。

最高裁判所は，「各選挙人の投票の価値の平等もまた，憲法の要求するところである」としたうえで，「具体的に決定された選挙区割と議員定数の配分の下における選挙人の投票価値の不平等が，国会において通常考慮しうる諸般の要素をしんしゃくしてもなお，一般的に合理性を有するものとはとうてい考えられない程度に達している」場合で，かつ「人口の変動の状態をも考慮して合理的期間内における是正が憲法上要求されていると考えられるのにそれが行われない場合」に憲法違反が生じるとした。問題となった昭和47年選挙については，これらの要件をともに満たすとされ，違憲とされた。ただし，選挙の効力については，「これを無効としないこととするのが，相当」とされた。

重要判例

1人別枠方式の合憲性（最大判平23・3・23民集65・2・755）

選挙区間の1票の較差が最大1対2.30となっていた2009（平成21）年8月30日の衆議院議員選挙についての選挙無効訴訟。

最高裁判所は，小選挙区制導入にあたって激変緩和措置の一環として採用された1人別枠方式を「選挙区間の投票価値の較差を生じさせる主要な要因」としたうえで，小選挙区制が定着した本件選挙時段階においてはその「合理性は失われていた」として，同方式のもとでの選挙区割りを「憲法の投票価値の平等の要求に反する状態に至っていた」と判断した。しかし，平成19年判決が合憲判決であったことから，「憲法上要求される合理的期間内に是正がされなかったものということはできない」と述べ，違憲判決は下していない。ただし，それに続けて「合理的期間内に，できるだけ速やかに…1人別枠方式を廃止し…投票価値の平等の要請にかなう立法的措置を講ずる必要がある」とも述べている。

2　参議院議員定数不均衡訴訟

参議院議員定数の不均衡の場合，判例においては，その合憲性をより緩やか

図表11-11　おもな参議院議員定数不均衡訴訟

判決日	選挙日	最大較差	合理的期間	結果
昭和39年２月５日	昭和37年７月１日	4.09	—	合憲
昭和58年４月27日	昭和52年７月10日	5.26	—	合憲
平成８年９月11日	平成４年７月26日	6.59	経過していない	違憲状態
平成10年９月２日	平成７年７月23日	4.81	—	合憲
平成12年９月６日	平成10年７月12日	4.98	—	合憲
平成16年１月14日	平成13年７月29日	5.06	—	合憲
平成18年10月４日	平成16年７月11日	5.13	—	合憲
平成21年９月30日	平成19年７月29日	4.86	—	合憲
平成24年10月17日	平成22年７月11日	5.00	経過していない	違憲状態
平成26年11月26日	平成25年７月21日	4.77	期間内での裁量権行使は相当	違憲状態

に認める傾向がある。最高裁判所は，参議院の独自性（地方代表的性格，半数改選制など）を理由として，人口比例原則の緩和を導いている。このため，参議院議員選挙については，おおむね１対５程度の不均衡は合憲とされてきた。ただし，平成24年判決以降は５倍以下の最大較差を違憲状態と認定しており，参議院議員選挙の場合にも判断を厳格化しつつある。

Ⅲ　選挙権の制限

選挙権が国民主権を支える重要な権利である以上，選挙制度は国民の選挙の機会をできる限り広く確保するようなものでなければならない。公職選挙法11条では選挙権が制限される者を列挙しているが，これ以外の国民についても，事実上選挙権の行使に制限が生じることがある。このような制限が問題となった事例として，**在宅投票制の廃止**と**在外国民の選挙権制限**とがあげられる。なお，かつて公職選挙法11条にあげられていた者のうち，成年被後見人については，2013（平成25）年の法改正により，選挙権の回復が行われた。

1　在宅投票制の廃止

1950（昭和25）年の公職選挙法は，重度の身体障害者や疾病･負傷などによって投票所に行くことが困難な者のために在宅投票制度を設けていた。しかし，その後，この制度を悪用した選挙違反が多く起こったため，1951（昭和26）年にこの制度を廃止した。

この改正について，ある身体障害者が在宅投票制の廃止により選挙権が行使できなくなったとして国に賠償を求める訴訟を提起したところ，第１審・第２審で国会の廃止措置を違憲とする判断が出たものの，最高裁判所は立法措置自体の合憲性を正面から扱わず，結果的に賠償請求を退けた（在宅投票制廃止事件──最判昭60・11・21民集39・７・1512）。

なお，本訴訟提起後の1974（昭和49）年に公職選挙法が一部改正され，重度の身体障害者に限って郵送による在宅投票制度が復活した（公選49条２項）。

2　在外国民の選挙権制限

かつて外国に居住する国民（在外国民）は，住民登録がないために選挙権を行使することができなかった。このため，1998（平成10）年に公職選挙法が改正され，在外選挙制度が新たに設けられた（公選第４章の２）。ただし，在外選挙の対象となるのは，当面，衆参両院議員の比例代表選出議員選挙に限られていた。この制度に対しては，選挙権の侵害を理由として訴訟が提起され，最高裁判所が違憲判決を下している。

重要判例

在外国民選挙権制限違憲判決①（最大判平17・９・14民集59・７・2087）

在外選挙制度創設前の1996（平成８）年の衆議院選挙に投票できなかった在外国民が，①制度創設前の状態が違憲であったことの確認，②衆参両院の選挙区制選挙において選挙権を有することの確認，③立法不作為の損害賠償を主張した訴訟。

最高裁判所は，「国民の選挙権又はその行使を制限することは原則として許されず，国民の選挙権又はその行使を制限するためには，そのような制限をすることがやむを得ないと認められる事由がなければならない」と述べ，在外国民も「憲法によって選挙権を保障されていることに変わりはなく，国には，選挙の公正の確保に留意しつつ，その行使を現実的に可能にするために所要の措置を執るべき責務があるのであって，選挙の公正を確保しつつそのような措置を執ることが事実上不能ないし著しく困難であると認められる場合」でない限り制約は憲法に違反するとした。そのうえで，①，②について原告らの主張を認めた（③については，第12章2を参照）。

本判決をうけて，2006（平成18）年に在外選挙の対象を衆参両院議員の比例代表選出議員選挙に限定していた公職選挙法の附則8項が削除された。

Ⅳ　選挙運動に対する制限

自由選挙の原則からは，投票についての個人の自由だけではなく，投票行動に影響を与える候補者や市民の選挙運動についても自由が認められる必要がある。しかし，こうした自由は「選挙の公正」を確保するという観点から制約される可能性をもつ。とりわけ日本では，海外に比べて選挙運動に対する厳しい規制が存在している。

1　事前運動の禁止

公職選挙法129条は，選挙運動期間を候補者・名簿の届出があった日から選挙の前日までに限定し，一切の事前運動を禁止している。最高裁判所も，選挙運動が長期にわたると不当･無用な競争を招き，ひいては選挙腐敗の原因となるとの理由から，「選挙の公正」確保の立場から，こうした規制を正当化している（最大判昭44・4・23刑集23・4・235）。

2　戸別訪問の禁止

公職選挙法138条1項は，選挙運動の一環として行われる戸別訪問を禁止している。この規定に対しては，憲法21条の「意見表明の自由」に反するとの批判が根強いが，最高裁判所は戸別訪問禁止規定は意見表明そのものの制約を目的とするのではなく，意見表明の手段･方法のもたらす弊害（買収などの危険性，生活侵害など）を防止し，それによって「選挙の公正」の確保を目的とするものだと解して，憲法21条違反の主張を退けている（最判昭56・6・15刑集35・4・205）。

3　文書図画規制

公職選挙法は，選挙運動に用いる文書・図画の頒布・掲示についても詳細な定めを置いている（公選142～147条）。これについても最高裁判所は「選挙の公正」確保のために必要な制限であるとする（最大判昭30・4・6刑集9・4・819）。

4　選挙報道・評論の規制

公職選挙法上，新聞・雑誌による選挙報道・評論の自由を認めているが（公選148条1項），ここにいう新聞・雑誌には一定の要件（頒布についての頻度や第三種郵便物の認可など）が要求され，それに該当しない新聞・雑誌が選挙報道・評論を掲載することを禁じている（同条3項・235条の2）。最高裁判所は，この規定について「報道又は評論」の範囲を選挙に関する一切の報道・評論ではなく，特定の候補者の得票に有利または不利に働くおそれのある報道・評論を意味すると限定解釈をしたうえで合憲の判断を下している（最判昭54・12・20刑集33・7・1074）。

Topics

1人別枠方式の違憲性

衆議院議員選挙での議員定数不均衡に関する2011（平成23）年最高裁判所判決は，定数不均衡についての判断としてはとてもユニークであった。というのも，本判決では，最大で2.304倍となっていた1票の較差については直接判断の対象とせず，その代わりに，こうした較差を生じさせている構造的な原因として1人別枠方式をあげ，その不合理性を指摘しているのである。

ここで問題とされた1人別枠方式とは，小選挙区制の選挙区割りに際して，各都道府県にあらかじめ1を配当したうえで，残りの選挙区を人口に比例して配分するという方式である。最高裁判所によれば，この方式は，小選挙区制を導入するにあたって，人口比例を徹底すると，人口の少ない県で定数が急激かつ大幅に削減されることになるため，激変緩和措置として採用されたものである。そのため，最高裁判所は，この方式の採用には「おのずからその合理性に時間的な限界がある」とし，「新しい選挙制度が定着し，安定した運用がされるようになった段階においては，その合理性は失われるものというほかはない」と断じた。

こうした判断には，1票の較差についての具体的な数字にはこだわらず，むしろその構造原因である公職選挙法そのものの問題を指摘するという最高裁判所の態度の変化をみることもできるであろう。これは，基本的人権の具体化に関する立法府の裁量を原則として承認しつつも，その裁量判断について内容的な，あるいは時間的な限界を設定する近時の最高裁判所の判断手法の流れに位置づけられるものである。

その後，2013（平成25）年には小選挙区を0増5減する改正が行われたものの，5減の対象となった県以外では1人別枠方式が残存した。また，「衆議院選挙制度に関する調査会」が2016（平成28）年に出した答申では「アダムズ方式」にもとづく計算（定数6減について7増13減となる）が盛り込まれたが，2017（平成29）年の改正ではこれを採用せず，定数は0増6減となった（2022年以降にアダムズ方式を導入予定）。結果的に1人別枠方式は事実上温存されているといってよいだろう。2011（平成23）年以降，衆議院議員選挙は2012（平成24）年・2014（平成26）年・2017（平成29）年の3回にわたって実施されている。

2011（平成23）年最高裁判判決での「合理的期間内に，できるだけ速やかに本件区割基準中の1人別枠方式を廃止し…投票価値の平等の要請にかなう立法的措置を講ずる必要がある」とのメッセージは，はたして届いているのだろうか。

第12章 受益権

POINT

① 受益権とは，国家にどのような行為を要求できるものか。
② 受益権には，具体的にどのような権利が含まれるか。
③ 国家賠償請求権と裁判を受ける権利の現代的な意味はどのようなものか。

1 請願権

I 請願権の意義

憲法16条は，損害の救済，公務員の罷免，法律等の制定などの事項について**請願権**を定めている。請願権は，もともと国民主権が確立していなかった時代に，国民の意思を為政者に知らせ，「お願い」をする唯一の手段として重視されたものであった。その意味では，国民主権原理が広く承認され，政治的な表現の自由などが保障されるようになった現代では，その意義は次第に減少しつつある。

国民主権原理を採用し，普通選挙制や国民の政治参加が保障される日本国憲法においても，請願権の重要性はそれほど大きくはない。しかし，請願は選挙以外の場で国民が意思を表明する手段であり，国家権力と国民とをつなぐ意義をいまだにもっているといえる。とりわけ，選挙と選挙の間の期間に生じた事柄や，選挙では争点になりにくい事柄について民意の補充を行うという機能は軽視できない。

請願の対象として憲法16条は「損害の救済，公務員の罷免，法律，命令又は規則の制定，廃止又は改正その他の事項」をあげるが，これは例示にすぎず，

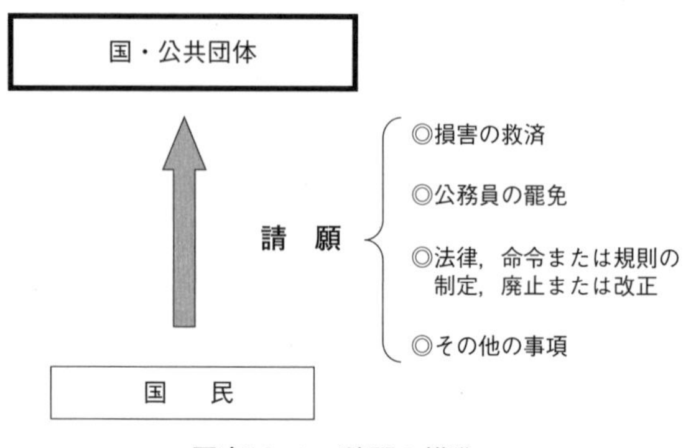

図表12-1　請願の構造

一切の国務または公務に関する事項が対象となると解されている。請願は「平穏に」行うことが求められるが，これに反するものとしては暴力の行使や脅迫を用いた請願があげられる。なお，請願が権利であることからは当然であるが，請願をしたことによる差別待遇は禁止される。

Ⅱ　請願権の法的性格

請願権は，一般に**受益権（国務請求権）**の一つとして理解されている。この場合，請願権は，「請願を受ける」という国家のサービスを要求する権利とされることになる。しかし，為政者が国民意思を無視しても問題のなかった時代と違い，現代では国民主権のもとで国家機関の行動と国民意思との一致が求められる。したがって，現代の請願権は「請願を受けつけてもらえる」という側面からではなく，「国民の意思を国家機関に直接伝える」という側面において理解する必要がある。その意味での請願権は参政権としての性格を色濃くもつことになる。

とはいえ，請願権は国家の意思決定過程に直接参加する権利ではないので，典型的な参政権とは性質の違うものである。そのため，請願権の主体は有権者に限定される必要はなく，未成年者，外国人，法人などもその主体となる。

Ⅲ　請願制度

一般の官公署に対する請願については，**請願法**が定められている。同法によると，請願は文書ですることになっており（請願２条），請願の事項を所管する官公署に提出する（請願３条１項）。適法な請願は，官公署において，受理され適法に処理されなければならない（請願５条）。

このほか，国会法，衆議院規則，参議院規則では，国会および各議院に対する請願の手続を定める。この場合，請願をしようとする者は，議員の紹介により請願書を提出しなければならない（国会79条）。請願は各議院において適当な委員会で審査した後，本会議に付するものとそうでないものとを区別する（国会80条）。本会議で採択された請願のうち，内閣で処置するのが適当なものについては，これを内閣に送付する（国会81条１項）。地方議会に対する請願については，地方自治法が定めを置いている（自治124条・125条）。この場合にも議員の紹介が必要とされている。

2　国家賠償請求権

Ⅰ　国家賠償請求権の意義

憲法17条は，**公務員の不法行為によって生じた損害についての賠償請求権**を定める。本条で賠償請求の対象が「国又は公共団体」となっていることからわかるように，これは国民主権のもとでの国民に対する国家の責任を明らかにした条文であり，日本では日本国憲法によって初めて採用された。

この規定の法的性格をめぐっては，かつてはプログラム規定と解する立場が支配的であったが，現在では抽象的権利を定めたものと解する立場（抽象的権利説）が有力となっている。

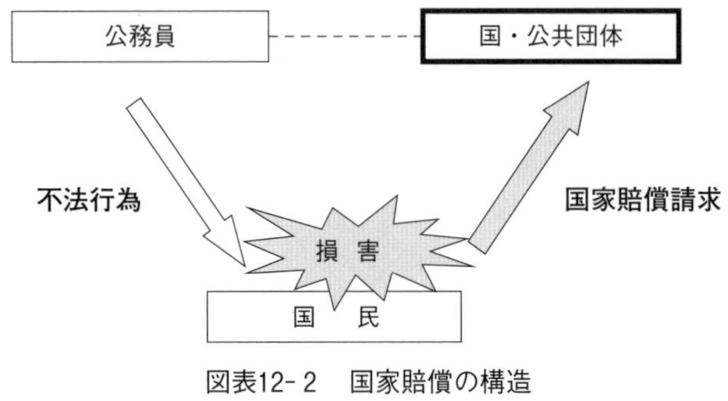

図表12-２　国家賠償の構造

Ⅱ　国家賠償制度

１　国家賠償法

憲法17条をうけて**国家賠償法**が制定されている。国家賠償法は，１条で公務員の故意･過失による違法な損害について，２条で公の営造物の設置･管理の瑕疵に基づく損害について，それぞれ賠償責任を認める。それ以外の場合は，民法やその他の法律が適用される（国賠４条・５条)。

国家賠償法との関係では，**立法行為（または立法不作為）に対する国家賠償請求**が可能であるかが問題となる。国や公共団体の立法行為についてはその違憲性を個人が争う手段が限られているため，国家賠償法を用いて，直接には損害賠償を求めつつ，実際には立法行為の違憲性を問うといった訴訟が多く提起されている。そこで，国家賠償法１条にいう「公務員の不法行為」に立法行為が含まれるかが議論されるが，学説にはこれを肯定する見解が多くみられる。しかし，最高裁判所は，立法行為の違憲性の問題と，立法行為の国家賠償法上の違法性の問題とを区別し，立法行為が違憲であるからといって，それがただちに立法行為をした公務員の違法となるわけではないとの立場をとっている。そのうえで，従来は，違憲の立法行為が国家賠償法上も違法となる場合を「立法の内容が憲法の一義的な文言に反している」というようにかなり限定してきた（たとえば，在宅投票制の廃止についての最判昭60・11・21民集39・７・1512など，

第11章**4**Ⅲ1を参照)。しかし，在外国民選挙権制限違憲判決では，最高裁判所は違憲の立法行為が国家賠償法上の違法性を生じる場合を以前よりも拡大して理解している。

重要判例

在外国民選挙権制限違憲判決②（最大判平17・9・14民集59・7・2087）

在外選挙制度創設前の1996（平成8）年の衆議院選挙に投票できなかった在外国民が，①制度創設前の状態が違憲であったことの確認，②衆参両院の選挙区制選挙において選挙権を有することの確認，③立法不作為の損害賠償を主張した訴訟。

最高裁判所は，③について，「国会議員の立法行為又は立法不作為が同項の適用上違法となるかどうかは，国会議員の立法過程における行動が個別の国民に対して負う職務上の法的義務に違背したかどうかの問題であって，当該立法の内容又は立法不作為の違憲性の問題とは区別されるべきであり，仮に当該立法の内容又は立法不作為が憲法の規定に違反するものであるとしても，そのゆえに国会議員の立法行為又は立法不作為が直ちに違法の評価を受けるものではない」として，従来の立場を堅持したが，違憲の立法行為が国会賠償法上も違法となる場合を「立法の内容又は立法不作為が国民に憲法上保障されている権利を違法に侵害するものであることが明白な場合や，国民に憲法上保障されている権利行使の機会を確保するために所要の立法措置を執ることが必要不可欠であり，それが明白であるにもかかわらず，国会が正当な理由なく長期にわたってこれを怠る場合」に拡大し，本件はこれにあたるとして原告らの賠償請求を認めた（①，②については，第11章4を参照)。

2　その他の国家賠償制度

国家賠償に関する民法の特別法としては，かつて**郵便法**旧68条以下があった。最高裁判所は，郵便法が郵便業務従事者の故意または重大な過失によって損害が生じた場合にも国の損害賠償責任を否定していたことを憲法17条に違反すると判断した。

郵便法違憲判決（最大判平14・9・11民集56・7・1439）

郵便法68条・73条が，郵便業務従事者の故意または重大な過失によって損害が生じた場合にも国の損害賠償責任を否定していたことの合憲性が問題とされた事例である。

最高裁判所は，憲法17条の趣旨について「公務員のどのような行為によりいかなる要件で損害賠償責任を負うかを立法府の政策判断にゆだねたもの」としつつも，「立法府に無制限の裁量権を付与するといった法律に対する白紙委任を認めているものではない」と述べ，立法裁量を限定した。そのうえで，郵便法の規定については「郵便業務従事者の故意又は重大な過失による不法行為についてまで免責又は責任制限を認める規定に合理性があるとは認め難」く，「立法府に付与した裁量の範囲を逸脱したもの」として違憲判決を下した。

3　裁判を受ける権利

I　裁判を受ける権利の意義

憲法32条の**裁判を受ける権利**は，政治権力から独立した公平な司法機関に対して，すべての個人が平等に権利・自由の救済を求めることを保障している。個人が権利や自由を国家や他の個人によって侵害されているような場合に，この状態を是正し，権利･自由を回復することができなければ，いくら権利や自由を保障しても無意味になってしまうだろう。それゆえ，憲法は権利･自由の救済手段の一つとして裁判を予定し，さらに裁判を受ける権利を個人に保障したと考えられる。また，裁判を受けることを個人に保障するという趣旨からすれば，国家は個人が裁判所に訴えを提起することを拒んではならないし，刑事事件の場合，被告人は裁判所による裁判によらなければ刑罰を科されないことが要請される。

このように解される裁判を受ける権利は，公平な裁判を目指す近代司法制度と深いつながりをもち，法治国家の貫徹，人権保障の実現，さらには憲法価値実現のための手続的な保障の一つと理解されている。その意味で，この権利は，法治国家原理のもとでの「**基本権を確保するための基本権**」ともいわれる。この権利を実現するために民事･刑事･行政事件といった各種の訴訟法が制定されている。

さらに現在では，裁判を受ける権利をより内容的に充実させ，その保障に「**実効的権利保護**」の意味合いをもたせようとする考え方が有力となっている。この考え方からすれば，従来は各種訴訟法の規定にゆだねられていた原告適格や訴訟類型，告知･聴聞手続，裁判所の管轄権，判決形式，さらには審理期間などの事項も，それが本当に個人の権利･自由の救済に役立つものであるかを憲法32条の観点から論じる必要がある。

Topics

行政訴訟の原告適格と裁判を受ける権利

裁判を受ける権利は，人々が権利の救済を求めて裁判所にアクセスするための手続的保障であるとされるが，これが実質的に保障されるためには，裁判制度やそれに対応した各種の訴訟法が必要となる。もちろん，これらの制度や訴訟法は，裁判を受ける権利の趣旨を踏まえたうえでつくられなければならないが，現実的には，制度・訴訟法のあり方によって裁判を受ける権利の内容が決定されているともいえる。

こうしたなかでは，場合によっては，制度・訴訟法が裁判を受ける権利を著しく限定してしまうこともありうる。かつて，こうした例としてあげられることが多かったのが，行政事件訴訟法上の原告適格の規定である。2004（平成16）年改正前の行政事件訴訟法旧９条は，取消訴訟を提起できる者を「法律上の利益を有する者」に限定していた。当初の解釈においては，「法律上の利益を有する」ためには行政法規によって明らかに利益を保護されていることが必要とされ，とりわけ授益処分の第三者については原告適格が認められなかった。

しかし，最高裁判所は，たとえば原発の設置許可が問題となったもんじゅ訴訟最高裁判所判決（最判平４・９・２民集46・６・571）において，原子炉設置許可処分に際して考慮すべき事項として周辺住民の「生命，身体の安全等」をあげ，周辺住民の原告適格を認めた。こうした最高裁判所の柔軟な解釈がその後行政事件訴訟法の改正へと結びつき，授益処分の第三者についても原告適格が拡大することとなった（行訴９条２項を参照）。

裁判を受ける権利が人権の実効的保障に不可欠であることからすれば，憲法の要請に沿った裁判制度・訴訟法の制度設計を今後も模索していかなければならない。

Ⅱ 「裁判所」と「裁判」

1 「裁判所」の意味

憲法32条にいう「**裁判所**」とは，形式的な意味では，憲法76条1項が定める最高裁判所および下級裁判所を指すと考えられる。また，憲法76条2項が特別裁判所の設置を禁止し，行政機関による終審裁判を禁止していることから，これらは憲法32条の「裁判所」にあたらないこととなる。

ここで問題となるのは，裁判を受ける権利が，「裁判所」の解釈にあたって，「法律で定められた，事件の解決にとって適切な判断権限（法律上の管轄権）をもつ裁判所」という実質的な意味までを要求するかという問題である。たしかに，本来，地方裁判所で審査されるべき事件を簡易裁判所が審査するといったようなことがあれば，これは裁判を受ける権利を実質的に侵害しているといえる。しかし，最高裁判所は，憲法32条は裁判所以外の機関によって裁判されることはないということを保障したにすぎず，法律上の管轄権をもつ裁判所において裁判を受けることまで保障したものではないと解している（最大判昭24・3・23刑集3・3・352）。

2 「裁判」の意味

「裁判」の意味については，民事・刑事・行政事件のあらゆる裁判について，公開・対審の訴訟手続による裁判を指すと解するのが一般的である。ここでは，憲法82条が定める「**裁判の公開**」が趣旨として読み込まれることになる。

この点で問題となるのは，当事者間の紛争を前提とせず，しかも公開の対審手続をとらない「**非訟事件**」の手続である（非訟11条～13条）。現行法上，非訟事件手続法第2編以下にあげられた事件や，家事審判事件や借地借家法上の事件などに非訟事件手続が用いられている。しかし，こうした非公開・非対審で行われる非訟事件手続は，憲法32条・82条の趣旨に反するとも考えられる。この問題について，最高裁判所は，実体的権利義務の存否を確定する裁判を「純然たる訴訟事件」，一定の法律関係を裁判所が後見的に形成する裁判を「非訟事件」，と区別したうえで，憲法32条・82条にいう「裁判」を「純然たる訴訟事件」に限定するという見解を採用した（最大決昭35・7・6民集14・9・1657；最近では，最決平20・5・8家月60・8・51も同旨）。これに対して学説では，訴訟と非訟とを区別せず，ともに憲法32条・82条にいう「裁判」と位置づけたうえで，事件の内容・性質から例外的に非公開·非対審の手続を認めるという立場が有力である。

3　審　級　制

裁判を受ける権利を実質的に保障しようとする立場からすれば，訴訟手続をどのように構築するかは憲法上重要な問題となるが，その一つとして**審級制**の問題があげられる。憲法76条1項は，最高裁判所と下級裁判所という2つの裁判所しか予定しておらず，下級裁判所の構成については法律事項としている。このとき，少なくとも憲法81条の趣旨から憲法問題については下級裁判所と最高裁判所の間での審級制が認められるが，それ以外の事件についてどのような審級制が要請されるかは明らかではない。だとすると，憲法問題を含まない事件については，憲法上，裁判を1回限りとすることも可能なのであろうか。

この点について，最高裁判所は，憲法81条の場合を除いて審級制度をどのようにすべきかは立法政策の問題であるとの立場を示している（たとえば，最判平13・2・13判時1745・94）。このことからすると，現行法上採用されている審級制（三審制）は憲法上の要請ではなく，あくまで法律によっていくらでも変更可

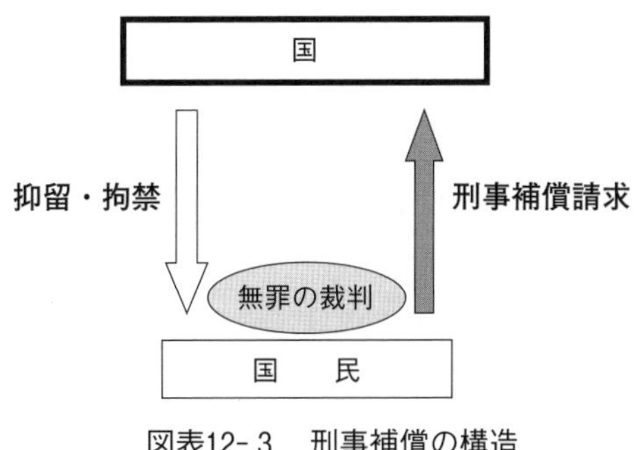

図表12-3　刑事補償の構造

能なものということになるだろう。

しかし，最近では，審級制度を憲法32条の観点から検討し，たとえば一定の事件について最高裁判所への上告を一切認めないような制度は裁判を受ける権利に反するとの見解も学説上有力に主張されている。

4 刑事補償請求権

I　刑事補償請求権の意義

憲法40条は，抑留･拘禁の後に無罪の裁判を受けた者に，**刑事補償を求める権利**を保障する。刑事手続は犯罪の検挙や拡大防止，さらには社会安全の維持にとって不可欠な制度ではあるが，つねに冤罪（えんざい）による逮捕や抑留の危険性と隣り合わせでもある。そのため，日本国憲法は31条以下で刑事手続にかかわる保障をおき，さらに40条でこれを事後的に金銭で救済する道を開いている。

ここでいう「補償」は「賠償」とは異なり，原因となっている公権力の行為の違法性を前提としていない。したがって，適法な抑留・拘禁であっても，後で無罪と判断されれば刑事補償の対象となる（違法な行為である場合には，国家賠償請求による救済が可能である）。

II　刑事補償制度

憲法40条をうけて，**刑事補償法**が定められている。同法１条によれば，刑事訴訟法上の手続において無罪判決を受けた者が，未決の抑留・拘禁を受けた場合に補償を請求することができる（刑補１項）。また，再審手続などで無罪判決を受けた者については，刑の執行または拘置について補償を請求できる（刑補２項）。

刑事補償法において問題とされるのは，不起訴処分の場合について規定がないことである。憲法40条にいう「無罪の裁判を受けたとき」の意味を，文字通り「無罪判決の確定」と理解すれば，不起訴処分について刑事補償が行われなくとも問題はない。しかし，これを「身体的拘束の根拠がないことが確定した場合も含む」と広く解するのであれば，不起訴処分についても刑事補償が必要となるであろう（現在では，法務省訓令である被疑者補償規程が不起訴処分を受けた者についても補償が可能としている）。

関連条文

刑事補償法１条　刑事訴訟法……による通常手続又は再審若しくは非常上告の手続において無罪の裁判を受けた者が同法，少年法……又は経済調査庁法…によつて未決の抑留又は拘禁を受けた場合には，その者は，国に対して，抑留又は拘禁による補償を請求することができる。

２　３（略）

第13章 社会権

POINT

① 社会権とは何か。社会権は自由権とはどのような点で異なり，どのような歴史的背景により誕生した権利なのか。
② 日本国憲法上，社会権として保障されている権利としてはどのような権利があるか。
③ 憲法25条が規定する生存権とは何か。生存権の具体的権利性について学説・判例はどのように解してきたか。また，それらをふまえ，生存権の具体的権利性についてどのように考えるべきか。
④ 教育を受ける権利，勤労の権利，労働基本権はどのような権利であるか。

1 総　説

I　社会権の歴史的背景

日本国憲法においては，**生存権**（憲25条），**教育を受ける権利**（憲26条），**勤労権**（憲27条），**労働基本権**（憲28条）の４つが，**社会権**に分類される権利である。社会権とはどのような権利であり，どのような歴史的背景で生まれた権利であるかをまず初めに考えてみたい。18世紀末の近代市民革命の結果成立した近代憲法のもとで保障された人権は，国家権力によって国民が有している自由や権利が侵害されることを排除する自由権であった。ところが，資本主義社会の高度化にともない，特に20世紀に入ると，社会において持てる者（富者）と持たざる者（貧者）との経済的格差が拡大し，社会的弱者にとっては，「自由」とは「**貧困の自由**」や「**空腹の自由**」を意味するにすぎなくなった。このような状況のもとで，自由放任主義の考え方に基づき，それまで私人間の生活への介入を差し控えてきた国家に対して，社会的な不平等の是正のために私人間の生活に介入し，実質的平等をはかることが求められるようになった。その結果，憲法上保障されるようになった人権が社会権である。社会権を初めて保障した1919年のドイツ・**ワイマール憲法**においては，「経済生活の秩序は，すべての者に人間たるに値する生活を保障する目的をもつ正義の原則に適合しなければならない」（151条１項）と定め，経済活動の自由が「人間たるに値する生活」の保障のために制約を受けることを定めた。

Ⅱ　社会権の意義

社会権は国家が国民に対して「**人間たるに値する生活**」を実現するために保障する権利である。そして，法的性格としては，自由権が国家の介入の排除を目的とする権利（**不作為請求権**）であるのに対し，社会権は国家に対して一定の行為を要求する権利（**作為請求権**）である。さらにいえば，自由権は「**国家からの自由**」，社会権は「**国家による自由**」とも称される。もっとも，社会権は，国家による不当な侵害が行われた場合には，その排除（不作為）を裁判所に求めることができるという意味で，自由権的な側面も有している。

2　生　存　権

憲法25条１項は「すべて国民は，健康で文化的な最低限度の生活を営む権利を有する」と定め，「健康で文化的な最低限度の生活を営む権利」（＝生存権）を保障している。さらに，同条２項で「国は，すべての生活部面について，社会福祉，社会保障及び公衆衛生の向上及び増進に努めなければならない」として，生存権に対応する国の責務を定めている。

１項で定める生存権の権利内容としては，前述した社会権の意義のところで説明したように，国家の干渉の排除を目的とする自由権的側面と国家の積極的行為を要求する社会権的側面がある。そして，社会権としての生存権の法的性格については，次のような学説が唱えられている。

① **プログラム規定説**……憲法25条は，国民の生存に配慮すべき国の政治的・道徳的義務を定めたにとどまり，個々の国民に対して具体的権利を保障したものではないとする。

② **抽象的権利説**……生存権は生活保護法のようなそれを具体化する法律によって初めて具体的権利となる抽象的権利であり，憲法25条はこの抽象的な権利を実現すべき国の法的義務を定めているとする。

③ **具体的権利説**……生存権を具体化する法律が制定されていない場合，生活困窮者は国が法律を制定しないことが憲法違反であることの確認の訴え（＝**立法不作為の違憲確認訴訟**）を裁判所に提起することができるとする。

④ **言葉どおりの「具体的権利説」**……「健康で文化的な最低限度の生活」という概念は，裁判所がこれまで一定の解釈を示してきた「わいせつ」など他の概念と比べて特に抽象的であるわけではなく，予算の制約も司法審査を否定する決定的な根拠にはならないなどの理由から，例外的に憲法25条１項に基づいて具体的な給付を求めることも認められるべきであるとする。

以上の学説のうち，まず①説については，ドイツ・ワイマール憲法の社会権規定の解釈として通説であったプログラム規定説の影響を受けて，日本国憲法の解釈論として主張された。しかし，現在学説においては，この説によるものはない。次に，②説は，日本国憲法がワイマール憲法と異なり，「権利」という言葉を使っていることを重視する。そして，同説は，学説において通説となっており，判例では，1948（昭和23）年の**食糧管理法違反事件**（最大判昭23・９・29刑集２・10・1235）以降の最高裁判所の判例は①説の立場をとっていると一般に解されてきた。しかし，今日では，判例は憲法25条の趣旨にこたえる立法が「著しく合理性を欠く」裁量権の濫用等の場合には司法審査の対象となると解する立場をとっており，②説によるものと解する見解が出されている（たとえば，長谷部恭男『憲法［第２版］』新世社，2001年，280頁）。ただし，①～④説のどの説による場合でも，生存権の自由権的側面，すなわち国家が国民の生存権を侵害した場合に，その排除を裁判所に求めることができるということは認められる。

また，①〜④説のいずれによる場合でも，生活困窮者が25条に基づき裁判により国に一定の金銭，物品などを請求することは認められないとする点で一致する。この具体的請求権を認めないことを含めて，特に，②説と③説の実質的内容にはそれほど大きな違いはない。というのは，両説とも生存権を保障するための立法その他の措置が必要であるとする点，具体的に制定された法律について憲法25条違反を主張できるとする点で一致するからである。その結果，②説と③説の違いは，立法不作為についての訴訟が認められるかどうかの違いだけとなる。さらに，④説については，抽象的権利説に基づいて司法の介入を求める手がかりとなる具体的な制度がない場合には役割を発揮する余地があるとの意義が指摘されている。（前掲・長谷部・278頁）

重要判例

朝日訴訟（最大判昭42・5・24民集21・5・1043）

（事件の概要）

生活保護法による医療扶助・生活扶助を受けていたX（原告・上告人）は，実兄から月1,500円の仕送りを受けることになった。そこで津山社会福祉事務所長は，仕送り相当額から従来支給されていた日用品費の金額（月600円）を控除し，その残額（900円）を医療費の一部として自己負担とする保護変更決定を行った。Xは，日用品費が低額すぎると主張して不服申立てを行ったが却下されたため，Xは採決の取消しを求める訴えを提起した。第１審の東京地方裁判所は，「健康で文化的な生活水準」の具体的内容は固定的ではないが，理論的には特定の国における特定の時点においては客観的に決定しうるから，厚生大臣（当時）の生活保護基準の設定行為は，裁判的統制に服する羈束（きそく）行為であるとし，本件保護基準は健康で文化的な生活水準を維持できる程度に達していないとして，本件保護変更決定を違法と判断した。それに対して，控訴審の東京高等裁判所は，具体的に日用品額を検討して月額670円程度という基準額を算出し，「１割程度の不足をもって本件保護規準を当・不当というにとどまらず確定的に違法とするには早計である」として原判決を取り消し，原告（被控訴人）敗訴の判決を下した。これに対してXが上告した。上告中にXが死去したため，Xの養子夫婦は訴訟の継続を主張した。

（判旨）

生活保護受給権は一身専属的な権利であるから死亡により訴訟は終了したと判示したが，「なお，念のために」として，本件生活扶助規準について次のような意見を付加した。

① （25条１項の）規定は，すべての国民が健康で文化的な最低限度の生活を営み得るように国政を運営すべきことを国の責務として宣言したにとどまり，直接個々の国民に具体的権利を賦与したものではない。具体的権利としては，憲法の規定の趣旨を実現するために制定された生活保護法によって，初めて与えられているというべきである。

② 何が健康で文化的な最低限度の生活であるかの認定判断は，いちおう，厚生大臣の合目的な裁量に委されており，その判断は，当・不当として政府の政治責任が問われることはあっても，ただちに違法の問題を生ずることはない。

③ ただ，現実の生活条件を無視して著しく低い基準を設定するなど憲法および生活保護法の趣旨・目的に反し，法律によって与えられた裁量権の限界を超えた場合または裁量権を濫用した場合には，違法な行為として司法審査の対象となることをまぬかれない。

朝日訴訟は，社会保障の拡充を憲法25条の実現という形で求めた最初の重要判例である（最大判昭42・５・24民集21・５・1043)。本判決が社会権としての生存権の法的性格についてどのような見解を示したかについては，上記判旨①②により，プログラム規定説をとっているものと解釈されてきた。

確かに，この判決では，厚生大臣（当時）の広い裁量権を認めたことによって，生存権の権利性が弱められてしまっている。しかし，判旨③より，裁量権には憲法・生活保護法の趣旨・目的による限界があり，その限界を超えた場合には違法行為として司法審査の対象となりうるとした限度で憲法25条１項の裁判規範性を認めていることになる。

なお，本判決が示したように最低限度の生活水準の内容が厚生大臣の裁量的決定にまったくゆだねられているとする解釈については，「25条の生存権が生活保護法のような施行立法によって具体化されている場合には，憲法と生活保護法とを一体としてとらえ，生存権の具体的権利を論ずることも許される」とする有力な学説（芦部信喜『憲法［第５版］』，2011年，260頁）の立場によれば，厚生大臣の裁量の範囲を限定することも可能になる。

3　教育を受ける権利

I　教育を受ける権利の内容

憲法26条は「すべて国民は，法律の定めるところにより，その能力に応じて，ひとしく教育を受ける権利を有する」と規定する。教育は個人の人格形成に不可欠なものである。教育の目的を定めた教育基本法１条でも「教育は，人格の完成を目指し」と規定し，個人の**人格の完成**（形成）が教育の目的であることを明記している。そして，個人の人格形成は，教育により社会生活を送るうえでの知識・教養を身につけたり，将来の民主国家の担い手である主権者としての政治的教養を身につけることによって可能となる。

教育を受ける権利の一般的理解としては，かつては教育の機会均等を実現するための経済的配慮を国家に対して要求する権利としてとらえられていた。しかし，今日では，学説上「子どもが教育をうけ学習することにより人間的に成長･発達していく権利」（兼子仁『教育法［新版］』有斐閣，1978年，492頁）である「**子どもの学習権**」として理解されるようになっている。また，判例においても，憲法26条の「規定の背後には，国民各自が，一個の人間として，また，一市民として，成長，発達し，自己の人格を完成，実現するために必要な学習をする固有の権利を有する」（「旭川学力テスト事件」最大判昭51・５・21刑集30・５・615）として，学習権を認めている。

教育を受ける権利には，教育に対する国家の干渉を排除する自由権的な側面と，子どもの学習権を前提として，国民が国家に対して教育条件の整備を求める社会権的な側面を有する。このことにより，国家は学校などの施設を整備することが義務づけられる。また，子どもの教育を受ける権利に対応して，子どもに教育を受けさせる義務を負うのは，第一義的には親権者である。憲法26条２項において，「すべて国民は，法律の定めるところにより，その保護する子女に普通教育を受けさせる義務を負ふ」と定めているのはこの趣旨である。

Ⅱ　教育の自由

教育の自由は，憲法の明文規定はないが，憲法上保障された自由であると解されている。その憲法上の根拠としては，憲法13条・23条・26条のいずれかに求められる。

1　親の教育の自由

親の教育の自由については，**旭川学力テスト事件**でも「親は，子どもに対する自然的関係により，子どもの将来に対して最も深い関心をもち，かつ，配慮をすべき立場にある者として，子どもの教育に対する一定の支配権，すなわち子女の教育の自由を有する」として触れられており，その具体的内容としては，「主として家庭教育等学校外における教育や学校選択の自由にあらわれる」としている（最大判昭51・5・21刑集30・5・615）。

親の教育の自由は，子どもの学習権に対応する「親の責務」という性格を帯びるため，本質的には公権力による干渉からの自由であり，子どもの学習権に仕える限りでの自由であるとされる（野中俊彦ほか編『憲法Ⅰ［第4版］』有斐閣，2006年，496頁）。

2　教師の教育の自由

教師の教育の自由も子どもの学習権につかえる限度での自由であるとされる。そして，教師は子ども・親権者に対する関係では，権力を行使する立場にあることから，責務としての性格を強く帯びると考えられるべきとの見解がある（前掲・野中ほか・496頁）。

しかし，家永教科書裁判第2次訴訟第1審「**杉本判決**」（東京地判昭45・7・17行集21・7・別冊1）では，憲法26条の解釈について「教育の内的事項（=「教育の内容・方法」筆者注）については……政党政治を背景とした多数決によって決せられることに本来的にしたしまず，教師が児童・生徒との人間的なふれあいを通じて，自らの研鑽と努力とにより国民全体の合理的な教育意思を実現すべきもの」と述べていることから，教師の教育の自由は，上記の見解のとおり教師による「責務」としての性格を帯びるとしても，親と教師との「付託」または「連帯」として行われるものである（中村睦男・永井憲一『生存権・教育権』法律文化社，1989年，287頁）。

また，旭川学力テスト事件では，普通教育の教師にも一定の範囲内ではあるが教育の自由が認められるとし，その憲法上の根拠として憲法23条をあげ，学説の多くも憲法上の根拠を憲法23条に求め，初等中等教育機関の教師にも教育の自由が認められるとする見解が支配的となっている。しかしながら，永井憲一氏が指摘するように，教師の教育の自由は，憲法26条の国民の「教育を受ける権利」を保障するための教育に本質的に内在する不可欠な自由であると解釈すれば，憲法26条にも法的根拠があることになる（前掲・中村・永井・282頁）。

Ⅲ　教育権の所在

教育を受ける権利に関する憲法上の重要な論点として，「教育権（=「教育内容の決定権能」）」の所在に関する問題がある。これは，教育内容の決定権が，親や教師を中心とした国民にあるのか，それとも国家にあるのかという問題である。この問題に関する学説としては，次の２つの説がある。

1　国家の教育権説

教育内容について国が関与・決定する権能を有するとする。この説は，公教育を支配し，そこで実現されるべきものは国民全体の教育意思であり，その教育意思は，議会制民主主義のもとでは国会の法律制定によって具体化されるから，法律によって公教育の内容および方法について包括的に定めることができるとする。

2　国民の教育権説

教育権の主体は親およびその付託を受けた教師を中心とする国民全体であり，国は教育条件の整備の任務を負うにとどまるとする。

この問題について，判例は，旭川学力テスト事件で，国家の教育権説と国民の教育権説はいずれも「極端かつ一方的であり，そのいずれをも全面的に採用することはできない」とした。そして，普通教育の教師にも一定の範囲で教授の自由が保障されるとしながらも，その自由を完全に認めることは，普通教育においては，①児童生徒に教授内容を批判する能力がなく，②子どもの側に学校や教師を選択する余地が乏しく，③教育の機会均等をはかるうえからも全国的に一定の水準を確保すべき強い要請があることなどから，普通教育の教師には完全な教授の自由は認められないとした。そして，結論としては，国は，必要かつ相当と認められる範囲内で教育内容についても決定する権能を有するとした。

この両説の当否について，芦部信喜氏は，「両説の当否を一刀両断的に決めることはできない。教育の全国的水準の維持の必要に基づいて，国は教科目，授業時数等の教育の大綱について決定できると解されるが，国の過度の教育内容への介入は教育の自主性を害し，許されない」と指摘する（前掲・芦部・266頁）。

なお，2006（平成18年）年12月に公布・施行された教育基本法16条１項では，「教育は，不当な支配に服することなく，この法律及び他の法律の定めるところにより行われるべき」であるとの文言が盛り込まれ，法律による教育への介入は不当な支配にあたらないとする従来の行政解釈の立場に沿った改正が行われた。

Ⅳ　義務教育の無償

憲法26条２項の「普通教育を受けさせる義務」は，１項の教育を受ける権利を実質化させるものである。普通教育の年限については，これまで教育基本法（旧４条１項）により９年と定めていたが，教育基本法５条１項では，具体的な年数が明記されず，「別に法律で定めるところによる」との規定が置かれた。

また，憲法26条２項後段では「義務教育は，これを無償とする」と定めている。この「無償」の範囲については，①どの範囲を無償とするかはもっぱら法律の定めるところにゆだねられているとする説（**無償範囲法定説**），②教育の対価たる授業料の無償を定めたもので，授業料のほか教育費一般の無償が憲法の精神にかなうが，それは立法政策の問題だとする説（**授業料無償説**），③授業料のほか，教科書代金，教材費，学用品費など義務教育の就学に必要な一切の費用を無償とする説（**就学必需費無償説**）がある。義務教育無償の趣旨から③説が妥当と解されるが，②説が通説・判例となっている。

4　勤労の権利

Ⅰ　勤労の権利の法的性格

憲法27条１項は「すべて国民は，勤労の権利を有し，義務を負ふ」と定め，国民の勤労の権利と義務を規定している。この**勤労の権利**が憲法上保障されるに至った経緯は次のとおりである。すなわち，20世紀の社会国家のもとで，国家は国民の間に存在するさまざまな不平等を是正し，実質的平等の実現のために社会的弱者の救済にのり出した。しかしながら，資本主義社会においては，国民各自の生存は，第一義的には国民各自の勤労によって確保されるべきことである。このため，日本国憲法においても，国民が自由に勤労し，国家がそれを妨げないという自由権的側面と，国家によって適切な勤労条件が確保されるという社会権的側面を備えた勤労の権利が保障されるに至った。

勤労の権利の自由権的側面については，憲法22条１項により，**職業選択の自由**，**営業の自由**として保障されていることと重なっている。このため，勤労の権利の意義は，その社会権的な側面に認められる。この社会権としての勤労の権利の法的性格については，次のように解釈が分かれている。

① 憲法27条１項で定める勤労の権利は，国民に具体的権利を保障したものではなく，国家に対して国民に労働の機会を保障する政治的責務を課した綱領（プログラム）であるにすぎないとする説。この説がかつての通説であった。

② 憲法27条１項で定める勤労の権利は，抽象的な権利であり，たとえばある民間会社にある人を雇うよう裁判の判決で命じることを求めるような具体的な請求をなしうる権利ではない。ただし，国家により法律の改廃などによって積極的な権利侵害が行われた場合には，その改廃立法の違憲性を裁判で争うことができる。また，使用者との関係では，使用者の不当な解雇を制限するという点で法的効力が認められるとする説。この説が現在の

有力説である。

③ 国家が勤労権実現の立法や施策を怠る場合には，国の不作為の違憲性を裁判で争うことができるという意味で具体的権利であるとする説。この説は現在のところ少数説となっている。

Ⅱ 勤労の権利の保障内容

勤労の権利によって保障される内容としては，次のようなことがあげられる。

(1) **就労機会の保障**　これは，国が失業者・未就労者に就労の機会を提供し，仕事につけるよう職業知識・技術の修得の場を用意し，失業中の生活保障を行うことが義務づけられることを意味する。具体的制度としては，職業安定法による無料の職業紹介などがあげられる。

(2) **就労権の保障**　これは，雇用関係にある者は，「正当な理由」なくして解雇されないことを意味し，使用者の解雇の自由を制約する法的効果を内容とする。

(3) **労働条件法定主義**　これは，労働条件を雇用主と従業員との契約の自由に任せると，弱者である従業員が劣悪ないし過酷な労働条件に置かれることを防ぐために，国が積極的に関与しなければならないことを意味する。具体化立法としては，労働基準法，最低賃金法などがあげられる。

なお，憲法27条１項の勤労の義務については，労働能力を有するすべての国民に働くことを強制するものではない。ただし，労働能力がありながら労働しない者については，生活保護や雇用保険の給付制限の制度がある（久保田穣・浦田賢治編『演習ノート憲法［第３版］』法学書院，2000年，127頁などを参照）。

また，憲法27条２項では，「賃金，就業時間，休息その他の勤労条件に関する基準は，法律でこれを定める」と規定し，１項の勤労の権利の保障内容である労働条件法定主義を明記している。

Ⅲ 児童酷使の禁止（憲27条３項）

憲法27条３項は「児童は，これを酷使してはならない」と規定する。この趣旨はすでに同条２項に含まれているが，あえて３項を設けたのは，児童の酷使は，特にその及ぼす害悪が大きく，その意味で労働保護がまず児童の保護からなされたという沿革的な意味があり，一般に従来児童の保護が必ずしも十分でなかったことを考慮したからであるとされている（法學協會編『註解日本国憲法(上)』有斐閣，1995年，514-515頁）。

労働基準法では，この規定を受けて，15歳未満の児童を労働者として使用することを原則として禁止している（労基56条）。また，1989年に国連総会で採択され，わが国も批准している子どもの権利条約でも，経済的搾取・有害労働からの子どもの保護を規定している（子どもの権利条約32条）。

なお，憲法27条３項の規定は，私人間にも直接適用されると解されている。

5　労働基本権

Ⅰ　労働基本権の内容と法的性格

憲法28条は，「勤労者の団結する権利及び団体交渉その他の団体行動をする権利は，これを保障する」と定める。ここでいう「勤労者」とは，「労働力を提供して対価を得て生活する者」（前掲・芦部・268頁）を意味する。そのため，**労働基本権**は，国民一般ではなく勤労者という社会の一定の立場にいる者だけに保障される権利である。労働基本権の保障は，国家が積極的に私人間の関係に介入して，劣位にある労働者を使用者と対等の立場に立たせることになるため，労働基本権は社会権の一種である。

労働基本権の内容は，本条に定められている**労働三権**，すなわち**団結権**，**団体交渉権**，**団体行動権（争議権）**である。これら三権の内容は，次のとおりである。

⑴　**団結権**　　労働者の団体を結成する権利。この権利は，労働条件の維持・改善のために使用者と対等の交渉ができるよう労働者を団結させる権利である。

⑵　**団体交渉権**　　労働者の団体が使用者と労働条件について交渉する権利。

交渉の結果，労働協約が締結される。

⑶　**団体行動権（争議権）**　　労働者の団体が労働条件の実現をはかるために団体行動を行う権利。その中心は争議行為（ストライキ）である。

労働基本権の法的性格としては，次のような点があげられる。

①　自由権として，国に対して立法等により労働基本権の侵害を禁止する。これは，労働者には争議行為の自由，労働放棄の自由が認められ，その結果，それらに対して国家は刑罰を科すことができない（＝刑事免責〔労組1条2項〕）ことを意味する。

②　社会権として，国に対して労働基本権を保障する措置を要求し，国はそれを実施すべき義務を負う。たとえば，労働委員会による救済を受ける権利などがある。

③　使用者に対する民事上の権利として，使用者は正当な争議行為を解雇や損害賠償などの理由とすることはできず，民事責任が免除される。つまり，労働基本権の保障は私人間に直接適用される。労働組合法8条により，正当な争議行為であれば，使用者は労働契約の債務不履行として労働組合や組合員に対して損害賠償を請求することができない。

Ⅱ　団結権の保障と組合の統制権

団結権は労働条件の維持・改善のために使用者と対等の交渉ができるよう労働者に認められる権利であるため，その目的を達成するために団結権確保のための組合への加入強制が認められるかどうかが問題となる。具体的には，組合への加入強制は，結社をしない自由を含む憲法21条の結社の自由に反しないかという問題である。この点について，通説は，結社の自由とは別に規定された団結権の特色は，労働者が組合に参加しない自由を制限できるところにあるとして，合憲であるとする。

また，労働組合には，団結の維持と組合の目的の実現のために組合員に対する統制権が認められる。しかし，次の判例が示したように，組合員の人権を不当に侵害する統制は認められない。すなわち，最高裁判所は，**三井美唄炭鉱労**

組事件（最大判昭43・12・4刑集22・13・1425）において，「組合員に対する組合の統制権は，……労働組合の団結権を確保するために必要であり，かつ，合理的な範囲内においては，労働者の団結権保障の一環として，憲法28条の精神に由来する」としたうえで，「市議会選挙で組合の統一候補に対抗して組合員が独自に立候補したとの理由で，統制違反者として組合が処分することは統制権の限界を超え違法となる」とした。

Ⅲ　公務員の労働基本権

憲法28条による労働基本権の保障にもかかわらず，公務員については，次のとおり法律上労働基本権の制限がなされている。①警察職員，消防職員，自衛隊員，海上保安庁または監獄において勤務する職員は労働三権すべてが否認され，②非現業の一般公務員は団体交渉権と争議権が否認され，③現業の公務員は争議権が否認されている。

このような公務員の労働基本権に対する広範な規制の合憲性を争う裁判が数多く提起された。初期の判例は，「公共の福祉」論や「全体の奉仕者」としての公務員の位置づけから，これらの規制を合憲としてきた。

しかし，全逓の役員が東京中央郵便局の職員に対して争議行為をそそのかせたとして，郵便法79条1項の郵便物不取扱罪を教唆した罪で起訴された**全逓**（ぜんてい）**東京中郵事件**（最大判昭41・10・26刑集20・8・901）では，公共企業体等労働関係法（以下，「公労法」という）17条の合憲性の審査において，公務員の労働基本権の制限の合憲性の判断基準として，次の4点をあげた。すなわち，①制限は合理性の認められる必要最小限度にとどめること，②国民生活に重大な障害をもたらすおそれのある職務について，必要やむを得ない場合についてのみ制限が考慮されること，③制限違反に課される不利益は必要な限度を超えず，刑事制裁は必要やむをえない場合に限ること，④制限に見合う代償措置を講ずることである。そして，結論としては公労法17条は合憲としたものの，公労法17条違反の場合でも正当な争議行為である場合には刑事罰は適用されず，被告人を無罪とした。

さらに，地方公務員の争議行為を禁止する地方公務員法37条，争議行為の「あおり」行為に刑事罰を課す同法61条4号の合憲性が問題となった**都教組事件**（最大判昭44・4・2刑集23・5・305）では，全逓中郵事件判決の論理に依拠しつつ，次のように処罰規定が合憲的に適用される場合を厳格に限定し，処罰適用の範囲をしぼり込む「合憲限定解釈」をとり，被告人を無罪とした。すなわち，処罰規定が適用されるには，①当該争議行為が違法性の強い場合で，②あおり行為自体も違法性が強い場合に限られるとする「**二重のしぼり論**」を採用した。

ところが，警察官職務執行法改正の反対運動を指揮した全農林労働組合の幹部である被告人らが，国家公務員法の「あおり行為」処罰規定に反するとして起訴された**全農林警職法事件**（最大判昭48・4・25刑集27・4・547）では，「二重のしぼり論」を排し，国家公務員法上の禁止規定を全面的に合憲とした。その論拠として，①公務員の勤務条件が国会制定の法律・予算により定められるから，公務員が政府に対して争議行為を行うことは的はずれであること，②公務員の争議行為には私企業と異なり市場抑制力がない，③人事院をはじめ制度上整備された代償措置の存在などをあげた。その結果，公務員の職種・争議行為の態様等の事情を考慮しようとする従来の判例理論は否定され，本判決は，現行の厳しい全面的な規制を積極的に合憲とするその後の判例のリーディングケースとなった。

このような判例の考え方については，公務員といってもその職務の性質は多様であり，一般の労働者と同様の職務を行っている者も少なくないことから，労働基本権の制限は，その職務の性質・違い等を勘案しつつ，必要最小限度の範囲にとどまらなければならないとの有力な見解が出されており（前掲・芦部・269頁），学説の多くは批判的である。

関連条文

教育基本法1条　教育は，人格の完成を目指し，平和で民主的な国家及び社会の形成者として必要な資質を備えた心身ともに健康な国民の育成を期して行われなければならない。

教育基本法5条1項　国民は，その保護する子に，別に法律で定めるところにより，普通教育を受けさせる義務を負う。

子どもの権利条約32条　締約国は，児童が経済的な搾取から保護され及び危険となり若しくは児童の教育の妨げとなり又は児童の健康若しくは身体的，精神的，道徳的若しくは社会的な発達に有害となるおそれのある労働への従事から保護される権利を認める。

2　締約国は，この条の規定の実施を確保するための立法上，行政上，社会上及び教育上の措置をとる。このため，締約国は，他の国際文書の関連規定を考慮して，特に，

a. 雇用が認められるための1又は2以上の最低年齢を定める。

b. 労働時間及び労働条件についての適当な規則を定める。

c. この条の規定の効果的な実施を確保するための適当な罰則その他の制裁を定める。

労働組合法1条　この法律は，労働者が使用者との交渉において対等の立場に立つことを促進することにより労働者の地位を向上させること，労働者がその労働条件について交渉するために自ら代表者を選出することその他の団体行動を行うために自主的に労働組合を組織し，団結することを擁護すること並びに使用者と労働者との関係を規制する労働協約を締結するための団体交渉をすること及びその手続を助成することを目的とする。

2　刑法（明治40年法律第45号）第35条の規定は，労働組合の団体交渉その他の行為であつて前項に掲げる目的を達成するためにした正当なものについて適用があるものとする。但し，いかなる場合においても，暴力の行使は，労働組合の正当な行為と解釈されてはならない。

労働組合法8条　使用者は，同盟罷業その他の争議行為であつて正当なものによつて損害を受けたことの故をもつて，労働組合又はその組合員に対し賠償を請求することができない。

第

14 国　会

章

POINT

① 代表民主制とは，どのような政治手法であるのか。
② 国会がもつ「立法権」とは，どのような権限か。
③ 国会・各議院の組織，権限は，どのようなものか。
④ 国会は，どのように活動しているか。

1 代表民主制

I　代表民主制の理論

民主主義は，国民主権の思想（第３章を参照）を具体的な政治過程のなかで実現する手法の一つである。民主主義においては，主権者である国民の政治的な意思が国の政治のあり方を左右する重要な役割を果たす。このとき，国民意思と政治的決定とのつながりをどのように構築するかは国や時代によってさまざまである。

民主主義を実行する一つの方法としては，国民がみずから直接に政治的決定を行うという**直接民主制**が考えられる。この方法は，国民が統治にかかわる決定を行い，同時にみずから決定に服することになるため，自己統治のシステムの理想に最も近い。しかし，この方法は，規模の小さな，単純な構造の国家であれば実行可能であるが，規模が大きく，社会的分業の進んだ複雑な構造をもつ現代国家においては，国民全員が参加して決定を行うことには物理的・時間的困難がともなうため，実現がむずかしいとされる。

そこで，直接民主制に代わって，現代国家において多く用いられる方法が，

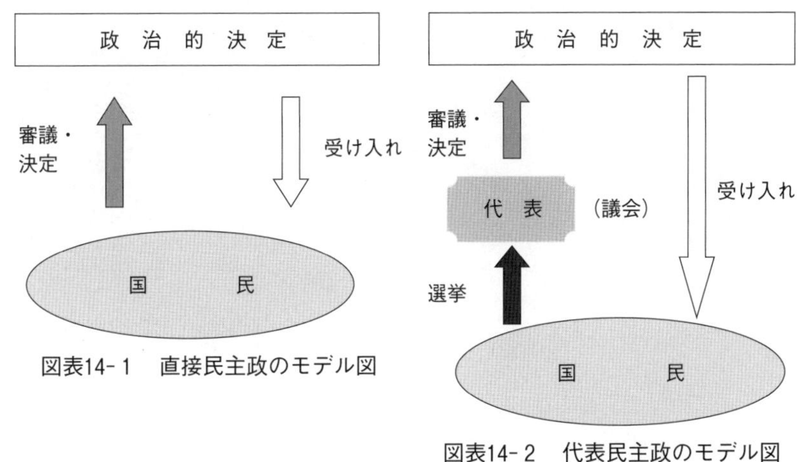

図表14-1　直接民主政のモデル図

図表14-2　代表民主政のモデル図

国民が代表者を選び，代表者が国民に代わって国の政治を担当するという**代表民主制**である。近代以降の代表民主制においては，広く国民のなかから国民みずからが選挙した代表である議員が議会を構成し，議会が中心となって統治を行うことが多い。これを代議制や議会制民主主義とよぶ。

日本国憲法も，前文において「日本国民は，正当に選挙された国会における代表者を通じて行動」すると述べ，代議制を採用している。代議制の要（かなめ）となる機関である議会は，日本国憲法上は「**国会**」とよばれる。

Ⅱ　代表の意味

「**代表**」という概念については，かつては民法の法定代理と同様の意味をもつとされたこともあったが，現在では政治的・社会学的な意味において把握することが多い。すなわち，代表には法的な意味合いはなく，選挙によって表明された国民の意思ができるだけ忠実に国会に反映されるべきことを意味する，ということである。

国民主権のもとでの代表は，いかなる地域のいかなる選挙人団から選ばれようとも，ひとたび選挙によって選ばれると，**「全国民の」代表**となる。つまり，

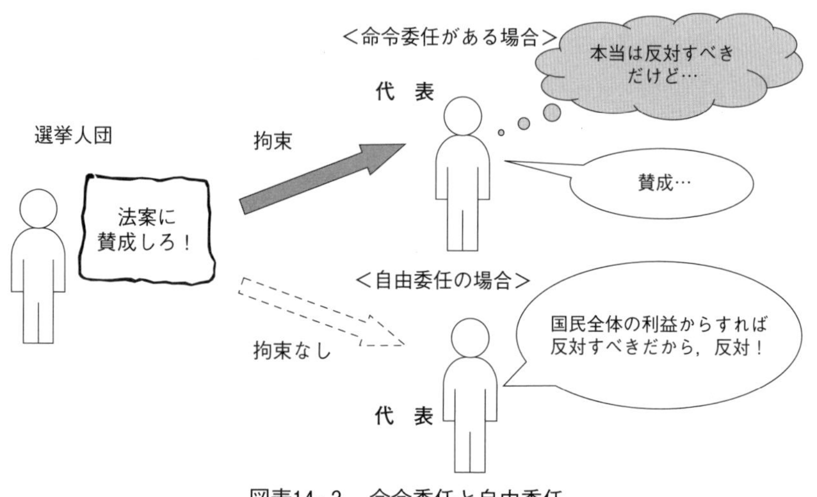

図表14-3　命令委任と自由委任

代表とは特定の選挙人団や所属政党・団体の利益のために選ばれるものではなく，国民全体の利益を実現するためにこそ選ばれるものと考えられている。そして，このことからは，代表は選挙人団などの命令に拘束されることなく，みずからの良心・信念に基づいて行動し，政治的決定に携わるべきとの理解が生じることになる（**自由委任の原則**）。

日本国憲法も43条1項において，選挙された議員は「全国民を代表する」との立場を採用している。この規定も，自由委任の原則を宣言したものと解すべきであろう。

自由委任の原則との関係で問題となるのは，政党の発達とともに，政党の支援のもとに当選した代表（議員）に対して，政党による拘束が強まっていることである。現在では，政党への所属やその支援を受けての政治活動は政治家にとって当たり前の事柄であり，たとえ選挙で選ばれて「全国民の代表」となっても，政党との関係性はなかなか断ち切れない。この状況のなかで政党が所属議員に対して党議拘束などをかけることは，自由委任の原則に反するのではないかが問題とされる（図表14-3の「選挙人団」を「政党」に変えてみるとわかりやすい)。

政党が，国民の政治的意思の形成に協力し，また事実上，国民意思を国政に媒介する機能を果たしていることからすれば，政党による議員の拘束は自由委任の原則に反するとまではいえない。しかし，党議拘束への違反が政党からの除名理由となり，さらにそのことが議席の喪失にまでつながるようなことがあれば，自由委任の原則との抵触が生じる。たとえば，国会法109条の２などが定める比例代表選出議員の政党間移動の制限は，党議拘束違反を理由とした除名のケースにも適用されるとすれば，自由委任の原則と抵触するだろう。

関連条文

国会法109条の２　衆議院の比例代表選出議員が，議員となつた日以後において，当該議員が衆議院名簿登載者……であつた衆議院名簿届出政党等……以外の政党その他の政治団体で，当該議員が選出された選挙における衆議院名簿届出政党等であるもの……に所属する者となつたとき……は，退職者となる。

２　参議院の比例代表選出議員が，議員となつた日以後において，当該議員が参議院名簿登載者……であつた参議院名簿届出政党等……以外の政党その他の政治団体で，当該議員が選出された選挙における参議院名簿届出政党等であるもの……に所属する者となつたとき……は，退職者となる。

2　国会の地位

Ⅰ　国民の代表機関

日本国憲法が代表民主制（代議制）を採用することはすでに述べた（本章**1** Ⅰを参照)。この制度のもとで，**国会**は「全国民を代表する選挙された議員」(憲43条）によって組織される会議体であり，主権者である国民から直接選挙される国家機関である。このことから，国会には国民を代表する機関としての地位が与えられる。

議会は，中世において身分制議会（等族会議）として形成され，その後，近代に入ると身分制的な構成と決別し，全国民を代表する機関へと発展してきた。それゆえ，国民の代表機関としての地位や性格は，日本の国会のみならず，近代議会に共通するものである。憲法43条1項の規定は，こうした議会（国会）の地位・性格を確認的に宣言したものといえる。

国民の代表である以上は，国会は選挙によって表明された国民の意思をできるだけ忠実に反映すべきことが求められる。しかし，これは前述したように政治的・社会学的な要請にとどまり，国会に対する命令的委任を正当化したり，あるいは国会の意思を国民の意思そのものとして理解したりすることを意味するものではない。

Ⅱ　国権の最高機関

憲法41条は，国会を「**国権の最高機関**」と位置づける。たしかに，国会が主権者である国民の代表機関であり，国民と最も近い関係性をもった国家機関であることからすれば，このことは当然であるようにも思われる。また，国会の行使する権限が，法治国家における第一次的権力である立法権であることも，このことを裏づけるかもしれない。

ただし，最高機関であるといっても，それが国会には国民を服従させるような権力があるということを意味しないのは，国民主権原理からして当然である。「国民の代表機関」であることと「国権の最高機関」であることとは，調和的に理解されなければならない。また，憲法が権力分立原理に立脚していることからは，他の国家機関との関係においても，国会が優越的な立場に立つといえるのかは疑問である。

学説においては，とりわけ権力分立原理との関係で，見解の対立がみられる。**政治的美称説**とよばれる立場は，「最高機関」という文言には法的な意味はなく，これは政治的な美称（ほめ言葉）にすぎないと理解する。これに対して，**統括機関説**とよばれる立場は，国会には立法権だけでなく，国家の全体的目的を達成するための統括権限が付与されており，これが「最高機関」の意味するところであると説く。**総合調整機能説**とよばれる立場は，「最高機関」の意味を，国政全般の円滑な運営を目的とする三権の間での総合調整機能の付与にあるとみる。**最高責任地位説**とよばれる立場は，国会は国政全般がうまく機能するように配慮する最高の責任を負う地位にあることを「最高機関」の意味とする。

現在の通説的見解とされるのは，政治的美称説である。しかし，政治的美称説が「最高機関」に法的な意味を認めないことについては批判も多い。政治的美称説以外の学説は，「最高機関」という文言に法的な意味を認め，国政全般のなかでどの機関が担当するか不明な事項についての権限を国会に帰属させるといった効果を与えようとする。また，これらの立場は，国会を三権のなかで頭ひとつ抜け出た存在とみて，上下関係とはいわないまでも，一定のランクづけを国権のなかに持ち込もうとする点でも共通する。統括機関説は，戦前の天皇の地位とのアナロジーで国会の統括権限を論じる点で現行憲法の解釈にはふさわしくないが，総合調整機能説，最高責任地位説の支持者は少なくない。

Ⅲ　唯一の立法機関

憲法41条は，国会を「**唯一の立法機関**」とも位置づける。このことは，国会が立法権を独占することを意味する。

国会が「唯一の」立法機関であることの意味は，「**国会中心立法の原則**」と「**国会単独立法の原則**」という２つの原則によって具体化されている。国会中心立法の原則とは，国の行う立法は，憲法が定める例外を除いて，つねに国会によってなされなければならないことを意味している。憲法が定める例外には，両議院の規則（憲58条２項）と最高裁判所規則（憲77条１項）がある。これらを除き，国会以外の機関は立法権限をもたない。これに対して，国会単独立法の原則は，国会による立法は国会以外の機関の関与がなくとも，国会の議決のみで成立することを意味している。明治憲法で存在した立法に対する天皇の関与は否定される。ただし，憲法95条は，地方自治特別法について住民投票による同意を要件としているため，この原則の憲法上の例外となる。

国会が「立法」機関であることとの関連では，「立法」の意味が問題となる。立法とは，形式的な意味においては，「法律」とよばれる議会制定法を定立することである。しかし，憲法41条における「立法」をこの意味で解するべきではない。なぜなら，この意味での立法を憲法41条にあてはめると「国会は『法律』という名の議会（国会）制定法を制定する唯一の機関である」ということになるが，これはたんなる同語反復にすぎないからである。それゆえ，憲法41条の「立法」については実質的意味の理解が必要となる。

しかし，**実質的意味の立法**がなにを意味するかは，必ずしも明らかではない。通説的な見解は，この意味での立法を，「法規（Rechtssatz）」という特定の内容をもった法規範を定立する作用と解するが，「法規」概念そのものの理解に広狭があるのである。これを狭く解せば，法規とは「国民の権利・自由を直接に制限し，義務を課する法規範」とされる。しかし，この考えでは，立法の守備範囲が狭くなりすぎ，主権者である国民の代表機関としての機能が果たせない。そこで，広く解する立場からは，法規とは「**およそ一般的・抽象的な法規範をすべて含むもの**」とされる。すなわち，特定の個人やケースに対する個別的・具体的な処分の性質をもつものでない限り，国会はあらゆる法規範について立法権限をもつことになる。現在では，法規の意味を広く解する立場が一般的に支持されている。

3　国会の組織

Ⅰ　二　院　制

憲法42条により，国会は**衆議院**と**参議院**という２つの議院によって構成される。これを**二院制**（**両院制**）とよぶ。日本国憲法が一院制でなく二院制を採用した理由としては，一院制の場合に生じうる多数党の横暴を阻止し，また第一院が考えたことをさらに第二院が考え直す機会を与えるためであるとされる。

衆参両院は，ともに「全国民の代表」として選出される議員によって組織される（憲43条）。そのため，両議院の権限はほぼ対等である。各議院は独立して議事を行い，それぞれが議決をする。そのうえで，両議院の議決が一致したと

図表14-4　衆議院の優越

	優越する議決	両院協議会	参議院が議決をしない場合（国会休会中を除く）
法律案の議決（59条）	衆議院での出席議員の3分の2以上による再議決	任意	衆議院の可決した法律案を受け取ってから60日以内に議決しないと，否決したものとみなす。
予算案の議決（60条）	衆議院の議決	必須	衆議院の可決した予算案・条約承認案を受け取ってから30日以内に議決しないと，衆議院の議決が国会の議決となる。
条約の承認（61条）			
内閣総理大臣の指名（67条）			衆議院が指名の議決をしてから10日以内に議決をしないと，衆議院の議決が国会の議決となる。

きに，それが国会の議決となる。ただし，この場合，両院の議決が一致せず国政が停滞する可能性もあることから，重要問題の議決に関しては，衆議院の議決が優先される仕組み（**衆議院の優越**）が認められている。

議員の任期については，衆議院議員が4年とされ（憲45条），参議院議員は6年とされる（憲46条）。衆議院には解散制度があるが（憲69条・7条3号），参議院には解散が予定されていない。このため，参議院議員は衆議院議員に比べて長い任期の間，身分が安定する。また，参議院議員は3年ごとの半数改選制が採用されており，議院としての活動の継続性がはかられている。これらのことからすれば，参議院には，より長期的な観点に立って衆議院の判断を考え直すという抑制的機能が期待されているということになるだろう。

Topics

ねじれ国会

「ねじれ国会」とは，二院制のもとで，衆議院において政権与党が過半数の議席をもつ一方で，参議院において過半数に達していない状態を指す。たとえば，2007（平成19）

年の参議院選挙では政権与党であった自民党が惨敗し，議席を大きく減らす一方，野党の民主党が躍進し，参議院での第１党となった。これによって衆議院では自民党が第１党，参議院では民主党が第１党となり，ねじれ状態が発生した。

ねじれ状態が発生すると，国会運営は難航する。実際，2007（平成19）年参議院選挙後のねじれ国会では，重要法案が参議院で否決され，衆議院が再議決権を行使することとなったり，日本銀行総裁人事に参議院が同意しなかったため日本銀行総裁が一時空席となったりした。こうしたことから，ねじれ国会は政治を停滞させる要因とされ，非難される傾向にある。また，このことが「参議院不要論」の一つの根拠とされることもある。

しかし，ねじれ状態が憲法の想定外の事態であるとか，制度上の欠陥から生じるものであるとするのは誤りである。むしろ，憲法が構成や任期の異なる二院制を採用するということは，両者が対立しうることを最初から念頭に置いているともいえる。いわばねじれ状態は，現政権に対する民意の変化を如実に示すものであり，民主主義の正常な機能の結果でもある。ねじれ状態によって生じるさまざまな弊害を問題にするよりも，むしろ，それをひき起こした政権と民意とのかい離が問題とされるべきではないだろうか。

Ⅱ　議院の組織

1　議院の役員

憲法58条１項は，「両議院は，各々その議長その他の役員を選任する」と定め，議院のなかに役員を置くことを予定する。憲法が直接言及するのは，議長とその他の役員であるが，国会法では議長以外の役員として副議長・仮議長・常任委員長・事務総長を定めている（国会16条）。

2　委員会

各議院での議案審査は本会議において最終的な決定が下されるのが原則であるが，あらゆる議案の審査を多数の議員が出席する本会議において行うのは効率的ではない。そこで国会法は，常任委員会と特別委員会からなる委員会制を採用し，専門化された委員会に議案審査をゆだねている。委員会による審査は，本来は本会議決定のための予備審査であるが，いまや実質的には議案審査の中心である（**委員会中心主義**）。

常任委員会は，常設の機関であり，国会法にその数と名称が定められている。現行の国会法41条では，衆参両院にそれぞれ専門分野の違う17の常任委員会が

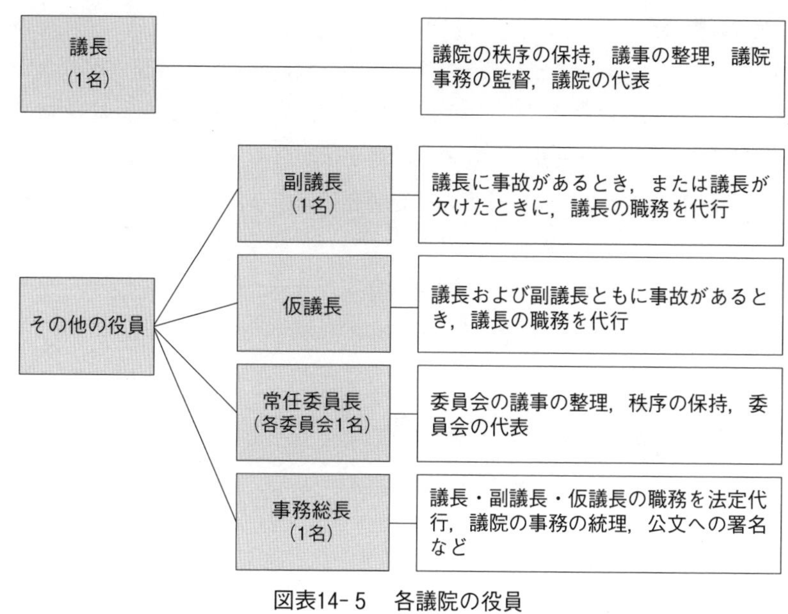

図表14- 5　各議院の役員

設置されている。常任委員会は，それぞれの委員会の専門分野に属する議案・請願等の審査を行う。各議員は，少なくとも1個の常任委員会の委員となる（国会42条）。**特別委員会**は，特に必要があると認められた案件または常任委員会の所管に属しない特定の案件を審査するために設置される臨時的な委員会である（国会45条）。

国会法では，委員会のほかに，参議院に**調査会**，衆参両院に**憲法審査会**が置かれることになっている。参議院の調査会は，6年任期という参議院の特徴を活かして，国政の基本的事項に関して，長期的・総合的な調査を行うことを目的としている（国会54条の2）。憲法審査会は，日本国憲法および日本国憲法に密接に関連する基本法制について広範かつ総合的に調査を行うとともに，憲法改正原案，日本国憲法にかかる改正の発議，または国民投票に関する法律案等を審査することを目的として設置される（国会102条の6）。

3　附置機関

各議院には，事務総長と参事その他の必要な職員からなる事務局が置かれる（国会26条）。また，議員の法制に関する立案に資するため，各議院に法制局長と参事その他の必要な職員からなる法制局が置かれる（国会131条）。

国会の附置機関としては，議員の調査研究に資するための国立国会図書館がある（国会130条）。

関連条文

国会法41条　常任委員会は，その部門に属する議案（決議案を含む。），請願等を審査する。

2　3　（略）

国会法42条　常任委員は，会期の始めに議院において選任し，議員の任期中その任にあるものとする。

2　議員は，少なくとも一箇の常任委員となる。ただし，議長，副議長，内閣総理大臣その他の国務大臣，内閣官房副長官，内閣総理大臣補佐官，副大臣，大臣政務官及び大臣補佐官は，その割り当てられた常任委員を辞することができる。

3　（略）

4　国会の開閉

Ⅰ　会期制

日本の国会は常設制を採用せず，一定の限られた期間だけ活動をする**会期制**を採用している。会期は召集によって始まり，国会は活動状態に入る。そして会期が終了すると，国会は閉会となる。国会の活動は会期ごとに独立しており（会期独立の原則），会期中に議決に至らなかった案件は，次の会期には持ち越されず，廃案となるのが原則である（会期不継続の原則――国会68条）。

会期の設定される国会の活動形態としては，**常会**（憲52条），**臨時会**（憲53条）および**特別会**（憲54条1項）がある。

会期との関係では，召集，休会，閉会という国会の開閉にかかわる概念が重

図表14-6　会期制をとる国会の活動形態

	常会	臨時会	特別会
活動形態	毎年１回必ず召集	臨時の必要に応じて召集	衆議院が解散され，総選挙が行われた後に召集
召　　集	毎年１月中	① 内閣が必要と判断したとき ② いずれかの議院の総議員の４分の１以上の要求があるとき ③ 解散による総選挙以外の選挙の後30日以内	総選挙の日から30日以内
会　　期	150日	両議院の一致の議決により決定	
会期延長	１回まで	２回まで	
延長の議決	両議院の一致の議決による（一致しない場合には，衆議院の優越）		

要である。

召集は，国会の会期を開始する行為である。常会・臨時会・特別会のいずれも内閣の助言と承認により天皇が召集する（憲７条２号）。ただし，臨時会については，議員に召集要求権が存在している。

休会とは，国会または各議院が，会期中に期間を定めて一時的に活動を休止することをいう。国会の休会には，両議院一致の議決を必要とする（国会15条１項）。各議院の休会は，各議院の議決で行うが，その期間は10日以内とされている（国会15条４項）。いずれの休会も，その日数は会期に算入されるのが慣例である。

閉会とは，会期の終了によって国会がその活動能力を失うことをいう。閉会は，会期満了のほか，会期中に衆議院が解散されたとき（憲54条２項），または常会の会期中に議員の任期が満了したときにも生じる。

Ⅱ　衆議院の解散

解散とは，議員の任期満了前に，全議員から一斉にその身分を失わせる行為を意味する。日本国憲法上は，衆議院にのみ解散制度があり，参議院には解散がない（憲７条３号，45条，54条１・２項，69条)。

一般に解散は，立法府と行政府との間で意見が対立し，妥協の余地がない場合，あるいは重大な国政上の問題について国民の意思を確認する必要がある場合に，総選挙による民意の充填をはかるために行われる。しかし，日本国憲法には，解散権の主体や解散の条件などを定める規定がほとんどなく，学説の対立を招いている。

解散権の主体については，これを内閣とする説が一般的だが，その条文上の根拠に関しては意見が分かれる。７条説とよばれる立場は，内閣が解散権をもつ根拠を，憲法７条３号に求める。これは，憲法７条３号が衆議院の解散を天皇の国事行為としている点を重視し，形式的・儀礼的行為である国事行為については，原則として助言と承認を与える内閣に実質的な決定権があるとする考え方である。これに対して，69条説とよばれる立場は，憲法69条の構造に根拠を求める。つまり，衆議院の内閣不信任に対抗する手段として衆議院の解散がある以上は，内閣に解散権があるとするのである。また，制度説とよばれる立場は，解散権の根拠を議院内閣制や権力分立といった制度に求める。議院内閣制や権力分立の考え方からすれば，国会と内閣との相互抑制の構造において，当然に内閣に解散権が認められなければならないというのがその理由である。どの説も間違ってはいないが，決め手に欠ける。この点に関しては，憲法の不備というよりほかないであろう。なお，学説上では解散権の主体は内閣であるが，実務では内閣総理大臣の専権事項とされる傾向にある。

また，**解散の条件**に関しては，解散を憲法69条所定の場合に限定するか，それとも限定しないかが議論される。限定説は，解散が行えるのは「衆議院で不信任の決議案を可決し，又は新任の決議案を否決したとき」に限定されるとする。この説の場合，解散権の行使は，あくまで衆議院による内閣不信任を条件とするため，内閣からの自発的行使は禁止されることになる。これに対して，非限定説は，憲法69条所定の場合以外にも，内閣は解散権を行使できると説く。この説においては，衆議院の内閣不信任がなくとも，内閣は自己の判断で解散権を行使できる。解散が国政への民意の充填という積極的な意味をもつこと，さらには限定説では国会が過度に内閣に優位することになりかねないことなどを考慮すれば，非限定説が妥当である。学説のなかには，非限定説が解散権の行使を内閣の自由裁量にゆだねることを問題視して，政党の党利党略のみを理由とした解散はできないなどの限界を設けようとする立場もある。しかし，無条件の不信任制度と無条件の解散制度を認めたほうが，国会・内閣ともに民意に近づこうと努力する可能性は高くなるだろう。

なお，会期中に衆議院が解散されると，会期は終了し，参議院も同時に閉会となる（憲54条2項）。

Ⅲ　参議院の緊急集会

衆議院が解散されると，参議院は同時に閉会となり，総選挙後に新たに国会が召集されるまで国会機能は停止する。しかし，この期間中に緊急に国会の議決が必要とされることもありうる。そこで，憲法は，参議院の**緊急集会**制度を定めている。

緊急集会は，①衆議院の解散中に，②国に緊急の必要があるとき，③内閣の求めによって行われる（憲54条2項但書）。緊急集会では，内閣総理大臣から示された案件について審議・議決を行う。この集会は国会の権能を代行するものであるので，国会の権能に属する事項のすべてを取り扱うことができると解される。ただし，緊急集会でとられた措置は，臨時のものであって，次の国会開会の後10日以内に衆議院の同意がなされないと，効力を失う（憲54条3項）。

緊急集会には会期の定めがなく，緊急案件がすべて議決されたときに，議長が緊急集会が終わったことを宣告することで集会が終了する（国会102条の2）。

関連条文

国会法68条　会期中に議決に至らなかつた案件は，後会に継続しない。但し，第47条第2項の規定により閉会中審査した議案及び懲罰事犯の件は，後会に継続する。

5 国会の会議

Ⅰ 定 足 数

定足数とは，会議体において議事を開き，議決をするために必要とされる最小限度の出席者数をいう。憲法56条１項は，本会議の議事・議決に必要な定足数を各議院の総議員の３分の１以上としている。

このとき「総議員」の意味するところが問題となるが，学説においては現在議員数を意味すると解する立場と法定議員数を意味すると解する立場の対立がある。定足数の変動や死亡・辞職による欠員の取扱いなどそれぞれ一長一短があるが，国会の先例では法定議員数説が採用されている。

委員会の定足数については，委員の半数以上とされている（国会49条）。

Ⅱ 議　　決

両議院の議事は，原則として「出席議員の過半数」によって決せられる（憲56条２項）。表決が可否同数の場合は，議長の決するところによる。

ただし，憲法は例外的にいくつかの議事について，**特別多数**による議決を要求している（図表14-７）。

図表14-７　表決数

	条文	議事の種類	表決数
原則	56条２項	通常の議事	過半数
例外	55条	資格争訟により議員の議席を失わせる場合	出席議員の３分の２以上
	57条１項但書	両議院での秘密会の開催	
	58条２項	両議院での議員の除名	
	59条２項	衆議院での法律案の再議決	
	96条１項	憲法改正発議	総議員の３分の２以上

ひとたび議院が議決した案件については，同一会期中は再度審議しないことが原則である（一事不再議）。

Ⅲ　公開原則

両議院の会議は，**公開**を原則とする（憲57条1項）。国民主権のもとで，国民の代表機関として活動する国会の会議が公開されるべきことは，当然ともいえるだろう。ここでいう「公開」とは，会議録の保存・公表・頒布（憲57条2項）だけにとどまらず，国民による本会議の自由な傍聴や報道機関による会議内容の自由な報道を含むと解されている。さらに，公開の趣旨を徹底するために，出席議員の5分の1以上の要求があれば，各議員がどのような表決をしたのかを会議録に掲載しなければならないこととなっている（憲57条3項）。

例外的に，出席議員の3分の2以上の賛成があれば，**秘密会**を開くことができる（憲57条1項但書）。秘密会の記録のなかで，特に秘密を要すると認められるものについては，公表・頒布義務が免除される（憲57条2項）。

Ⅳ　両院協議会

両院協議会は，両院の議決が異なった場合に，両院の妥協をはかるために設けられる協議機関である。各議院で選挙された各々10人の委員によって組織され，出席協議員の3分の2以上の賛成で協議案が成案となる（国会89条・92条1項）。両院協議会は議決機関ではないので，協議案が国会の議決を代替するわけではなく，成案はまず両院協議会を求めた議院で審議され，その後他の院に送付される。これによって両院の議決が一致しなければ，国会の議決とはならない。

両院協議会には，憲法上，開くことが義務づけられている場合と，任意で開かれる場合とがある（図表14-4）。また，これら以外の場合でも，国会の議決を要する案件について，後議の議院が先議の議院の議決に同意しないときには，先議の議院が両院協議会を求めることができ，協議を求められた議院はこれを拒否できない（国会87条・88条）。

Ⅴ　国務大臣の議院出席

内閣総理大臣や国務大臣は，国会に議席を有するかどうかにかかわらず，いつでも議案について発言するため議院に出席できるとともに，議院から答弁・説明のために出席を求められたときには，出席が義務づけられる（憲63条）。

これは，日本国憲法が立法権と行政権との関係について緩やかな分立体制である**議院内閣制**を採用したことの結果である。議院内閣制においては，内閣が行政権の行使について国会に責任を負う一方，国会は内閣を監督する権能をもつ。それゆえ，議案を提出した国務大臣には，それについて議院で発言する機会が与えられるべきであるし，また，国会が内閣の活動について国務大臣から直接，説明・答弁を聞くことが必要となる場合もありうるのである。

関連条文

国会法89条　両院協議会は，各議院において選挙された各々10人の委員でこれを組織する。

国会法92条　両院協議会においては，協議案が出席協議委員の３分の２以上の多数で議決されたとき成案となる。

２　（略）

6　国会の権能

Ⅰ　法律議決権（立法権）

国の唯一の立法機関であり，立法権を独占する国会は，当然に**法律を制定する権限**をもつ。憲法は法律案の議決についてしか定めをもたないが，法律制定のプロセスは，主に法案提出・審議・議決というプロセスによって成り立っている（図表14-８）。

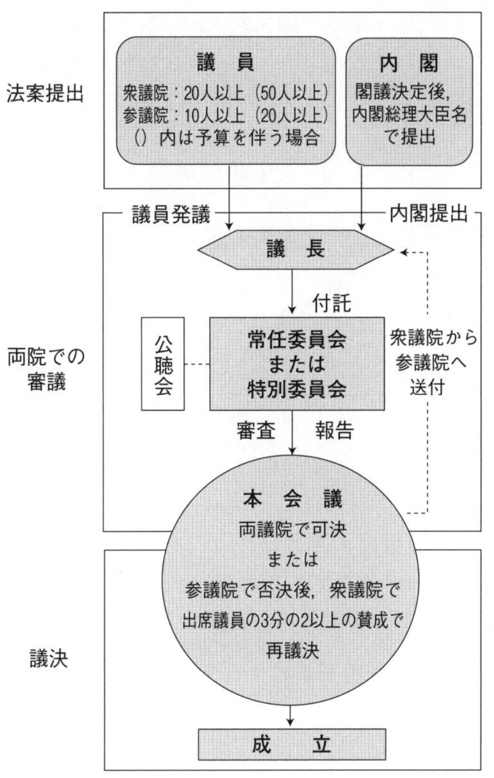

図表14-8　立法のプロセス

Ⅱ　憲法改正の発議権

日本国憲法は**憲法改正**について，各議院の総議員の３分の２以上の賛成で国会が発議することを定めている（憲96条１項）。憲法改正は，①国会による発議，②国民投票による承認，というプロセスをふむ（第19章「憲法改正」を参照）。

ここでの発議とは，国民に対して提案される憲法改正案を国会が決定することをいう。憲法が国会に発議権のみを与え，改正権そのものを与えなかったのは，国民主権原理のもとでは，最終的な憲法改正権は国民がもたなければならないからである。ただし，発議が国会で行われなければそもそも憲法改正のプロセスが始まらないという意味では，国会が国民の代表機関であることを高く評価しているともいえる。

Ⅲ　その他の権能

これら以外の権能としては，①**条約承認権**，②**内閣総理大臣の指名権**，③**弾劾裁判所設置権**，④**財政監督権**などがある。

①については，条約の締結そのものは内閣の権能であるが，「事前に，時宜によつては事後に，国会の承認を経る」必要があるとされている（憲73条3号）。外交という行為は本来的には行政権に属するが，これを民主的に統制する趣旨である。

②については，内閣総理大臣は，国会議員のなかから，国会の議決で指名される（憲67条1項）。この権能を国会がもつことは，議院内閣制を構成する要素の一つである。

③については，罷免の訴追を受けた裁判官を裁判するため，国会には両議院の議院で組織する**弾劾裁判所**を設置する権能が与えられる（憲64条1項）。司法の独立の観点から，裁判官には高い身分保障が認められているが，裁判官の罷免について裁判所で裁判をすることとなれば，身内による裁判となり判断の偏向が生じるおそれもある。そこで，これを国民の代表機関である国会にゆだねたものとみるのが適当であろう。

④については，国家の財政統制は，伝統的に議会が担ってきた作用の一つである。そこで憲法は，第7章で「財政」に関するさまざまな権限を国会の議決に基づいて行使されるべきものとしている（財政民主主義――第17章「財政」を参照）。

7 議院の権能

I　国政調査権

両議院は，各々国政に関する調査を行うことができ，これに関して証人の出頭・証言・記録提出を求めることができる（憲62条）。ここで定められた「**国政調査権**」は，各議院が，法律の制定や予算の議決などの憲法上の権限をはじめとして，広く国政，特に行政に対する監督・統制の権限を実効的に行使するために必要な調査を行う権限であると解される。しかし，現代では，これだけにとどまらず，国民に対する情報提供，資料の公開を推進するという意味で，国民の知る権利に仕える作用としても理解されている。そのため，調査の範囲は，議院の活動に直接的な関連をもつものに限定されるべきではなく，広く国政全般を対象とすると考えるべきであろう。

ただし，国政調査権の行使にあたっては，人権尊重の原理および権力分立の原理からの限界がある。まず，国政調査権の行使が，証人として喚問された個人の基本的人権を侵害するようなことがあってはならない。たとえば，思想の告白強制や調査目的と関連のないプライバシーの調査などは人権侵害となろう。また，権力分立原理から司法権の独立が保障されている以上，議院が裁判所で係争中の事件について，裁判内容の当否などを調査することは問題となる。少なくとも，裁判の内容を批判することを目的とした調査などは，明らかに権力分立に反するものと考えるべきである。

II　議院の自律権

両議院には，その活動に関して一定の自律権が認められる。自律権の内容は，①**自主組織権**（議院がその組織を自主的に決定しうる権能），②**自主運営権**（議院の活動について自主的に規律しうる権能），③**自主財政権**（議院の独立性を確保するために必要な財政基盤に関する権能）に大別される。

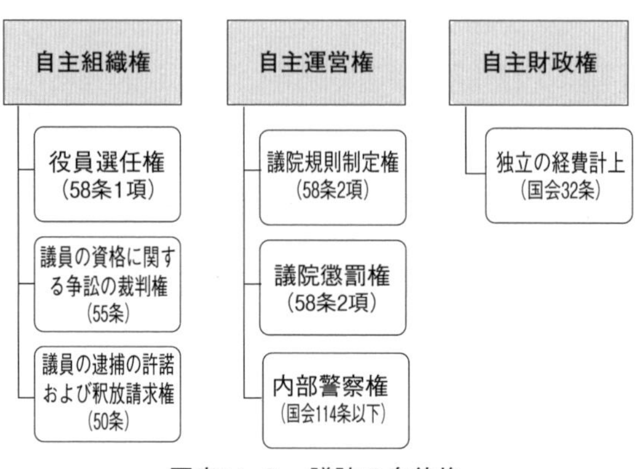

図表14-9　議院の自律権

国会議員の地位と権能

I　国会議員の地位

国会議員は，憲法上，「**全国民の代表**」としての地位をもつ（憲43条）。つまり，議員は特定の個人・団体。職業・地域・階級の代表ではない。それゆえ，選挙区の選挙民の意思などには拘束されず，議員として自由に行動することが原則

図表14-10　議員の身分の喪失

① 任期満了　② 被選挙資格の喪失（国会 109 条）
③ 他の議院の議員となったとき（憲 48 条）
④ 兼職できない公務員となったとき（国会 39 条）
⑤ 辞職（国会 107 条）　⑥ 除名（憲 58 条 2 項）
⑦ 選挙または当選の無効（公選 204 条以下）
⑧ 資格争訟の決定（憲 55 条）

衆議院議員の場合
⑨ 解散（憲 45 条）

衆参両院の比例代表選出議員の場合
⑩ 選挙の際に所属していた政党以外の政党等に所属する者となったとき（国会 109 条の 2）

である。

議員としての身分は，選挙に当選することで発生する。これに対して，身分を失うのは，図表14-10の場合である。

Ⅱ　議員の権能

議員は，単独または合同で，①国会の召集要求権（憲53条），②議案の発議権（国会56条１項），③動議の提出権（国会57条など），④内閣への質問権（国会74条１項），⑤表決権（憲51条）を行使することができる。また，各議院規則上，⑥質疑権，⑦討論権も保障されている。

Ⅲ　議員の特権

議員がその職責を適切に果たすことができるように，憲法では，議員に，①不逮捕特権，②免責特権，③歳費受領権という３つの特権を認めている。

不逮捕特権とは，両議院の議員は，法律の定める場合を除いては，国会の会期中逮捕されないことをいう（憲50条）。この特権は，もともとは行政権の主体が国会および国会議員の活動を不当に妨害することを排除するために認められたものである。特権は「会期中」のみ妥当する。しかし，会期前に逮捕され身柄を拘束された場合にも同様の問題は発生しうるため，そうした議員についても議院の要求があれば，会期中釈放しなければならない（同条）。例外的に逮捕が認められるのは，（ア）院外における現行犯罪の場合と，（イ）現行犯罪の場合以外で議院が逮捕の許諾を与えた場合，である（国会33条）。

免責特権とは，両議院の議員は，議院で行った演説・討論または表決について，院外で責任を問われないことをいう（憲51条）。これは，院内での議員の自由な活動を確保するための特権である。免責されるのは,「議院で行つた」行為，つまり国会議員が議院での活動として職務上行った行為である。条文上は「演説，討論又は表決」のみがあげられているが，それだけにとどまらず議員の職務遂行に付随する行為も免責行為に含むとされる。院外で問われない責任とは，一般国民であれば負うべき民事上，刑事上の責任である。したがって，議員は，院内での発言に対して名誉棄損罪に問われたり，不法行為責任を問われたりすることはない。ただし，免責の効果が国家賠償責任にまで及ぶかについては議論がある（下記「重要判例」を参照）。

歳費受領権とは，両議院の議員が，法律の定めるところにより，国庫から相当額の歳費を受けることをいう（憲49条）。

重要判例

国会議員の発言と国家賠償責任（最判平９・９・９民集51・８・3850）

衆議院議員Yが，委員会で質疑を行うにあたって，ある私立病院の院長Aについて，女性患者に破廉恥（はれんち）な行為をした，通常の精神状態ではない等の発言をした。これを苦にしたAが自殺し，院長の妻XがYと国に対して損害賠償を求めた事件。

最高裁判所は，まずYの責任について，「本件発言は，国会議員であるYによって，国会議員としての職務を行うにつきされたものであることが明らかである。そうすると，仮に本件発言がYの故意又は過失による違法な行為であるとしても，国が賠償責任を負うことがあるのは格別，公務員であるY個人は，Xに対してその責任を負わない」と述べ，Yへの請求を棄却した。

また，「国会議員が国会で行った質疑等において，個別の国民の名誉や信用を低下させる発言があったとしても，これによって当然に国家賠償法１条１項の規定にいう違法な行為があったものとして国の損害賠償責任が生ずるものではなく，右責任が肯定されるためには，当該国会議員が，その職務とはかかわりなく違法又は不当な目的をもって事実を摘示し，あるいは，虚偽であることを知りながらあえてその事実を摘示するなど，国会議員がその付与された権限の趣旨に明らかに背いてこれを行使したものと認め得るような特別の事情があることを必要とする」と述べ，議員の発言が国家賠償法上違法とされる場合をきわめて例外的な場合に限定した。

第

15 内　　閣

章

POINT

① 内閣に与えられた地位とはなにか。
② 行政権とはなにか。
③ 議院内閣制度とはなにか。
④ 内閣の組織について。
⑤ 内閣の職務と権限について。

1 内閣の地位

I　行政機関としての地位――内閣と行政権

憲法は「行政権は，内閣に属する」（憲65条）と規定し，内閣が行政権を行使することを示している。

「**行政権**」とはなにかということについては，長きにわたって論議されているがいまだに定説をみない。一口に「行政権」といっても，今日の多様な行政活動（警察活動，教育活動など）において，その内容を完全に網羅することはむずかしく，積極的に定義するのは困難である。

「行政権とは，すべての国家作用から立法と司法を除いたすべての作用をいう」と解する「消極説・控除説」が通説的見解である。

ここで問題となるのが，独立行政委員会と内閣の関係である。独立行政委員会には人事院，公正取引委員会，国家公安委員会などがあるが，これらの組織においては職務を行うにあたり任期が定められ，内閣から独立して職務を行っているので，憲法65条に反するのではないかという問題が発生する。

これについては，独立行政委員会は憲法65条に反しないとする考え方が通説である。独立行政委員会は憲法に反しないという考え方も，その根拠については2つに分かれる。「独立行政委員会も内閣のコントロールの下にあるので憲法に反しない」と考える説と，「憲法は『すべての』行政権について指揮監督権を要求するものではないから憲法に反しない」という考え方がある。

人事院の合憲性が争われた裁判では，「憲法65条の趣旨は憲法の基本原則に反せず，かつ国家目的上必要のある場合には，例外的に内閣以外の国会機関に行政権の一部を行わせることを禁ずるものではない」とし，人事院設置の合憲性を容認した（福井地判昭27・9・6行集3・9・1823）。

Ⅱ　天皇の国事行為に対し助言と承認を行う機関としての地位

天皇の国事に関する行為は，形式的・儀礼的なものであり，かつ限定されたものである。

Ⅲ　議院内閣制

日本国憲法は，議院内閣制を採用しているとされる。内閣が国会から生まれ，国会の信任に基づいて成り立ち，国会に対して連帯して責任を負う制度を**議院内閣制**という。具体的には，国会議員のなかから，国会での議決によって，その首長である内閣総理大臣が指名され内閣が組織され，さらに内閣不信任の決議を行う権限を衆議院に認め，一方で内閣に国会を解散できる権限を認めることで，お互いが牽制し抑制しあう関係が維持される。

議院内閣制を直接明文化した規定はないが，次の規定から採用していることは明らかである。

① 内閣は国政について，国会の調査を受ける（憲62条）。

② 内閣総理大臣や国務大臣は，議案について答弁を求められたとき，国会に出席し，答弁する義務がある（憲63条）。

③ 内閣は行政権の行使について，国会に連帯して責任を負う（憲66条3項）。

④ 内閣総理大臣は，国会議員のなかから国会の議決で指名する（憲67条1項）。

⑤　内閣総理大臣は，国務大臣を任命するが，その過半数は国会議員でなければならない（憲68条1項但書）。

⑥　議院は内閣に対して不信任決議を行うことが認められ，内閣は衆議院を解散できる（憲69条・70条）。

⑦　内閣総理大臣が欠けたとき，または，衆議院議員選挙の後に初めて国会の召集があったときには，内閣は総辞職しなければならない（憲70条）。

議院内閣制の特質は，立法権を有する国会と行政権を有する内閣との間に，共働と抑制の相互関係が保持されるところにあり，両者の分離を前提に，国会によって内閣を民主的にコントロールしようとする統治形態である。そういう意味において，わが国の議院内閣制は，権力分立を前提とする自由主義原理と国会による内閣のコントロールを強調する民主主義原理の複合原理に支えられているといえる。

2　内閣の組織

内閣は「その首長（しゅちょう）たる内閣総理大臣及びその他の国務大臣でこれを組織する」と規定される（憲66条1項）。首長とは，通常は行政機関の長，広い意味では組織を統率するリーダーをいう。

内閣という組織体の長である**内閣総理大臣**と**国務大臣**とよばれる複数の大臣で，協議をして意思決定を行う。

内閣の組織および運営についての基本的なことは，「内閣法」に細かく定められている。たとえば，**国務大臣**の数は14人以内とするが，特別に必要がある場合には，3人をその限度としてその数を増やし，17人以内とすることができる，と定めている（内閣2条1項・2項）。

2021（平成32）年東京オリンピック競技大会・東京パラリンピック競技大会特別措置法（平成27年法律第33号）の附則による内閣法改正により，東京オリンピック競技大会・東京パラリンピック競技大会推進本部が置かれている間は16人以内（ただし，特別に必要がある場合においては，3人を限度にその数を増加し19人

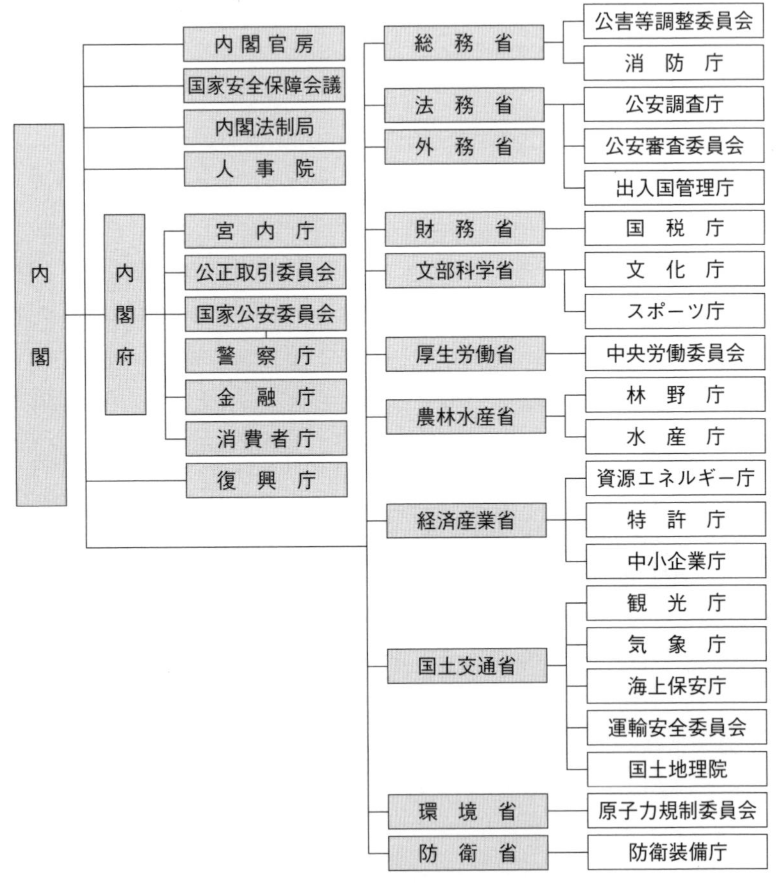

図表15-1　内閣と行政機構

以内）とすることができる。

I　内閣総理大臣

内閣総理大臣は，国会議員のなかから国会の議決によって指名され，形式上は天皇が任命する（憲67条1項・6条1項）。このように内閣総理大臣は天皇の国事行為によって任命される。この指名は，他の事柄よりも優先して行われる。

内閣総理大臣も，広い意味においては**国務大臣**の一人であり，内閣という合議体を組織する一員であるが，内閣においては他の国務大臣より上位にあり，内閣の中核にある者を意味する首長と位置づけられる。

内閣総理大臣に与えられた主要な権限としては，

①　国務大臣の任免権（憲68条）

②　国会への議案提出権（憲72条）

③　一般国務および外交関係についての国会報告（憲72条）

④　行政各部に対する指揮監督権（憲72条）

⑤　国務大臣の訴追に対する同意権（憲75条）　　などがある。

明治憲法では，内閣総理大臣について特段規定が定められず，天皇を輔弼（ほひつ）する関係においては，内閣総理大臣も他の国務大臣と同格であり，内閣総理大臣は「同輩中の首席」の地位をもっているにすぎなかった。

通常，内閣総理大臣は衆議院における多数党あるいは多数派連合の総裁（または代表，委員長など）が選ばれる。内閣総理大臣の指名において，衆議院と参議院が異なった議決をした場合，まずは両院協議会を開くことになる。しかし，意見が一致しない場合や，衆議院が議決をした後，（国会休会中の期間を除いて）10日以内に参議院が議決をしないときには，衆議院の議決を国会の議決とする（憲67条２項）。

記憶に新しいところでは，2007（平成19）年９月25日に，当時民主党の代表であった小沢一郎氏が，参議院で決選投票の末に自民党総裁であった福田康夫氏を抑えて内閣総理大臣に指名されたが（小沢133票，福田106票），議院で指名された福田氏が衆議院の優越規定に基づき首相となった。また，翌年９月24日にも，同様に小沢一郎氏が，自民党総裁であった麻生太郎氏を17票差で破り参議院において首相に指名されたが，衆議院の優越規定に基づき首相となった。いずれも，首相指名における両院協議会が一致せず，衆議院の議決が国会の議決とされた。

内閣総理大臣は国会議員であれば，衆議院議員であってもよいし参議院議員であってもよい。しかし，参議院議員の例はない。内閣が内閣不信任決議を受けて衆議院を解散できることを考えるならば，衆議院議員が内閣総理大臣になったほうがよいと考えられる。

内閣総理大臣は，衆議院の解散や衆議院議員の任期満了により国会議員の地位を失っても，次の内閣総理大臣が任命されるまでの間は，その地位を失うことはない（憲71条）。

<参考>　　**平成以降の内閣総理大臣**

代	名前	内閣	期間
75	宇野宗佑	宇野内閣	平成元年6月3日～8月10日（69日）
76	海部俊樹	第一次海部内閣	平成元年8月10日～平成2年2月28日（203日）
77	海部俊樹	第二次海部内閣	平成2年2月28日～平成3年11月5日（616日）（通算818日）
78	宮澤喜一	宮澤内閣	平成3年11月5日～平成5年8月9日（644日）
79	細川護熙	細川内閣	平成5年8月9日～平成6年4月28日（263日）
80	羽田孜	羽田内閣	平成6年4月28日～平成6年6月30日（64日）
81	村山富市	村山内閣	平成6年6月30日～平成8年1月11日（561日）
82	橋本龍太郎	第一次橋本内閣	平成8年1月11日～平成8年11月7日（302日）
83	橋本龍太郎	第二次橋本内閣	平成6年11月7日～平成10年7月30日（631日）（通算932日）
84	小渕恵三	小渕内閣	平成10年7月30日～平成12年4月5日（616日）
85	森喜朗	第一次森内閣	平成12年4月5日～平成12年7月4日（91日）
86	森喜朗	第二次森内閣	平成12年7月4日～平成13年4月26日（297日）（通算387日）
87	小泉純一郎	第一次小泉内閣	平成13年4月26日～平成15年11月19日（938日）
88	小泉純一郎	第二次小泉内閣	平成15年11月19日～平成17年9月21日（673日）
89	小泉純一郎	第三次小泉内閣	平成17年9月21日～平成18年9月26日（371日）（通算1,980日）
90	安倍晋三	第一次安倍内閣	平成18年9月26日～平成19年9月26日（366日）
91	福田康夫	福田康夫内閣	平成19年9月26日～平成20年9月24日（365日）
92	麻生太郎	麻生内閣	平成20年9月24日～平成21年9月16日（358日）
93	鳩山由紀夫	鳩山内閣	平成21年9月16日～平成22年6月8日（266日）
94	菅直人	菅内閣	平成22年6月8日～平成23年9月2日（452日）
95	野田佳彦	野田内閣	平成23年9月2日～平成24年12月26日（482日）
96	安倍晋三	第二次安倍内閣	平成24年12月26日～平成26年12月24日（729日）
97	安倍晋三	第三次安倍内閣	平成26年12月24日～平成29年11月1日（1,044日）
98	安倍晋三	第四次安倍内閣	平成29年11月1日～令和2年9月16日（1,051日）（通算3,188日）
99	菅義偉	菅内閣	令和2年9月16日～現在に至る

内閣総理大臣の職務権限
――ロッキード事件（丸紅ルート）（最大判平7・2・22刑集49・2・1）

ロッキード事件丸紅ルートの裁判で，収賄罪に関して内閣総理大臣の職務権限が争われた。最高裁判所は，「内閣総理大臣は，憲法上，行政権を行使する内閣の首長として（憲66条），国務大臣の任免権（憲68条），内閣を代表して行政各部を指揮監督する職務権限（憲72条）を有するなど，内閣を統率し，行政各部を統括調整する地位にあるものである。そして，内閣法は，閣議は内閣総理大臣が主宰するものと定め（内閣4条2項），内閣総理大臣は，閣議にかけて決定した方針に基づいて行政各部を指揮監督し（内閣6条），行政各部の処分または命令を中止させることができるものとしている（内閣8条）。このように，内閣総理大臣が行政各部に対して指揮監督権を行使するためには，閣議にかけて決定した方針が存在することを要するが，閣議にかけて決定した方針が存在しない場合においても，内閣総理大臣の右のような地位および権限に照らすと，流動的で多様な行政需要に遅滞なく対応するため，内閣総理大臣は，少なくとも，内閣の明示の意思に反しない限り，行政各部に対し，随時，その所掌事務について一定の方向で処理するよう指導，助言等の指示を与える権限を有するものと解するのが相当である。したがって，内閣総理大臣の運輸大臣に対する前記働きかけは，一般的には，内閣総理大臣の指示として，その職務権限に属することは否定できない」とし，内閣の明示の意思に反しない限り，行政各部へ指導，助言する権限を有することを認めた。

Ⅱ　国務大臣

国務大臣は，**内閣総理大臣**によって自由に任命され，また，罷免（ひめん）される。罷免とは「辞めさせる」ということであり，内閣総理大臣は自分の権限において自由に辞めさせることができるということになる。これによって，首長としての内閣総理大臣の権限が強化され，内閣の統一性を保つことが可能となる。

天皇は形式的な認証を行う（憲68条1項・2項，7条5項）。ただし，国務大臣の過半数は国会議員でなければならない。これは議院内閣制を徹底させるために設けられた要件である。

内閣総理大臣およびその他の国務大臣は，内閣の構成員であるとともに，各省庁の大臣であるのが通例であるが，いずれかの行政事務を分担管理しなければならないというわけではなく，無任所の大臣（一般には，国務大臣のうち，内閣総理大臣および各省大臣以外の国務大臣，さらに防衛庁長官など特定の行政機関の長や内閣官房長官を除き，いずれの行政機関にも属さない国務大臣のことをいう）の存在は妨げられない。

Ⅲ　内閣の補佐機関

内閣には，その事務を補佐する機関として，内閣官房，国家安全保障会議，人事院，内閣法制局，そして内閣府を設けている。

Ⅳ　文　　民

内閣総理大臣と国務大臣は全員「文民」でなければならない（憲66条２項）。

第二次世界大戦以前には軍人が内閣総理大臣を務めることがあったため，その反省から定められた。この「文民」は英語の「civilian」の訳語である。

ここでいう「**文民**」の意味の解釈については，①現在職業軍人でない者，②

図表15-２　内閣を補佐する機関

内閣官房	内閣官房は，内閣の補助機関であるとともに，内閣の首長たる内閣総理大臣を直接に補佐・支援する機関である。具体的には，内閣の庶務，内閣の重要政策の企画立案・総合調整，情報の収集調査などを行っている。
国家安全保障会議	国の防衛に関する重要事項および重大緊急事態への対処に関する重要事項を審議する。議長は内閣総理大臣であるが，他の議員には，総務大臣，外務大臣，財務大臣，経済産業大臣，国土交通大臣，内閣官房長官，国家公安委員会委員長，防衛庁長官が含まれる。
人事院	国家公務員の勤務条件その他人事に関する利益を保護し，官吏の任用，給与に関する勧告，任免などを行う。この組織には内閣は一切含まれない。
内閣法制局	内閣提出法律案，政令案および条約案の審査を行ったり，法律問題に関して内閣ならびに内閣総理大臣および各省大臣への意見を述べる。
内閣府	2001（平成13）年１月，中央省庁再編にともない，内閣主導により行われる政府内の政策の企画立案・総合調整を補助し，内閣機能を強化するという観点から新設された。内閣および内閣総理大臣の主導による国政運営を実現するために設けられたこの機関は，行政を具体的に分担管理する各省よりも一段高い立場から，企画立案や調整を行う。

これまでに職業軍人であったことがないもの，③現在職業軍人でない者でありまたこれまでに職業軍人であったことがない者，と説が分かれる。現在は憲法9条の趣旨を徹底することを考慮し，③が多数説となっている。

V　閣　　議

閣議とは，内閣の会議という意味であり，内閣の最高意思決定機関である。

内閣は，「国会の指名に基づいて任命された首長たる内閣総理大臣及び内閣総理大臣により任命された国務大臣」によって構成される合議体（内閣2条）であるから，その意思決定を行うにあたっては全大臣の合議，すなわち閣議によることとなっている（内閣4条）。

① 内閣がその職権を行うのは，閣議によるものとする。

② 閣議は，内閣総理大臣がこれを主宰（しゅさい）する。

③ 各大臣は，案件のいかんを問わず，内閣総理大臣に提出して閣議を求めることができる。

閣議の議事に関する特別な規定はなく，もっぱら慣行による。内閣は合議体であり，その行政権の行使に対しては国会に対して連帯責任を負うから，閣議に対しては多数決ではなく全員一致によらなければならないとされている。全員一致がはかられない場合には，内閣総理大臣が国務大臣を罷免（ひめん）し，打開しなければならないことも想定される。

閣議の内容については高度の秘密が要求されるため，これまで伝統的に非公開主義がとられていたが，2013（平成26）年4月から議事録が作成され公開されている。

閣議に付議された案件は，その内容により，「閣議決定」，「閣議了解」，「閣議報告」として処理され，閣議の概要については，内閣官房長官による記者会見において発表される。

図表15-3　閣議の種類

定例閣議	定例の閣議は，国会の会期中は，国会議事堂内にある閣議室で毎週火曜日と金曜日の午前９時から，国会閉会中は，総理大臣官邸２階にある閣議室で午前10時から開催され，通常30分前後で終わる。
臨時閣議	緊急を要する案件を処理するために定例日以外に開催される。
持ち回り閣議	迅速な処理が必要とされるものの，わざわざ閣僚の討議の必要もない定型的な案件について内閣官房の職員が閣議書を持ち回り，閣僚の署名を求める。

Topics

閣議の内容を調べてみよう

閣議でどのような案件が提出されたかについては，首相官邸ホームページ（http://www.kantei.go.jp/）の「閣議」の項目から知ることができる。定例閣議案件だけでなく，臨時閣議案件・持ち回り閣議案件について知ることができる。また議事録が公開されている閣議もある。自分で調べてみよう。

3　内閣の権限

内閣は，行政権の中心として広い範囲にわたって行政権を行使している。その主なものは，憲法73条に定められている。

Ⅰ　一般国政上の権能

憲法73条は，「内閣は，他の一般行政事務の外，左の事務を行ふ」として，次の７つの行政事務を掲げている。

(1)　法律を誠実に執行し，国務を総理する（憲73条１号）　行政事務のなかでも，最も重要とされる事務である。法律の執行は行政の本質をなし，最も重要であり，法律に基づいて執行することが，行政一般の原則である。「誠実に」

とは，国権の最高機関であり唯一の立法機関である国会の制定した法律の執行を拒みえないという意味であり，たとえ内閣が違憲であると判断した法律についても同様であり，それを執行しないことは許されない。「国務」とは行政事務を指し，「総理する」とは最高の行政機関として行政事務全般を統括して管理することを意味する。

⑵　外交関係を処理する（同２号）　　国際間の交渉，外国との交際・交流など，外国とのいろいろな関係を処理することである。重要な外交関係の処理は内閣の管轄であるが，それ以外の日常の外交事務は外務大臣の主管とされる。特に条約の締結についてはその特殊性から次の３号に別に規定している。

外交関係の処理としては，全権委任状および大使・公使の信任状の作成，批准書およびその他の外交文書を作成することなどである。

⑶　条約を締結すること（同３号）　　「条約」とは，協定や協約，議定書の宣言，憲章，決定書といった名称に関係なく，実質的な意味における条約，つまり国家間の文書における合意を指す。「条約を締結する」とは条約を成立させることである。ただし，前号において，外交関係の処理については別に内閣の事務であると規定されているので，外交関係の処理のなかに当然含まれるものについては，ここにいう条約には含まれない。

条約の締結は，重要な外交事務であるので，原則としては事前に，例外的に事後に，国会の承認を経なければならない。権力分立の原則からも国会の承認を必要とすることで，コントロールをはかっている。

条約は国内法と同等の効力があるので，承認されて初めて，内閣は条約発効の最終的な手続である「批准（ひじゅん）」という手続をとり，国連に「批准書」を提出する。これによって，国内的にも国際的にも，正式に条約に加盟したことを公表することになる。批准された条約や規約は，その後国内で公布され，効力が発生する。

⑷　法律の定める基準に従い，官吏に関する事務を掌理（しょうり）する（同４号）　　ここにいう「官吏」とは「公務員」より狭く解される。国家公務員法において定められた国家公務員を意味するが，国会議員や国会職員，裁判官や裁判所職員

などは含まれない。「掌理」とは，仕事を担当してまとめることであり，官吏の服務規程など人事行政に関する事務を内閣が担当しまとめることを定めたものである。

(5) 予算を作成して国会に提出すること（同５号）　法律案の作成は両議院議員にも認められているが，予算の作成および提出権は内閣に独占されている（憲86条）。国会において修正されることは可能であるが，実際的には，野党などが，国会で大幅な変更を行うことは困難であり，国会の審議を経ることで，国会の内閣に対するコントロールが可能となっている。予算の作成権こそ，政権を担当するという実際的な意味をもつといえる。

(6) 憲法および法律の規定を実施するために，政令を制定する（同６号）

国会の議決を経ないで，行政機関が定めるものが「命令」であり，そのなかに内閣が制定する「政令」，各章の大臣が定める「省令」，内閣総理大臣が定める「内閣府令」，内閣から独立した第三者機関が定める「規則」がある。

原則として憲法および法律の規定を実施するための手続や具体的な細目を定めた執行命令に限定されるため，単独で政令が制定されることは許されない。特にその法律が定める場合を除いては，罰則を定めることは認められない（本号但書）。また，内閣法11条は「政令には，法律の委任がなければ，義務を課し，又は権利を制限する規定を設けることはできない」と定めている。

(7) 大赦，特赦，減刑，刑の執行の免除および復権を決定する（同７号）

この大赦から復権までを総称して「恩赦」という。恩赦についての詳細な規定は，恩赦法に定められる。恩赦とは，行政権の作用によって国家の刑罰権の全部または一部を消滅もしくは軽減させる制度である。

日本国憲法は「恩赦」という語を使用していないが，明治憲法時代にならって法制度上「恩赦」という語が使われてきた。

恩赦には，「政令恩赦」と「個別恩赦」がある。「政令恩赦」とは，政令で罪や刑の種類などの要件を決めて，これに該当するものに対して一律に行われる。「個別恩赦」とは，中央更生保護審査会の申し出により，特定の者に対して個別の審査を行い，その結果実施するものである。

この制度は，古くは，国家的な慶弔の機会に君主の仁慈（じんじ）による特典として行われたり，国民がそろって慶弔を行うという建前に基づき行われ，現在でも一般的な恩赦は同様の機会に行われることが多い。国の慶事に合わせて，罪を犯した人の改善更生の意欲を高め，社会復帰を促進することを目的とする。近年では，令和天皇の即位に際し，2019（令和元）年10月，「政令恩赦」および「特別基準恩赦」の内容を限定的に定めたうえで，施行・実施した。

Ⅱ　その他の内閣の事務

なお，憲法73条のほか，次のような内閣の権能を定めている。これらについては他の章において説明する。

① 最高裁判所の長たる裁判官の指名（憲6条2項）
② 最高裁判所の長たる裁判官以外の裁判官および下級裁判所の裁判官の任命（憲79条・80条）
③ 国会の臨時会の召集の決定（憲53条）
④ 議案の国会への提出（憲72条）
⑤ 参議院の緊急集会の請求（憲54条）
⑥ 予備費の支出（憲87条）
⑦ 決算の国会への提出（憲90条）
⑧ 財政状況についての国会および国民への報告（憲91条）

4　内閣の責任

Ⅰ　内閣の責任

日本国憲法は，天皇の国事行為に対する内閣の助言と承認に関して責任を負う（憲3条）こと以外に，内閣は国会に対して連帯して責任を負うことを定めている（憲66条3項）。

明治憲法では「国務各大臣ハ天皇ヲ輔弼（ほひつ）シ其ノ責ニ任ス」（旧憲55条）と定め

られ，各国務大臣が天皇に対して単独責任を負うこととされていた。これでは民主的な責任政治をまっとうすることはむずかしかった。

そこで日本国憲法においては行政権全般について，国会に対して**連帯責任**を負うと定めた。

Ⅱ　責任の範囲

憲法は「内閣は，行政権の行使について，国会に対し連帯して責任を負ふ」（憲66条3項）と定め，内閣が責任を負うのは「行政権の行使について」としている。ここでいう「行政権」の範囲については，内閣が行う作用によって区別されず，およそ内閣の権能に属するすべての事項に及ぶと解する。

内閣のもとにある行政機関の行為に対する責任も内閣が負う。これらの行政機関は，すべて内閣の指揮監督を受けているのであり，内閣がその責任を負うのは当然だからである。

天皇の国事行為に対する内閣の助言と承認についての責任は，これも広い意味の行政権に含まれると解される。

Ⅲ　責任の相手

内閣が責任を負う相手は国会である。明治憲法では，天皇に対して負うのか，議会に対して負うのか明確ではなかったが，日本国憲法でははっきりと「国会に対して」と規定している。

ただし，この国会が厳格な意味の国会つまり衆議院・参議院の双方を意味するのか，それとも広く国会全体を意味するのかについても見解が分かれる。責任追及は各議院に認められており，また内閣に対するコントロールを効果あるものにするためにも，国会全体のみではなく，それぞれの各議院にも責任を負うと解するのが妥当である。

責任追及の方法としては，質疑や質問，国政調査などがあるが，議院内閣制の建前からみて，衆議院に与えられた内閣不信任の決議という手段が最も明確で強力なものである。

Ⅳ　責任の内容

ここでいう「責任」とは「政治的」な意味における責任を意味する。

責任には「政治的責任」のほかに「法的責任」があるが，法的手続に裏づけられた法的責任（たとえば，大臣弾劾制度）は現行法上定められてはおらず，政治的な手段により責任が追及されることになる。この政治的な手段とは，質疑や質問により内閣の行動を批判し，たとえば退陣の決議が行われたり，重要法案が否決されたり，予算が否決されたりする場合を指す。特に衆議院における不信任の決議は，内閣に対して総辞職か解散の選択を求めるという意味においては，「法的」責任の色合いが強いといえる。

Ⅴ　内閣総辞職

内閣総辞職とは内閣を構成する内閣総理大臣および国務大臣の全部が同時に辞職することをいう。内閣の統一性と大臣の一体性を維持するための制度である。

内閣は，いつでもみずからの意思で総辞職できる。

また，次の場合には憲法によって必ず総辞職しなければならない。

(1)　衆議院で内閣不信任が決議された場合（憲69条）　衆議院で不信任決議が可決された場合と信任決議が否決された場合には，10日以内に衆議院を解散しない限り，総辞職しなければならない。

(2)　新国会が召集された場合（憲70条）　衆議院議員選挙後初めて国会が召集された場合は，総辞職しなければならない。

(3)　内閣総理大臣が欠けた場合（憲70条）　「欠けた場合」とは，死亡した場合や総理大臣となる資格を失ってその地位を離れる場合のほか，政策上の行きづまりなどで行政権の行使に支障をきたし辞職した場合も含まれる。2000（平成12）年，当時の小渕恵三首相が倒れたとき，病状の深刻さから首相の職務に復帰できる可能性がないため「欠けた」とみなされ，内閣が総辞職した。

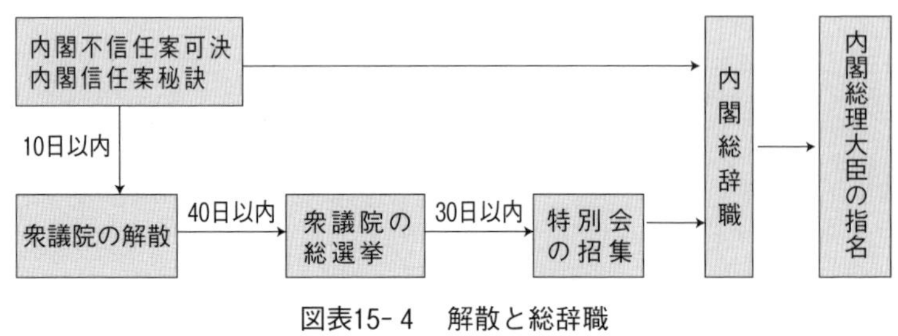

図表15-4　解散と総辞職

Ⅵ　責任の性質

責任の取り方は，「**連帯責任**」である。連帯責任とは，国会に対してすべての国務大臣が一体として負う責任である。

明治憲法においては，「国務各大臣」の単独責任とされてきたが，日本国憲法では，内閣を組織するすべての国務大臣が一体となって連帯責任を負うこととされている。

これは，行政権が合議体としての内閣に統轄されており（憲65条），議院内閣制のもと，内閣は一体となって行政権を担っていくことが求められるからである。そのため，閣議においても高度の秘密が求められ，**全員一致**の決定でなければならないし，内閣は外部に対しても統一した行動が求められる。閣議決定の内容にしたがうことができない場合，辞職するか，内閣総理大臣によって罷免されることになる。

行政権の行使に対しては，内閣は連帯責任を負うことが，各国務大臣の個別的な単独責任まで否定するものではない。各国務大臣は，自己の行った違法行為や政治的に不当な行為に対しては，国会から責任を追及され，辞職したり，内閣総理大臣により罷免されることは認められる。

ただし，内閣の連帯責任の性格から，各国務大臣の行為が内閣の連帯責任にまで及ぶことはあり，双方の責任のいずれを追及するかについては，国会にゆだねられている。

Ⅶ　内閣改造

内閣改造とは，基本的には，内閣総理大臣が，その任期中に国務大臣を入れ替えることをいい，通常は国会が閉会されているときに行われる。

内閣改造について明文の規定はないが，憲法68条１項および２項に規定された首相の国務大臣任免権を根拠に行うことができると解釈されている。

内閣総理大臣指名後の組閣（または内閣改造）から１年程度経過すると，内閣改造を行うことが多く，また政権与党の党役員人事と連動して行われる場合も多い。通常，首相が閣僚全員の辞表をとりまとめたうえで，留任も含めすべての閣僚を新たに任命する。いわゆる内閣総辞職とは違い，首相は辞職しないため，首班指名選挙は行われず，首相の任期はそのまま継続する。

この場合，閣僚の認証式は行われるが，首相に対して同様に親任式が行われることはない。たとえば首班指名後，改造を行った場合，「第三次小泉改造内閣」というように表記し，首相の代数には数えないこととされている。

内閣改造が頻繁に行われることは，当選回数を重ねると自動的に大臣になることができる，という制度的風潮を生み出した。内閣支持率が低下した時期などに内閣改造をすることで新しいイメージを与え人心一新を訴えることができるメリットがある。その反面，短期間での大臣の交代は，内閣総理大臣の人選能力に対する疑問や内閣の首長としてのリーダーシップに対する批判を招いたり，政策の継続性を損なうというデメリットがある。2012（平成24）年12月発足した第二次安倍内閣は，発足後18人の閣僚が１人も交代しないまま，600日以上在任したが，これは日本の政治史上きわめてまれなケースである。

第16章 裁　判　所

POINT

① 司法権とはどのような権限か。
② 司法権の範囲はどこまで認められるか。
③ 司法権の独立はなんのためにあるのか。
④ 裁判所はどのような組織で，どのような権限を有しているか。
⑤ 違憲審査制とはどのような制度か。

1　司　法　権

I　司法権の観念

憲法76条１項は，「すべて司法権は，最高裁判所及び法律の定めるところにより設置する下級裁判所に属する」と規定しており，裁判所の担当領域が「**司法権**」であることを定めている。司法権とはどのような権限だろうか。

司法権は，一般的に，「具体的な争訟について，法を適用し，宣言することによって，これを裁定する国家の作用」と定義される。もう少し詳しくみると，司法権が発動するためには，①具体的な争訟ないし具体的な事件の存在，②適正手続の要請等にのっとった特別の手続にしたがうこと，③独立して裁判がなされること，④正しい法の適用を保障する作用であること，が必要だとされる。このうち，①の「**具体的な争訟**」という要素が司法権の核心にあたるといわれている。

Ⅱ　法律上の争訟

司法権の核心にあたるといわれる「具体的な争訟」とは，紛争当事者間に，法律関係に関する現実的・具体的な利害の対立が存在するということであり，そのような性質を備えない抽象的・一般的ないし仮定的な紛争には司法権は及ばないとされる。「具体的な争訟」とは，裁判所法３条にいう「**法律上の争訟**」と同じ意味である。

より具体的には，「法律上の争訟」とは，当事者間の権利義務関係や，法律関係の存否（刑罰関係の存否を含む）に関する紛争であって（**具体的事件性の要件**），かつ，それが法律を適用して終局的に解決することができるもの（**解決可能性の要件**），をいう。

このような「法律上の争訟」にあたらないとされる例には以下のものがある。

⑴「具体的事件性」の要件を欠く場合　　具体的事件性もなく，つまり権利の侵害もなく，抽象的に法令の解釈または効力について争うことは，「法律上の争訟」にあたらないとされる。たとえば，日本社会党委員長が，自衛隊の前身である警察予備隊が違憲無効であることの確認を求めて出訴した警察予備隊違憲訴訟（最大判昭27・10・８民集６・９・783）において，最高裁判所は，「具体的な争訟事件が提起されていないのに将来を予想して憲法およびそのほかの法令命令等の解釈に対し存在する疑義論争に関し抽象的な判断を下すごとき権限を行い得るものではない」と述べて訴えを却下した。

⑵「解決可能性」の要件を欠く場合　　具体的な紛争があっても，法の適用によっては終局的に解決できないものがある。たんなる事実の存否，個人の主観的意見の当否，学問上・技術上の論争などは，「具体的事件性」の要件を満たさないうえに，法律を適用して終局的に解決できるものではないため「解決可能性」の要件も満たさない。たとえば，国家試験の合否についての争いは，学問上・技術上の知識，能力，意見等の優劣，当否の判断を内容とする行為であるから，法律を適用して解決できるものではないとされる（最判昭41・２・８民集20・２・196）。

「具体的事件性」の要件は満たすが，「解決可能性」の要件を満たさない事例としては，板まんだら事件（最判昭56・4・7民集35・3・443）がある。この事件は，具体的な権利義務関係に関する紛争ではあったが，その前提として信仰の対象の価値に関する判断をしなければならないため，最高裁判所は，本件は「解決可能性」の要素を欠き，「法律上の争訟」にはあたらないとした。

重要判例

板まんだら事件（最判昭56・4・7民集35・3・443）

宗教法人の元会員が，本尊である板まんだらを安置するための正本堂を建立するために寄付をしたが，その後に板まんだらが偽物であることが判明したなどとして，寄付行為の錯誤無効により寄付金の返還を請求した事件。

最高裁判所は，本件訴訟は，具体的な権利義務ないし法律関係に関する紛争であり，信仰の対象の価値または宗教上の教義に関する判断，つまり板まんだらが偽物かどうかについての判断は，請求の当否を決するについての前提問題であるにとどまるものとされてはいるが，本件訴訟の帰すうを左右する必要不可欠のものと認められるため，結局本件訴訟は，その実質において法令の適用による終局的な解決の不可能なものであるから法律上の争訟にあたらないと判示した。

Ⅲ　客観訴訟

司法権が発動するためには，法律上の争訟でなければならないが，その例外として，裁判所は，「法律において特に定める権限」を行使することができる（裁3条1項）。そこで，具体的事件性を前提とせずに出訴する制度である，いわゆる**客観訴訟**の裁判権が法律によって裁判所の権限とされている。

客観訴訟とは，「当事者の具体的な権利利益とは直接にかかわりなく，客観的に，行政法規の正しい適用を確保することを目的とする訴訟」である。客観訴訟には，「国又は公共団体の機関の法規に適合しない行為の是正を求める訴訟で，選挙人たる資格その他自己の法律上の利益にかかわらない資格で提起する」**民衆訴訟**（行訴5条）と，「国又は公共団体の機関相互間における権限の存否又はその行使に関する紛争についての訴訟」である**機関訴訟**（行訴6条）がある。

民衆訴訟は，権利の救済のためではなく，国や地方公共団体の違法行為を是正し，その活動の適法性を確保することが目的とされる。民衆訴訟には，議員定数不均衡訴訟などで用いられる公職選挙法204条が定める**選挙無効訴訟**や，愛媛玉串料訴訟（最大判平9・4・2民集51・4・1673）などで用いられた地方自治法242条の2が定める**住民訴訟**などがある。たとえば，愛媛玉串料訴訟では，権利の侵害があったかどうかにかかわりなく，公金から玉串料を支出したこと自体の違法性が問題となった（第8章図表8-2を参照）。

機関訴訟は，行政機関相互の間の訴訟である。行政機関は，権利義務の主体ではない，つまり権利を侵害されるということはないが，法律で認めている場合には訴訟を提起することができる。たとえば，地方自治法は，地方公共団体の長と議会との間の訴訟を認めている（自治176条7項）。

Ⅳ　司法権の限界

裁判所は，「一切の法律上の争訟を裁判」するが，この原則にはいくつかの例外があり，法律上の争訟であっても，司法権の対象外となる場合がある。

1　憲法が明文で定めている場合

憲法は，議院の資格争訟（憲55条）や裁判官の弾劾裁判（憲64条）については，司法権の対象外であると定めている。

2　立法権・行政権との関係からくる限界

⑴　自律権に属する行為　　権力分立が機能するためには，三権がそれぞれ自律的に活動することが必要である。そこで，司法は，**立法や行政の自律権に属する事柄**（懲罰や議事手続のような内部行為）については介入できないとされる。たとえば，法律が適法に成立したかどうか（議事手続に問題がなかったかなど）などは国会の自律にゆだねられている。

⑵　立法裁量・行政裁量　　憲法や法律の枠内で，立法や行政の活動に複数の選択肢がある場合がある。そのうちどれを選択するかは，第一次的には**立法権あるいは行政権の裁量権**に属し，司法権は，裁量の範囲の逸脱や裁量権の濫

用がない限り介入しない。ただし，裁量をあまりに広く認めることには異論も少なくなく，立法権や行政権の裁量を裁判所がどの程度統制すべきかについて議論されている。

3　統治行為論

司法権の限界について，最も議論があるのが統治行為論である。「**統治行為**」とは，「直接国家統治の基本に関する高度に政治性のある国家行為」をいう。このような統治行為は，たとえ法律上の争訟にあたるとしても，司法審査の対象とならないとされる。その理由としては，高度に政治性のある行為については，その性質上，国会や内閣によって，そして究極的には主権者である国民によって判断されるべきであり，国民に対して政治的な責任を負わない裁判所による審査にはなじまないとする考え方（**内在的制約説**）と，裁判所が審査すれば，収拾できない政治的混乱を生じてしまうため，裁判所は自粛すべきであるとする考え方（**自制説**）がある。

いずれにせよ，統治行為は，その根拠や範囲が曖昧（あいまい）であるため，広く認めることは妥当ではない。国会や内閣の自律権や裁量で解決できる場合は，なるべくそれによるべきである。

統治行為論が採用された判例としては，**苫米地（とまべち）事件**（最大判昭35・6・8民集14・7・1206）がある。この事件では衆議院の解散の効力が争われたが，最高裁判所は，「直接国家統治の基本に関する高度に政治性のある国家行為」は「裁判所の審査権の外にあり，その判断は主権者たる国民に対して政治的責任を負うところの政府，国会等の政治部門の判断に委され，最終的には国民の政治判断に委ねられているものと解すべきである」と判示して，統治行為の存在を真正面から是認した。また，日米安全保障条約の合憲性が争われた**砂川事件**（最大判昭34・12・16刑集13・13・3225）では，最高裁判所は，日米安全保障条約のような「主権国としてのわが国の存立の基礎にきわめて重大な関係をもつ高度の政治性を有するもの」については，「司法裁判所の審査には，原則としてなじまない性質のものであり，従って，一見極めて明白に違憲無効であると認められない限りは，裁判所の司法審査権の範囲外のものであ」ると判示した（第4章**5**を参照）。

砂川事件では，「一見極めて明白に違憲無効である」場合には司法審査の範囲内にあるとしているため，純粋な統治行為論を採用してはいないとされる。

4　部分社会論

社会には，地方議会や大学，政党など，自律的な規範（ルール）によって運営される団体が多数ある。これらの団体の内部紛争について司法権が及ぶかどうかが問題となる。

最高裁判所は，これらの問題につき，「**一般市民法秩序と直接の関係を有する問題か否か**」に着目して判断している。たとえば，地方議会議員の出席停止処分については，「内部規律の問題として自治的措置に任せ」るとして司法審査は及ばないが，除名処分については，「単なる内部規律の問題に止まらない」から司法審査が及ぶとしている（最大判昭35・10・19民集14・12・2633）。国立大学の単位不認定処分については，「一般市民法秩序と直接の関係を有するものであることを肯認するに足りる特段の事情のない限り，純然たる大学内部の問題として大学の自主的，自律的な判断に委ねられるべき」であり，司法審査は及ばないとした（富山大学単位不認定事件――最判昭52・3・15民集31・2・234）。また，政党の除名処分についても，「一般市民法秩序と直接の関係を有しない内部的な問題にとどまる限り，裁判所の審判権は及ばない」としている（共産党除名処分事件――最判昭63・12・20判時1307・113）。

このような最高裁判所の判断に対しては，なぜ「一般市民法秩序と直接の関係を有する」事項でなければ司法審査が及ばないのか，その根拠が明確ではないと批判されてきた。そこで，最近では，憲法21条の結社の自由の観点から，それぞれの団体の目的，性質，機能や憲法上の根拠（たとえば，大学の場合は憲法23条），争われている権利の性質等を考慮に入れて個別具体的に判断すべきだと考えられている。

関連条文

裁判所法３条１項　裁判所は，日本国憲法に特別の定のある場合を除いて一切の法律上の争訟を裁判し，その他法律において特に定める権限を有する。

2　司法権の独立

I　司法権の独立の意義

公平な裁判の実現およびそれによって人権を保障するためには，裁判官が外部からの圧力や干渉を受けないこと，すなわち**司法権の独立**が不可欠となる。そこで，日本国憲法では，明治憲法に比べて，司法権の独立が著しく強化された。

まず，司法権が立法権・行政権から独立していることが求められ（**対外的独立**），そのうえで，個々の裁判官が裁判をするにあたって独立して職権を行使することが求められる（**対内的独立**）。この職権の独立こそが司法権の独立の核心であるが，これを確保するために，裁判官の身分が保障されなければならない。このほかにも，訴訟に関する手続や裁判所の内部規律についての規則制定権（憲77条１項）や下級裁判所裁判官の指名権（憲80条１項）を最高裁判所に与えるなど，司法権の独立と自律性を確保するための諸規定をおいている。

司法権の独立が要求される理由として，①司法部は政治的権力ではないため，その時々の多数派を背景とする立法権および行政権から政治的干渉を受ける危険性が大きいこと，②司法部は，裁判を通じて国民の権利を保護することを職責としているため，政治的権力の干渉を排除することで，特に少数者の権利を保護することが必要とされること，があげられる。

司法権の独立が問題となった事例として，明治憲法下の大津事件がある。この事件は，滋賀県大津で，訪日中のロシア皇太子にサーベルで切り付けた巡査津田三蔵に対し，外交関係の悪化をおそれた政府が，日本の皇族に対する罪である「大逆罪」を適用して死刑判決を下すように大審院（現在の最高裁判所）に働きかけたものである。これに対し，当時の大審院院長児島惟謙（こじまこれかた）は，事件担当裁判官を説得し，通常の謀殺未遂罪を適用して津田を無期徒刑とした。また，日本国憲法制定後の事例として，浦和事件がある。この事件では，参議院法務委員会が，浦和地方裁判所（現さいたま地方裁判所）の判決について「量刑が不当である」という決議を行ったことについて，最高裁判所は，司法権の独立を侵害するものであると抗議した。

Ⅱ　裁判官の職権の独立

憲法76条３項は，「すべて裁判官は，その良心に従ひ独立してその職権を行ひ，この憲法及び法律にのみ拘束される」と規定する。ここでいう「良心」とはなにかについて議論があるが，裁判官の個人的な主観的良心ではなく，**客観的な「裁判官としての良心」**だと考えられている。

また，「独立して職権を行ひ」とは，裁判の公正を保つために，裁判官が他のなにものの指示・命令も受けず，みずからの判断に基づいて裁判を行うことをいう。すなわち，政治部門だけでなく，司法内部の指示・命令も排除されなければならない。前述した大津事件は，政府から司法権の独立を守ったものではあるが，大審院院長（今でいう最高裁判所長官）が担当裁判官を説得したことは，裁判官の職権の独立という観点からは問題がないわけではない。

裁判官の職権の独立が問題となった事例として，平賀書簡事件がある。この事件は，自衛隊の合憲性が争われた長沼事件（第４章**5**を参照）に関連し，札幌地方裁判所の平賀所長が，事件担当の裁判長に，自衛隊の違憲判断は避けるべきである旨を示唆する内容の書簡を私信として送ったものである。これに対し，札幌地方裁判所裁判官会議は明らかに裁判に対する干渉にあたるとして，平賀所長を厳重注意処分に付した。

なお，裁判員制度が裁判官の職権の独立に反しないかが問題となるが，この点は後述する（次のTopicsを参照）。

Ⅲ　裁判官の身分保障

裁判官の職権の独立，ひいては司法権の独立を確保するためには，**裁判官の身分**が保障されていなければならない。

まず，裁判官の罷免事由は，①心身の故障のために職務を執ることができないと決定された場合（分限裁判），および，②公の弾劾（弾劾裁判）による場合，に限定されている。また，行政権が裁判官の懲戒処分をすることは禁止されている（憲78条）。なお，最高裁判所の裁判官については国民審査（本章3 Ⅲ 3を参照）がある。

分限裁判は，地方裁判所，家庭裁判所，簡易裁判所の裁判官については高等裁判所において5人の裁判官の合議体で行われ，高等裁判所，最高裁判所の裁判官については最高裁判所において大法廷で行われる（裁分限3条・4条）。なお，高等裁判所の裁判に対しては，抗告することができる（裁分限8条）。分限裁判で，「回復の困難な心身の故障のために職務を執ることができない」（裁1条）と判断された裁判官は罷免されるが，逆にいえば，罷免事由はこの場合に限定されており，裁判官は安心して裁判に専念できるようになっている。

弾劾裁判所は国会に設けられ，両議院の議員各7名で構成される。罷免事由は，「職務上の義務に著しく違反し，又は職務を甚だしく怠つたとき」または「その他職務の内外を問わず，裁判官としての威信を著しく失うべき非行があつたとき」に限定されている（裁弾2条）。最近では，電車内での盗撮やストーカー行為などを理由として罷免とされた例がある。

また，経済面での身分保障として，裁判官に対する相当額の報酬の保障およびその減額の禁止を規定している（憲79条6項・80条2項）。個々の裁判官の報酬の減額は許されないが，2002（平成14）年に最高裁判所の裁判官会議は，行政公務員の給与引き下げに合わせて，全裁判官の報酬を一律に減額することは違憲ではないと判断した。

Ⅳ 規則制定権

最高裁判所は，「訴訟に関する手続，弁護士，裁判所の内部規律及び司法事務処理に関する事項」について，規則を定めることができる（憲77条1項）。規則制定権は，裁判所の専門性の尊重と，司法の独立への配慮から認められている。

3 裁判所の組織と手続

Ⅰ　裁判所の種類

日本国憲法のもとでの裁判所には，最高裁判所と下級裁判所がある（憲76条1項）。どのような下級裁判所を設置するかは，法律によるものとされる。裁判所法は，下級裁判所として，高等裁判所，地方裁判所，家庭裁判所，簡易裁判所を設置している。

裁判所には，審級関係があり，下級の裁判所の裁判に不服のある訴訟の当事者は，上級審に不服の申立てができる。日本では**三審制**が採用されており，一般的には，地方裁判所→高等裁判所→最高裁判所の順に上訴される。家庭裁判所は，家庭事件や少年事件の審判のために設けられており，地方裁判所と同等の位置にある。簡易裁判所は少額軽微な事件を簡単・迅速に裁判する第１審裁判所である（図表16-１）。上級審は，理由があると判断したときは，下級審の裁判を取り消し，変更することができる。

Ⅱ　特別裁判所の禁止

日本国憲法は，司法権はすべて通常の司法裁判所が担当するとしている。憲法76条２項は，「特別裁判所」の設置を禁止し，また，行政機関は，終審として裁判を行うことができないとしている。

「特別裁判所」とは，特別の人間または事件を裁判する，通常の裁判所の系列から独立した裁判所のことである。特別裁判所の例としては，明治憲法下の行政裁判所，軍法会議，皇室裁判所などがある。特別裁判所が禁止されるのは，通常の裁判所の系列から独立した裁判所を設置することは，公平・平等原則や司法の民主化，法の支配などの観点から適切ではないからである。

ただし，家庭事件等を専門とする家庭裁判所，知的財産権に関する争いを専門とする知的財産高等裁判所などのように，最高裁判所のもとに一定の類型の

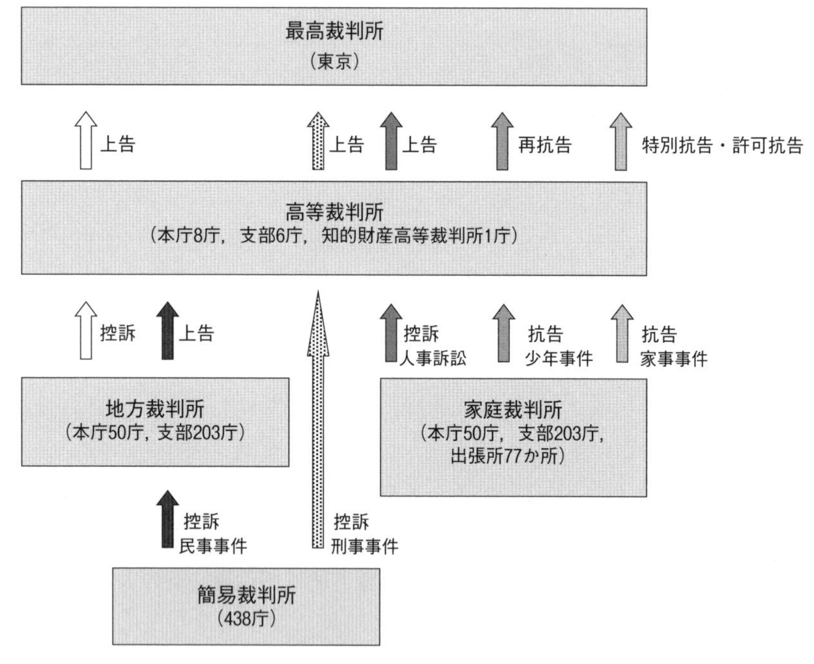

図表16-1　裁判所の組織

出典：最高裁判所ホームページ参照（http://www.courts.go.jp/about/sosiki/gaiyo/index.html）

事件を専門とする下級裁判所を設置することは違憲ではないとされる。

Ⅲ　最高裁判所

1　最高裁判所の構成

最高裁判所は，長たる裁判官（最高裁判所長官）と，法律で定められた人数のその他の裁判官で構成される（憲79条1項）。これを受けて，裁判所法は，その他の裁判官の人数を14人としている。最高裁判所長官は，内閣の指名に基づいて天皇が任命する（憲6条2項）。その他の裁判官は，内閣が任命する（憲79条1項）。

最高裁判所は，大法廷（15人全員の裁判官の合議体）または3つの小法廷（5

名の裁判官の合議体）で審理・裁判する。大法廷と小法廷のどちらで審理・裁判するかは最高裁判所が決めることができるが，判例を変更する場合や，法令等の憲法適合性を審査する場合，および違憲判決を出す場合は大法廷で審理・裁判しなければならない（裁10条）。

2　最高裁判所の権限

最高裁判所は，①「上告」および「訴訟法において特に定める抗告」についての裁判権，②違憲審査権，③裁判所規則制定権，④下級裁判所裁判官の指名権，⑤司法行政監督権を有する。

①および②につき，最高裁判所は，終審裁判所として，最終的な判断を下し，法令の解釈を統一し，違憲の疑いのある法令等について憲法適合性を決定する。

③については前述のとおり（本章２Ⅳを参照），裁判所の自律のため最高裁判所に与えられている。

④，⑤については，明治憲法では，司法省（現在の法務省）に与えられていた権限であり，これを行使する点で，最高裁判所は明治憲法下の大審院に比べ，権限が広くなっている。

3　国 民 審 査

最高裁判所の裁判官については，任命後初めて行われる衆議院議員総選挙の際に，また，その後10年経過するごとに，初めて行われる衆議院議員総選挙の際にも国民審査が行われる（憲79条２項）。国民審査において，投票者の過半数が罷免を可とすると，その裁判官は罷免される（憲79条３項）。この制度は，最高裁判所の地位と権能（特に違憲審査権）の重要性にかんがみて，最高裁判所に対して**民主的統制**を及ぼすために採用された。

国民審査は，多額の費用を使って行われるにもかかわらず，国民の関心は低く，また，この制度で罷免とされた裁判官はいない。そのため，国民審査は実効性を欠いているのではないかとの批判もある（図表16-２）。

Ⅳ　裁判の公開

裁判の公正を確保するためには，その重要な部分が公開される必要がある。

図表16-2　2014年12月14日実施の国民投票の結果

氏名	罷免を可とする投票数 （総投票数5081万7406票）
鬼丸かおる	4678069（9.20%）
木内道祥	4862019（9.56%）
池上政幸	4855670（9.55%）
山本庸幸	4280327（8.42%）
山﨑敏充	4786202（9.41%）

出典：総務省ホームページ（http://www.soumu.go.jp/senkyo/senkyo_s/data/shugiin47/index.html）

そこで，憲法82条は，「裁判の対審及び判決は，公開法廷でこれを行ふ」と規定する。

憲法82条の規定する「**対審**」とは，裁判官の面前で，当事者が口頭でそれぞれの主張を述べることをいう。「**公開**」とは，訴訟関係人だけでなく，一般に公開されるという意味であり，**傍聴の自由**を認めることを意味する。ただし，傍聴席の数に限りがあることや，裁判長が法廷の秩序を維持するため必要があると認めたとき一定の制約を加えることは公開原則に反しないとされる。また，最近では，訴訟関係人の名誉・プライバシー，企業秘密などその他の人権に対する配慮の必要性が主張されている。

Topics

裁判員制度

地方裁判所では，2009（平成21）年以降，死刑または無期の懲役もしくは禁錮にあたる罪にかかる事件と，これ以外の事件でも故意に被害者を死亡させたような事件を対象に，裁判員裁判が行われている。裁判員裁判は，「司法に対する国民の理解の増進とその信頼の向上」という要請にこたえるために導入された（「裁判員の参加する刑事裁判に関する法律」1条）。裁判員裁判では，裁判所は，原則として３名の裁判官と６名の裁判員で構成され，裁判官と裁判員は，事実認定，法令の適用および量刑を合議で行う。その決定方法は，裁判官と裁判員の合議体の過半数で，裁判官および裁判員のそれぞれが１名以上賛成する意見による。

この制度については，①裁判官の判断による結論が，裁判員の判断によって覆されうることが，憲法76条３項が定める裁判官の職権の独立に反する，②被告人の公平な裁判所で裁判を受ける権利（憲32条・37条）を侵害する，③憲法18条が禁止する意に反する苦役になるのではないか，などの批判が寄せられる。

これに対して，①従来から，上級審の裁判に拘束力があることや，合議体での裁判など，裁判官の職権行使を一定程度制限する制度があることから，必ずしも憲法76条３項違反とはいえない，また，②日本国憲法制定の際，明治憲法下での陪審制の経験をふまえて，「裁判官」ではなく，「裁判所」による裁判という表現が選ばれたことなどから，憲法32条・37条違反とはいえない，そして，③裁判員の職務は，参政権と同様の権限を国民に付与するものであり，これを「苦役」ということは必ずしも適切ではなく，辞退に関し柔軟な制度を設け，また，負担を軽減するための経済的措置が講じられているので，憲法18条後段が禁ずる「苦役」にはあたらない，などの反論がある。

なお，裁判員制度が憲法76条１項・２項・３項，80条，31条，32条，37条１項などに違反するか否かが争われた事件で，最高裁判所は，全員一致で，合憲と判断している（最大判平23・11・16刑集65・８・1285）。

ほかにも，裁判中に遺体の写真などを見たことにより急性ストレス障害になったとして国家賠償請求訴訟が起こされるなど，裁判員制度はさまざまな課題を抱えている。他方で，最高裁判所が実施した「裁判員等経験者に対するアンケート」では，裁判員として裁判に参加したことにつき，多くの回答者が「非常によい経験と感じた」または「よい経験と感じた」と答えている。

4　違憲審査制

Ⅰ　違憲審査制の意義

憲法98条１項は，「この憲法は，国の最高法規であつて，その条規に反する法律，命令，詔勅及び国務に関するその他の行為の全部又は一部は，その効力を有しない」と規定する。憲法は，国の法秩序のなかで最も強い効力をもつ。しかし，実際には，法律などの下位の法規範や行政権が憲法に違反することがある。そのような事態を事前に予防しまたは事後に是正するしくみを「**憲法保障**」という。この憲法保障制度のなかで最も重要なものが，裁判所によって憲法を保障しようとする「**違憲審査制**」である。

違憲審査制は，国民の代表機関である議会が制定した法律等を，国民に選ばれていない裁判官が無効とする制度である。そのため，かつては，国民主権の原理や権力分立に反すると考えられていた。しかし，第二次世界大戦に経験したファシズムによる人権侵害に対する深刻な反省から，**「法律による人権侵害」**からも国民を守る必要があると考えられるようになり，戦後に制定された多くの憲法において採用された。

日本では，日本国憲法により初めて違憲審査制が導入された（憲81条）。

Ⅱ　違憲審査制の類型

違憲審査制には，大きく分けて，①個人の権利保障を主たる目的とする**付随的違憲審査制**（**私権保障型**）と，②憲法を頂点とする法体系の客観的維持を主たる目的とする**抽象的違憲審査制**（**憲法保障型**）の２種類がある。

付随的違憲審査制は，通常の裁判所が，具体的事件を処理するのに必要な限度で違憲審査を行う制度であり，アメリカなどで採用されている。そのため，憲法判断は判決理由中に示され，判決の効力はその事案のみに限られるが，救済のために必要であれば遡及効をもたせることもできる。

抽象的違憲審査制は，違憲審査のために特別に設けられた裁判所（憲法裁判所）が，具体的な事件の解決とは無関係に，抽象的に審査を行う制度であり，ドイツやフランスなどで採用されている。そのため，憲法判断は判決主文に示され，判決の効力はその事件のみに限られない一般的効力をもつ（本章３Ⅷを参照）。

実際には，両者の差は相対化しつつある。アメリカでも，当事者適格を緩和するようになり，法律を施行前に差し止めるなど，憲法保障型に近い運用がなされるようになってきている。また，ドイツ型についても，個人が憲法裁判所に個別的な権利侵害の排除を申し立てることが認められるなど，私権救済機能が重視されるようになってきている。

Ⅲ　日本の違憲審査の型

日本国憲法は，81条において，最高裁判所が最終的な違憲審査を行うことを規定しているが，それがどちらの型であるかについては明らかではない。

通説は，日本国憲法は，**付随的違憲審査制**を採用していると解する。その理由としては，①81条が「司法」の章にあるから，違憲審査権は，司法の作用に付随するものと考えられること，②抽象的違憲審査制が認められるなら，それに関連する規定が憲法にあるべきなのにそれがないこと，などがある。

この問題について，最高裁判所は，自衛隊の前身である警察予備隊の違憲性の確認が求められた警察予備隊違憲訴訟（最大判昭27・10・8民集6・9・783）において，「わが現行の制度の下においては，特定の者の具体的な法律関係につき紛争の存する場合においてのみ裁判所にその判断を求めることができるのであり，裁判所がかような具体的事件を離れて抽象的に法律命令等の合憲性を判断する権限を有するとの見解には，憲法上及び法令上何等（なんら）の根拠も存しない」と述べ，抽象的違憲審査制を否定した。

Ⅳ　違憲審査の要件

日本の違憲審査制は付随的違憲審査制なので，司法裁判所の通常の訴訟手続のなかで違憲審査が行われる。つまり，民事，刑事，行政訴訟のそれぞれの手続と要件にしたがって訴訟が進行される。

検察官に起訴の権限が独占的に与えられている刑事訴訟では，特に訴訟要件は問題とならない。これに対し，私人である当事者の請求によって訴訟が開始される民事訴訟では，具体的事件性の要件（本章1Ⅱを参照）のほか，原告適格（訴えを提起する適正な資格があるか）や訴えの利益などの要件が必要となる。また，行政庁の公権力の行使等が問題となる行政訴訟では，具体的事件性，処分性（事件の成熟性），原告適格，訴えの利益などの要件が，民事訴訟の場合よりも厳格に求められる。

Ⅴ　違憲審査の主体と対象

1　違憲審査の主体

最高裁判所が違憲審査権を有することに疑いはない。しかし，下級裁判所も違憲審査権を行使できるかが問題となる。この点，違憲審査権は司法権の機能の一環であるから，司法権を担当する下級裁判所も違憲審査権を有すると解される。

2　違憲審査の対象

(1)　条約　　憲法81条は，「一切の法律，命令，規則，又は処分」が違憲審査の対象となるとしているが，これにあげられていない「条約」が違憲審査の対象となるかが問題となる。国内法である憲法と国際法である条約とが異なる法体系にあると考える場合，または，条約のほうが効力の点で憲法に優位すると考える場合（条約優位説），にはこの問題は起こらない。しかし，条約も，国内的効力を有することから，憲法と条約は同一の法体系にあると考えられる。また，条約優位説に立てば，憲法を，憲法96条による手続によらないで，より簡単に改正できてしまうことになるので，不合理である。

そこで，**憲法優位説**に立ちつつも，条約は憲法81条に列挙されていないため，違憲審査の対象とならないとする説もあるが，条約も国内では国内法として通用するため，憲法81条の「法律」に準じるものとして，違憲審査の対象となると考えるのが妥当である。

(2)　立法不作為　　法律は違憲審査の対象とはなるが，「法律が制定されていないこと（**立法不作為**）」が違憲審査の対象となるかが問題となる。基本的には，いつ，どのような法律を制定するのかについては国会の裁量事項である。しかし，憲法の明文上または解釈上，一定の立法をなすべきことが義務づけられているにもかかわらず，正当な理由もなく相当の期間を過ぎてもなお立法がなされなかった場合または立法措置が不十分だった場合には，違憲審査の対象となると解される。

立法不作為を争う手段としては，憲法上必要な法律を制定していないという国会の不作為に対して，国家賠償法に基づいて損害賠償責任を追及することが考えられる。これに対し，最高裁判所は，国会議員の立法行為（不作為も含む）は，「立法の内容が憲法の一義的な文言に違反しているにもかかわらず国会があえて当該立法を行うというごとき，容易に想定し難いような例外的な場合でない限り，国家賠償法１条１項の規定の適用上，違法の評価を受けないものといわなければならない」と述べ，立法不作為の違憲審査を否定するかのような立場を示した（在宅投票制廃止事件――最判昭60・11・21民集39・７・1512，第11章**4** Ⅲ１を参照）。しかし，その後，最高裁判所は，在外国民の選挙権の制限が問題となった事件において，10年以上立法措置がとられなかったことは，この「**例外的な場合**」にあたるとして，立法不作為を国家賠償法上違法と判断した（最大判平17・９・14民集59・７・2087）。

Ⅵ　違憲審査の方法

１　立法事実

付随的違憲審査制は，具体的事件を前提とするので，裁判所はまず，「誰が，何を，いつ，どこで，どのように行ったか」といった具体的事実（**司法事実**）を認定する必要がある。しかし，違憲審査では，法律等の合憲性が問題となるため，その法律の立法目的および立法目的を達成する手段（規制手段）の合理性を支える社会的・経済的・文化的な一般事実（**立法事実**）の存在と妥当性が検討される。

最高裁判所は，薬事法事件（最大判昭50・４・30民集29・４・572）において，薬局の距離制限が不良薬品の供給を防ぐという立法目的達成のために必要か，また，その立法目的は他のより緩やかな手段では達成できないかについて，立法事実を詳細に検討して違憲判断をした（第９章**5** Ⅰ３を参照）。また，近年では，国籍法違憲判決（最大判平20・６・４民集62・６・1367）や婚外子法定相続分違憲決定（最大決平25・９・４民集67・６・1320）において，最高裁判所は立法事実の変化に着目して，規制が制定された当初は，その規制に合理性はあったが，近年では，社会の変化などによりその合理性は失われているとして違憲判断をしている（第７章**3** Ⅳを参照）。

２　文面審査と適用審査

付随的違憲審査制のもとでの違憲審査の方法には，法律が具体的事件に適用される限りでの合憲性を審査する方法（**適用審査**）と，当該事件の事実関係にはかかわりなく，法律の文面上の合憲性を審査する方法（**文面審査**）がある。事件の解決に必要な範囲で違憲審査を行う付随的違憲審査制は，本来は適用審査を原則としてきた。しかし，日本では，違憲審査制の憲法保障機能が意識されてきたせいか，適用審査はほとんど行われてこなかった。

Ⅶ　憲法判断の方法

1　憲法判断の回避

付随的違憲審査制のもとでは，裁判所は，事件の解決に必要がない場合にはできる限り政治部門の判断に介入すべきでないとされる。そこで，憲法上の争点に触れずに事件を解決できる場合には憲法判断を行わないというルールがある（**憲法判断回避の原則**）。この憲法判断回避の方法として，**憲法判断そのものを回避する方法**と，**違憲判断を回避する方法**（**合憲限定解釈**）がある。

⑴　憲法判断そのものの回避　　これは，憲法上の争点にまったく触れなくても当該事件の解決が可能であるとして，合憲性の争点に関する判断を行わない方法である。

この方法が用いられた例としては，恵庭（えにわ）事件があげられる（第4章**5**を参照）。この事件では，自衛隊の演習による騒音に悩まされていた被告人らが，自衛隊の電話通信線を切断したため，「防衛の用に供する物を損壊」したとして，自衛隊法121条違反により起訴された。札幌地方裁判所は，被告人らの行為はそもそも自衛隊法121条の構成要件に該当しないとして，被告人らを無罪とした。そして，自衛隊の合憲性については，「当該事件の裁判の主文の判断に直接かつ絶対必要な場合にだけ，立法その他の国家行為の憲法適否に関する審査決定をなすべき」であるから，「なんらの判断をおこなう必要がないのみならず，これをおこなうべきでもない」と判示した（札幌地判昭42・3・29下刑集9・3・359）。

⑵　合憲限定解釈　　これは，実質的には違憲判断がなされるが，その際になるべく法律を救済する仕方で行う方法である。つまり，合憲性が争われているある法律について複数の解釈が可能であり，広く解釈すれば違憲となるが，

その法律の意味を限定して狭く解釈すれば合憲となる場合に，後者の解釈をする方法である。合憲限定解釈は，法律の文言に明らかに矛盾するような場合は，国民に対して法律の内容についての予見可能性を失わせることになるため，認められない。

この方法が用いられた例としては，福岡市青少年保護育成条例事件（最判昭60・10・23刑集39・6・413）があげられる。この事件で最高裁判所は，青少年保護育成条例が禁止する「淫行」について，結婚を前提とする真摯(しんし)なものを含む青少年に対する性行為一般ではなく，青少年の心身の未成熟に乗じた不当な手段により行う性交または性交類似行為や青少年をたんに自己の性的願望を満足させるための対象として扱っているとしか認められないような性交または性交類似行為であるとする合憲限定解釈を行った。

2　違憲判決の種類

⑴　法令違憲　　問題となっている法令の規定自体を違憲とする方法を，**法令違憲**という。最高裁判所は，これまで，9種類，10回，法令違憲の判断を下している（図表16-3）。法令違憲のなかには，法令の規定の一部を違憲とするものもある。たとえば，尊属殺重罰規定違憲判決では，刑法200条（当時）を全体として違憲としたが，国籍法違憲判決では，国籍法3条1項（当時）の規定の一部を違憲とした。再婚禁止期間違憲判決では，女性にのみ6ヵ月の再婚禁止期間を定めた民法733条1項の規定のうち，100日を超える部分を違憲とした。

⑵　適用違憲　　法令自体を違憲とはしないで，その法令が適用される事例に注目して，その事例の当事者に適用される限りにおいて違憲とする方法を**適用違憲**という。適用違憲には，①法令の合憲限定解釈が不可能な場合に，その法令が当該事件に適用される限りで違憲とするもの，②合憲限定解釈が可能な法令を，合憲限定解釈しないで，違憲的に適用した場合，③法令そのものは合憲であるが，その法令の執行者が人権を侵害するような形で解釈適用した場合，の3つの類型がある。

なお，③については，法令の適用よりも，公権力の行使をしての個別的・具体的な行為（処分）そのものの合憲性を問題とすることから，「**処分違憲**」と

図表16-3　法令違憲

尊属殺重罰規定違憲判決	最大判昭和48年4月4日（刑集27・3・265）	刑法200条は憲法14条に違反
薬事法違憲判決	最大判昭和50年4月30日（民集29・4・572）	薬局の距離制限は憲法22条に違反（→第9章を参照）
衆議院議員定数配分規定違憲判決	最大判昭和51年4月14日（民集30・3・223）	1対4.99の議員定数不均衡は憲法14条に違反（→第11章を参照）
衆議院議員定数配分規定違憲判決	最大判昭和60年7月17日（民集39・5・1100）	1対4.40の議員定数の不均衡は憲法14条に違反（→第11章を参照）
森林法違憲判決	最大判昭和62年4月22日（民集41・3・408）	共有林の分割を制限していた森林法186条は憲法26条違反（→第9章を参照）
郵便法違憲判決	最大判平成14年9月11日（民集56・7・1439）	郵便法68条は憲法17条違反（→第12章を参照）
在外国民選挙権制限違憲判決	最大判平成17年9月14日（民集59・7・2087）	公職選挙法附則8号は憲法15条，43条，44条違反（→第11章・第12章を参照）
国籍法違憲判決	最大判平成20年6月4日（民集62・6・1367）	国籍法3条1項は憲法14条違反
婚外子法定相続分違憲決定	最大決平成25年9月4日（民集67・6・1320）	民法900条4号但書前段は憲法14条違反（→第7章を参照）
再婚禁止期間違憲判決	最大判平成27年12月16日（民集69・8・2427）	民法733条1項の規定のうち，100日超過部分は憲法14条1項，24条2項違反

出典：吉田仁美編『スタート憲法［第二版］』成文堂，2014年，p.113を参照のうえ筆者作成

分類する説もある。愛媛玉串料訴訟（最大判平9・4・2民集51・4・1673）や空知太（そらちぶと）神社事件（最大判平22・1・20民集64・1・1）などがこの類型にあたるとされる（第8章**2**Ⅳ「政教分離」を参照）。

Ⅷ　違憲判決の効力

1　一般的効力・個別的効力

裁判所が，ある法律を違憲・無効としたときに，その法律の効力はどうなるのかが問題となる。この点について，憲法98条1項の最高法規性を根拠に，当

該法律は一般的・客観的に無効となる（つまり，国会が法律の改廃をしなくても無効となる）とする説（**一般的効力説**）や憲法になんの定めもないことから，違憲とされた法律の効力については法律にゆだねられているとする説（**法律委任説**）もある。しかし，付随的違憲審査制のもとでは，当該事件の解決に必要な限りで違憲審査が行われることから，違憲判決の効力も当該事件に限って及ぶとする説（**個別的効力説**）が妥当である。実際に，刑法200条の尊属殺重罰規定が1973（昭和48）年に違憲とされた後も，1995（平成７）年まで改廃されなかったという例もある。ただし，個別的効力とはいえ，他の国家機関は司法部による違憲判決を尊重することが求められる。つまり，国会は違憲とされた法律をすみやかに改廃し，政府はその執行を控えるなどの措置をとることが求められる。実際に，薬事法違憲判決や森林法違憲判決，国籍法違憲判決では，違憲とされた法律については，国会はすみやかに改廃の手続をとった。前述の尊属殺重罰規定についても，改廃は長い間なされなかったが，運用上，同条が適用されることはなかった。

2　遡及効と将来効

違憲判決については，**遡及効**や**将来効**が問題となる。

(1)　遡及効　　違憲判決が下されると，問題となった法令（およびその適用）または処分は，その適用時または処分時にさかのぼって，当事者との関係では無効になる（**遡及効**）。このような遡及効を当事者以外に対しても認めてよいのかが問題となる。これを認めると，相当の混乱が起き，法的安定性が損なわれることが予想される。そのため，当事者以外に対して遡及効は認められないと考えられている。この点が問題となったのが，婚外子法定相続分違憲決定である。もし当事者以外にも遡及効が認められたら，すでに確定した相続をやり直さなければならなくなり，相当な混乱が起こることが予想された。そこで，最高裁判所は，法的安定性を理由に，本件違憲判断は，違憲となった規定を前提としてされた遺産の分割の審判などにより，「確定的なものとなった法律関係に影響を及ぼすものではない」と判示している（最大決平25・9・4民集67・6・1320，第７章「重要判例」を参照）。

これに対し，ある法律に基づいて服役している受刑者が，その法律が違憲となった場合にも引き続き服役しなければならないとすることは不合理である。そこで，刑事事件について，遡及効を認めるべきかについて議論されている。

(2) 将来効　個別的効力説に立つ場合，判決の効力を将来の一時期から発生させる「将来効」は許されないのが原則である。しかし，議員定数不均衡事件については，国会による自主的な是正を促すために，例外的に将来効を認めるべきだとする説もある。

Topics

議員定数不均衡訴訟と違憲判決の将来効

議員定数不均衡訴訟では，一票の較差が違憲と判断されても，違憲とされた選挙区割りに従って行われた選挙を無効とはしない，いわゆる事情判決の法理が用いられてきた。そのため，国会が違憲判決にしたがって選挙区割りを改正しないまま次の選挙を行ったとしても，最高裁判所は有効な打開策をもっていなかった。また，国会が選挙区割りの改正を行う場合でも，違憲とされた選挙で選ばれた議員が法の改正を行うことは，法の正統性の観点から問題があるのではないかという指摘がある。

これらの問題を避けるために，将来効判決を用いるべきではないか，つまり，違憲判決の効果は判決後一定期間が経過した後に発生するとして，その間に選挙区割りの改正をするように促すべきではないかと主張されるようになった。最大判昭和60年７月17日（民集39・５・1100）の寺田治郎らによる補足意見は，「判決確定により当該選挙を直ちに無効とすることが相当でないとみられるときは，選挙を無効とするがその効果は一定期間経過後に始めて発生するという内容の判決をすることも，できないわけのものではない」と指摘している。

議員定数不均衡の問題は，国会による抜本的な改正がなかなかなされないことから，この将来効判決が望ましいのではないかとの意見もある。他方で，この手法に対しては，そもそもなにを根拠に行うことができるのか，一定期間とはどのように設定されるのか，一定期間内に改正がなされなかったらどうするのか，などの批判がある。

第17章　財　政

POINT

① 財政の基本原則（財政民主主義および租税法律主義）について理解する。
② 予算の法的性格について，3つの主要な学説を比較して理解する。
③ 公金支出の禁止（憲89条）の意義について理解する。

1　財政の基本原則

Ⅰ　財政民主主義

国家活動は，財源の裏づけがなければ成り立たないが，その財源は国民が負担することになる。ゆえに時の政府（政治権力者）が歳出歳入を恣意的に操作しないように，負担者である国民が監視・監督することが重要である。そこで，国民の代表者が集まる議会による財政のコントロールという制度が設けられるようになった。これが**財政民主主義**の考え方であり，立憲主義および権力分立制の趣旨とも関連する。日本国憲法では，「国の財政を処理する権限は，国会の議決に基いて，これを行使しなければならない」（憲83条）と規定し，財政について国会のコントロールを認めている。

大日本帝国憲法（明治憲法）では，第6章を「会計」と題して国家の財務に関する綱領を規定していた（旧憲62条～72条）。日本国憲法における変更点（削除，新規追加，内容変更）は，連合国軍総司令部（GHQ）の占領政策を反映した国家統治機構の変革によるものである（特に憲法88条・89条に注意）。

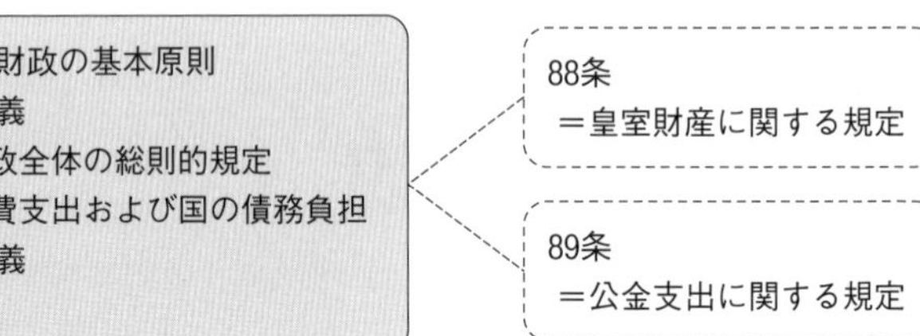

具体化

予算作成から財政報告まで
86条＝予算
87条＝予備費
90条＝会計検査
91条＝財政報告

図表17-1　憲法第7章「財政」(83条～91条) の基本構造

Ⅱ　租税法律主義

1　納税の義務と租税法律主義の由来

租税を納入する国民の義務については,「国民は, 法律の定めるところにより, 納税の義務を負ふ」(憲30条, 旧憲21条) と定められている。納税の義務それ自体は個々人の意思決定によって引き受けるものではなく, なんらかの便益を受けるための対価でもない。いわば国民としての「本分」に基づく片務的な義務である。国家を構成する国民が, 国政に必要な公費を負担する義務を負うことは当然であろう。ただし, その徴収は正当な根拠に基づき公正に行われなければならない。公費の負担は, 個々人の財産権 (憲29条1項, 旧憲27条1項) の制約を意味するからである。

ところで, 為政者による「苛斂誅求」な取り立ては, 古今東西しばしば行われてきた。それに対して, 租税の賦課には納める側の承諾が必要であるという主張が登場し,「**代表なければ課税なし**」と表現される政治原則として, 英国における13世紀の「マグナ・カルタ」, 17世紀の「権利請願」および「権利章典」などに盛り込まれた。そして近代では, 議会制度の発達とともに租税の賦課には法律の規定を必要とするようになる。これを**租税法律主義**という。議会で法律を制定するのは代表者である議員であるから，租税法律主義は，「代表なければ課税なし」という古くからの政治原則を継承しているわけである。ただし，法律で決めればいかなる課税でも正当化されるということではない。

2　租税とは

「あらたに租税を課し，又は現行の租税を変更するには，法律又は法律の定める条件によることを必要とする」(憲84条)。租税は国民に対して直接負担を求めるものであるから，必ず国民の同意を得なければならないという原則が示されている。しかもその同意は法律または法律の定める条件という形式を必要とする（租税法律主義）。

「租税」とは，「国または地方公共団体が，その使用する経費に充てるために強制的に徴収する金銭給付」とされている。すなわち，形式的に租税とはいわなくても国権に基づいて強制的に徴収される金銭については，法律または国会の議決によって定めなければならない（財政３条）。また憲法84条の「法律」には，条例も含まれる（最大判平18・３・１民集60・２・587）。

重要判例

憲法84条と租税以外の公課
――旭川市国民健康保険条例事件（最大判平18・３・１民集60・２・587）

国，地方公共団体等が賦課徴収する租税以外の公課であっても，その性質に応じて，法律または法律の範囲内で制定された条例によって適正な規律がされるべきものと解すべきであり，憲法84条に規定する租税ではないという理由だけから，そのすべてが当然に同条に現れた法原則のらち外にあると判断することは相当ではない。そして，租税以外の公課であっても，賦課徴収の強制の度合い等の点において租税に類似する性質を有するものについては，憲法84条の趣旨が及ぶと解すべきであるが，その場合であっても，租税以外の公課は，租税とその性質が共通する点や異なる点があり，また，賦課徴収の目的に応じて多種多様であるから，賦課要件が法律または条例にどの程度明確に定められるべきかなどその規律のあり方については，当該公課の性質，賦課徴収の目的，その強制の度合い等を総合考慮して判断すべきものである。

法律で定めなければならない事項は，**課税要件**（納税義務者，課税物件，課税標準，税率など）と**課税手続**（賦課・徴収方法など）の両方にわたる（最大判昭30・3・23民集9・3・336）。課税要件の法定を実質化する諸原則について，図表17-2に整理しておく。なお，法律上は課税できる物品であるにもかかわらず，実際上は非課税として取り扱われてきた物品を，「通達」によって新たに課税物件として取り扱うことも，通達の内容が法の正しい解釈に合致するものであれば許される（最判昭33・3・28民集12・4・624）。

図表17-2　課税要件の法定を実質化する諸原則とその内容

原　　則	内　　容
課税要件の明確化	納税義務者，課税物件，課税標準，税率などの具体的要件を法律で明確にしなければならない。
遡及法律の禁止	課税の要件を定めた法律は過去にさかのぼらない。
概括的委任の禁止	課税に関する事項を命令に委任した場合，個別的・具体的であることを要する。

重要判例

日本国憲法の租税法律主義（最大判昭30・3・23民集9・3・336）

日本国憲法のもとでは，租税を創設し，改廃するのはもとより，納税義務者，課税標準，徴税の手続はすべて前示のとおり法律に基づいて定められなければならないと同時に法律に基づいて定めるところに委せられていると解すべきである。

重要判例

通達による課税処分の是非
――パチンコ球遊器事件（最判昭33・3・28民集12・4・624）

パチンコ球遊器に対する物品税の課税がたまたま通達を機縁として行われたものであっても，通達の内容が法の正しい解釈に合致する以上，それに基づく課税処分は法の根拠に基づく処分と解するに妨げがない。

ところで，租税立法の合憲性が争われた事例として，社会的にも話題となった「サラリーマン税金訴訟」がある。これは，所得税法の課税規定が給与所得者（サラリーマン）に不利であることを理由に課税処分の取消しを求めて争われた裁判である。わが国の税制度では，申告納税方式という仕組みが採用されている。その際，所得の性質の違い等を理由として，給与所得者と事業所得者等（たとえば自営業の人）は区別されている。すなわち，事業所得者等であれば，自分でその年の所得や必要経費を税務署に申告することによって税金の額が決まるが，給与所得者は，あらかじめ給与等から「天引き」されることになっている（いわゆる源泉徴収）。このように，納税において給与所得者と事業所得者等を区別することにより，両者にはさまざまな相違が生じることになるが，それらは不合理な差別であり，「法の下の平等（憲14条1項）」に反するのではないかという疑問が提起されたのである。最高裁判所は，租税法上の不平等を裁判所が是正することは難しく，租税立法の合理性については，原則として国会（立法府）の判断を尊重するという考え方を示した。

重要判例

税制立法の不平等
――サラリーマン税金訴訟（最大判昭60・3・27民集39・2・247）

租税法の分野における所得の性質の違い等を理由とする取扱いの区別は，その立法目的が正当なものであり，かつ，当該立法において具体的に採用された区別の態様が右目的との関連で著しく不合理であることが明らかでない限り，その合理性を否定することができず，これを憲法14条1項の規定に違反するものということはできないものと解するのが相当である。

3　国費の支出および国の債務負担

「国費を支出し，又は国が債務を負担するには，国会の議決に基くことを必要とする」（憲85条）。国の債務負担に対する国会の議決の方法には，予算の形式による方法，法律の形式による方法がある（財政15条）。

ここで，「国の財政処理権限の行使」および「国費支出又は債務負担」には国会の議決が必要である（憲83条・85条）のに対し，「租税の新規賦課または変更」には，たんなる議決ではなく，必ず法律（または法律の定める条件）が必要である（憲84条）ことに注意されたい。法律は国会の議決によって成立するが，国会の議決は必ずしも法律制定に限られないからである（たとえば，予算・決算の承認）。要するに，財政民主主義の一般原則に加えて，特に租税法律主義を適用しなければならない事項があることになる。

2　予　　算

Ⅰ　予算の法的性格

1　予算とは

「内閣は，毎会計年度の予算を作成し，国会に提出して，その審議を受け議決を経なければならない」（憲86条）。国の収入および支出は，毎年予算という形式で内閣から国会に提出され，審議・議決される。つまり予算の作成と国会への提出権は内閣にあるが，予算を審議し議決するのは国会である。ここにも財政民主主義の原則が現れている。予算とは，一般に「**一会計年度における国の財政行為の準則**」とされている。国および普通地方公共団体の会計年度は，毎年４月１日に始まり，翌年３月31日に終わる（財政11条，自治208条１項）。

個人や家計における経済活動と同じく，財政を円滑に行うには国家の収入・支出を明確にするための見積もり表（これが予算である）が有用かつ必要不可欠である。しかし，なぜ国会の議決を受けなければならない「予算」をわざわざ作成する義務があるのだろうか。そもそも政府は法律に基づいて徴税し法令にしたがって活動するわけだから，すでに議会によるコントロールを受けているといえる。それにもかかわらず，それらの法規とは別に，国会の議決を要する「予算」を作成しなければならない理由はなにか。ここに，予算の法的性格という問題が生じる。

2　予算の法的性格

予算の法的性格については，古くからヨーロッパ諸国でも憲法学者の間に議論があった。たとえば，「予算は法律である」「議会が政府に財政処理の委任を与えたもの」「議会が財政処理に関する政府の責任をあらかじめ解除したもの」「政府が財政処理を行うための必要条件」などの諸説がある。また大日本帝国

図表17-3　予算と法律の相違

予　算	法　律
政府を拘束するのみ。	国民を直接拘束する。
一会計年度に限られている。	新たな法律により改廃されるまで有効。
内容的に計算だけを扱う。	さまざまな権利義務にかかわる。
公布規定がない。	天皇による公布が必要（憲7条1号）。
提出権が内閣にある（憲73条5号・86条）。	法律案は国会議員・内閣共に提出できる（国会56条，内閣5条）。
衆議院に先議権がある（憲60条1項）。	衆議院・参議院どちらに先に提出してもよい（国会56条，内閣5条）。
衆議院の議決の効力に優越はあるが再議決制は認めていない（憲60条2項）。	衆議院の再議決が可能である（憲59条）。

憲法（明治憲法）の解釈としては，予算（もちろん帝国議会の協賛を経る必要がある）は法律でも命令でもなく天皇が行政官庁に対して下した訓令である，という説もあった。現在は次の3つの学説がある。

① 予算行政説……予算は国費の支出に関して国会が内閣に対して与える事前の承認。

② 予算法形式説……予算は法律とは異なる国法の一形式である。

③ 予算法律説……予算は法律の一種である（予算と法律を基本的に区別しない）。

このなかで，**予算法形式説**が多数説とされている。図表17-3に示すような予算と法律の相違が，予算法形式説の論拠である。

3　予算と法律の不一致

多数説（予算法形式説）のように，予算は政府の行為を規律する法規範であって法律とは異なる特別な法形式であると解した場合，予算と法律の不一致の問題が生じる。

① 予算は成立したが，その事業を執行する法律が成立していない場合。

② 法律はあるが，その執行に必要な予算が確保されていない場合。

上記①の場合は，国会に対して法律の制定を働きかけることになるが，国会がこれに応じる義務はない。②の場合，内閣は法律を誠実に執行する任務を負っている（憲73条１号）から，**補正予算**（財政29条），**経費流用**（財政33条２項），**予備費支出**（財政24条・35条）などの方策を使って対処することが必要になる。

Ⅱ　予算に関する諸問題

1　予算の修正

内閣から提出された予算案の修正には，元の予算を減らす修正（減額修正）と，増やす修正（増額修正）が考えられる。減額修正ができることには異論がないが，増額修正も可能とされている。財政に関する国会中心の財政民主主義の原則に照らして，増額修正も内閣の予算提出権を侵害しないからである。ただし，予算の同一性を損なうような根本的大修正は許されないと考えられている（限界説という）。ただし，予算法律説の立場では，修正に限界はないということになる。なお内閣は，一定の事由がある場合に限り，予算作成の手続に準じて補正予算を作成することができる（財政29条）。

2　暫定予算と予算の空白

憲法86条によると，内閣は会計年度ごとに予算を作成する（これを「単年度主義」という）ので，会計年度が開始する４月１日までに当該年度の予算が成立しない場合が生じる。大日本帝国憲法（明治憲法）には，「帝国議会ニ於テ予算ヲ議定セス又ハ予算成立ニ至ラサルトキハ政府ハ前年度ノ予算ヲ施行スヘシ」（旧憲71条）という規定が置かれていたので，特に問題はなかった。ところが日本国憲法では，財政民主主義の大原則と予算の単年度主義とが憲法上明確なので，前年度予算の執行という便宜的方法をとることができない。そこで苦肉の策として，財政法により**暫定予算**が設けられた（財政30条１項）。暫定予算は，正規の予算が成立したときには失効する（財政30条２項）。

ところが，暫定予算は，必ずしも当該年度に入る以前に成立するとは限らない。すると，本予算も暫定予算も存在しないわけで，これを「予算の空白」と称している。予算の空白は現実に幾度（いくど）か生じたことがある。予算の空白期においても，法律上国費を支出しなければならないケースがあり，もし予算の不存在を理由にその支出を怠れば違法となってしまう。したがって，法律はあるがその執行に必要な予算がない場合と同様の対応が必要となる。

3　継　続　費

一会計年度を超えて国費を支出する必要がある場合に設けられているのが，**継続費**である（財政14条の2）。完成に複数年度を必要とする事業の場合，総額と年割り額をあらかじめ国会が議決すれば数年にわたって支出できる，という規定である。しかし憲法86条の趣旨は，国費の支出につき毎年1回必ず国会の審査・承認を受けなければならない，ということであるから，財政法14条の2の規定は厳密にいうと憲法に抵触するおそれがある。この点，大日本帝国憲法（明治憲法）では，「特別ノ須要ニ因リ政府ハ予メ年限ヲ定メ継続費トシテ帝国議会ノ協賛ヲ求ムルコトヲ得」（旧憲68条）として，継続費を憲法上認めていた。

暫定予算にせよ継続費にせよ，憲法上の根拠もなく法律レベルでなんとか取りつくろっている状態である。日本国憲法は財政民主主義を徹底するあまり，そこから帰結する事態に対する周到な配慮に欠けているといえよう。この点では大日本帝国憲法（明治憲法）のほうが，より一貫性と合理性を備えていたと評価できる。

4　予　備　費

「予見し難い予算の不足に充てるため，国会の議決に基いて予備費を設け，内閣の責任でこれを支出することができる。すべて予備費の支出については，内閣は，事後に国会の承諾を得なければならない」（憲87条1項・2項）。国会の事後の承認が得られない場合は，内閣の政治責任が生じるが，支出の法的効力に影響はないとされている。また両議院および裁判所の経費は，独立して国の予算に計上し，そのなかには予備金を含めることを要する（国会32条，裁83条）。ただし，内閣所管の予備費については憲法上の根拠があるにもかかわらず，国会および裁判所の予備金については，法律上の規定にとどまっている。権力分立制の趣旨に照らして疑問が残る。

Ⅲ　決算と財政状況報告

1 決　算

「国の収入支出の決算は，すべて毎年会計検査院がこれを検査し，内閣は，次の年度に，その検査報告とともに，これを国会に提出しなければならない」（憲90条1項）。決算は，まず，会計検査院が検査し，内閣が国会に提出する（検査をした会計検査院が国会に提出するのではない点に注意）。また，両議院の議決を一致させる必要はない。国会における審査の結果は，収支の効力には影響を与えないとされているが，決算が承認されなかった場合，内閣の政治的責任は問題になり得る。会計検査院は，1880（明治13）年に創設されて以来，国をはじめ法律で定められた機関の会計を検査し，会計経理が正しく行われるように監督する職責を担ってきた。現在は，内閣から独立した憲法上の機関である（会計検査院法1条）。なお会計検査院は，世界各国の最高会計検査機関によって構成される「最高会計検査機関国際組織（略称 INTOSAI）」に加盟して（1956年の第2回総会から参加），諸外国の最高会計検査機関とも連携している（会計検査院のウェブサイトを参照）。

2 財政状況報告

「内閣は，国会及び国民に対し，定期に，少くとも毎年1回，国の財政状況

図表17-4　財政法46条に定める財政状況報告

報告の時期	報告の項目	報告の方法	報告の相手
予算が成立したときただちに （財政46条1項）	・予算 ・前前年度の歳入歳出決算 ・公債 ・借入金 ・国有財産の現在高 ・その他財政に関する一般の事項	・印刷物 ・講演 ・その他適当な方法	国民
少なくとも毎四半期ごと （財政46条2項）	・予算使用の状況 ・国庫の状況 ・その他財政の状況		国会および国民

について報告しなければならない」(憲91条)。財政民主主義の原則が行われるためには，国民が国家の財政について正確な情報を有していることが重要である。具体的には財政法46条に規定されているほか，国有財産法にも関連する規定がある(国有財産法34条・37条)。

3　公金支出の禁止

Ⅰ　公金支出禁止規定の意義

「公金その他の公の財産は，宗教上の組織若しくは団体の使用，便益若しくは維持のため，又は公の支配に属しない慈善，教育若しくは博愛の事業に対し，これを支出し，又はその利用に供してはならない」(憲89条)。公金その他の公の財産は，国民の負担と密接にかかわるので，それが適正に管理され，民主的にコントロールされることが必要である。地方自治法では，公金支出に疑義がある場合の住民監査請求を規定している(自治242条)。憲法89条の前段は，宗教上の組織・団体への公金の支出を禁止することにより，政教分離の原則(憲20条，特に3項参照)を財政面から保障することを目的とする。宗教上の組織・団体とは，「特定の宗教の信仰，礼拝，普及等の宗教的活動を行うことを本来の目的とする組織ないし団体」であり，遺族会はそれにあたらないという判例がある(最判平11・10・21判時1696・96)。憲法89条の後段については争いがあるが，公財産の濫費を防止するものと一般に解されている。

重要判例

公金支出が禁止される宗教団体に該当しない団体
――箕面市遺族会補助金訴訟(最判平11・10・21判時1696・96)

日本遺族会および箕面市戦没者遺族会は，いずれも特定の宗教の信仰，礼拝，普及等の宗教的活動を行うことを本来の目的とする組織ないし団体ではなく，憲法20条1項後段にいう「宗教団体」にも本条(憲89条)にいう「宗教上の組織若しくは団体」にもあたらない。

Ⅱ　私学助成の合憲性

現在の日本においては，私立学校のほとんどが国や地方公共団体の支援なくしては事業が成り立たない。ところが憲法89条は，「公の支配に属しない」事業に対する公金支出を禁止しているので，援助を受けるためには「公の支配」に属しなければならない。しかし「公の支配を受けない」ことが私学の存在意義であり，公金による援助を受けるために公の支配に甘んじるのは私学の自己否定ではないか，ということになる。

かといって，公の支援がなければ私学の経営はむずかしくなり，これは国民の教育を受ける権利（憲26条）ともかかわってくる。そこで，あくまでも現行の規定を維持しながら，なおかつ私学に対する公的助成を可能にするような制度および憲法解釈が生み出されてきた。要するに，形式上「公の支配に属している」という体裁をとらなければ助成はできないが，その「支配」（統制力）には幅があるから，「公の支配を受けている」と認定するための要件をできるだけ緩やかに解釈する，というやり方である。そして，私立学校振興助成法12条は「所轄庁の権限」を定め，これをもって「公の支配」が及んでいる具体的要件としているのである。加えて，補助金は国から各私学へ直接支給されるのではなく，日本私立学校振興・共済事業団という法人を通じて支給される仕組みを設けた（日本私立学校振興・共済事業団法23条）。あからさまな公金支出という形にならないようにカムフラージュしているといえなくもない。

もちろん，憲法の条文を変更するという方法もあるのだが，憲法改正には実際上非常に高いハードルがあるので，このような悪くいえば欺瞞（ぎまん）的な手法で対処してきたのである。確かにこれは結果的に有効適切な措置であるが，同時に憲法の規定が形骸化し，憲法規範それ自体が軽視されるという副作用をともなっていることを銘記すべきであろう。

Topics

財政規律と憲法

私たちは，収入を得て衣食住その他必要な支出を行い生活している。国や地方公共団体も同じように経済活動を行っており，財政とは，要するに国や地方公共団体における収入と支出の問題である。ところが日本の財政は，家計ではおよそあり得ない不健全な状態に陥ってしまった。歳入面を見ると，私たちが納める税金は必要な予算の５割程度で，４割強を借金（公債金収入）でまかなっている。一般会計歳出のうち，社会保障関係費が約３割，これに地方交付税交付金，国債費（借金の返済）を合わせると，全体の７割を超える。国の財政は，歳出が税収等を上回る財政赤字の状況が続いており，歳出と税収等の差額を借金で埋め合わせた結果，普通国債残高は年々増加し，2019（令和元）年度末で897兆円程度にのぼる見込みだという（日本の財政赤字全体は1,000兆円を超えたという計算もある）。これは，国民１人当たり約713万円の借金をかかえている計算になる。またGDP（国内総生産）の２倍を超え，いわゆる先進７カ国（Ｇ７）の中で，最も高い水準である（財務省のウエブサイト参照）。さらに，2020（令和２）年度には，新型コロナウイルス感染症緊急経済対策の財源を確保するため，国債が追加発行されることになった。この途方もない借金は，いったいどうなるのだろう。わが国に限らず，現代の民主主義国家では財政赤字が膨らむ傾向がある。社会保障･社会福祉など国民に対する手厚いサービスが要求され，また景気対策には積極的な財政出動が必要だという経済理論も有力なので，政府の役割が肥大化するからである。経費は税金でまかなうのが原則だが，政治家は選挙があるため，減税はできても増税はむずかしい。そこで借金に頼ることになるが，そのツケは将来世代に重くのしかかる。これ以上「負の遺産」を増やしてはならないので，財政の健全化は焦眉（しょうび）の急である。そのためには，政府や政党から独立した立場で財政運営を監視する独立財政機関を設置している諸外国の例も参考になる。また，選挙によって示される「民意」であっても容易に左右できない大原則を確立すること，すなわち憲法に財政規律条項を設けるのも一案であろう。

第18章 地方自治

POINT

① 地方自治制度の意義（特に「地方自治の本旨」）について理解する。
② 地方公共団体の意義・種類・機関・権能等について理解する。
③ 条例の範囲と限界について理解する。

1 地方自治の意義

I 地方自治の意義

1 民主主義と権力分散

大日本帝国憲法（明治憲法）には地方自治に関する規定がなかったが，日本国憲法では第８章に「地方自治」という章を設けている。すなわち，憲法92条で地方自治の基本原則を掲げ，憲法93条で地方公共団体の機関と住民による直接選挙，憲法94条で地方公共団の権能，憲法95条で特別法の住民投票をそれぞれ定めている。「地方自治は，民主主義の小学校」といわれることがある。民主主義の基礎を習得するためには，地方自治の実践が欠かせないという趣旨であろう。また日本国憲法の基本原理が権力分立制であるとすれば，国家機構における権力の分散および相互の抑制・均衡と並んで，地方への権力分散にも配慮することに意義が認められる。

2 地方自治の新たな動向――地方分権改革

ところで周知のように，国から地方への権限・財源委譲や市町村合併など，いわゆる地方分権改革が進行中である。地域主権改革という言葉が使われることもあるが，「国」と「地方」は完全に対等でもなく，またいたずらに対立しているわけでもない点に留意しておきたい。

さて地方分権改革は，1993（平成５）年の衆参両院における「地方分権の推進に関する決議」に端を発し，2000（平成12）年４月に施行された「地方分権の推進を図るための関係法律の整備等に関する法律」（いわゆる地方分権一括法）に続き，2006（平成18）年12月には，地方分権改革の第２段階といわれる「地方分権改革推進法」が成立した（３年間の時限立法）。そして2014（平成26）年の第186回通常国会で成立した第４次一括法（「地域の自主性及び自立性を高めるための改革の推進を図るための関係法律の整備に関する法律」）により，地方分権改革は新たなステージを迎えたとされる。さらに2015（平成27）年６月26日には，第５次一括法，2019（令和元）年６月７日には第９次一括法が公布された（内閣府の「地方分権改革」ホームページを参照）。

このような改革の動きは，少子高齢化社会を迎える日本社会全体の構造改革の必要性を背景としているが，一連の施策が本当に国民の幸福に結びつくのかどうか慎重な検証が必要だろう。なぜなら，机上の理念を先行させた急激な変革は多大な弊害をもたらすということが経験上知られているからである。国民にとっては，国であろうと地方公共団体であろうと，費用対効果の高い良質の行政サービスが受けられることが重要なのである。

また地域の身近な集団を主体的に運営していくこと（住民自治）は大切であるが，あくまでも「日本」というまとまりの存在が大前提であることを忘れてはならない。というのも，現実にはむしろ国家としての総合力を結集して対処すべき課題が数多く発生しているからである。地球温暖化問題，感染症の世界的拡大など人類社会全体にかかわる難問や，テロの脅威への対応などがその好例である。とりわけ2011（平成23）年の東日本大震災では，「オールジャパン」態勢の重要性を痛感させられた。今後予想される大規模災害に対しても，国民が一致結束して対応しなければならない場合があるだろう。このような混沌とした時代だからこそ，日本国憲法に地方自治が盛り込まれた原点に立ち戻って，地方政治のあり方（地方分権の理念と現実）を再考したいものである。

図表18-1　地方自治の法的性質に関する諸説

	内　容	批　判
制度的保障説	国から伝来したものであり（伝来説），地方自治は憲法によって制度的に保障されており，法律によって地方自治の本質的な内容を廃止・制限することはできない。	① 制度の本質的内容・核心がなにか不明確である。 ② 本質的内容に触れなければ，制約が認められて現状以下の保障となる危険性がある。
固有権説	国家以前の地方団体の固有の権利である。	①「固有の権利」の内容が明確でない。 ②「法律の留保」を認める憲法92条と矛盾する。 ③ 地方団体に固有権を認めると国家の統治権（国家主権の単一・不可分性）と矛盾する。
承認説	国から伝来したものであり（伝来説），国から与えられた範囲での権能である。	地方自治が国の立法政策によって大きく制約されることになる。

Ⅱ　地方自治の法的性質

地方自治の法的性質については，①制度的保障説，②固有権説，③承認説などがある。**制度的保障説**が通説である。

Ⅲ　地方自治の本旨

1　住民自治と団体自治

「地方公共団体の組織及び運営に関する事項は，地方自治の本旨に基いて，法律でこれを定める」（憲92条）。これは地方自治に関する総則規定といえよう。これを受けて制定された法律が**地方自治法**である。日本国憲法には，「地方自治の本旨」の具体的内容は書かれていないが，**地方自治の本旨**とは，「**住民自治**」と「**団体自治**」のことである，という説明がなされてきた。それぞれの内容ならびに憲法上の具体例および地方自治法上の具体例を整理すると，図表18-2のようになる。

図表18-２　地方自治の本旨――住民自治と団体自治

	内　容	憲法上の具体例	地方自治法上の具体例
住民自治（地方自治の民主主義的要素）	地方自治が地域住民の意思によって行われる。	・地方公共団体の長，議会の議員，法律の定めるその他の吏員の直接選挙（93条２項） ・特定の地方公共団体のみに適用される特別法に対する住民投票（95条）	（直接請求の諸制度＝地方自治法第５章） ・条例の改廃・制定請求 ・監査請求 ・議会解散請求 ・議員・長の解職請求
団体自治（地方自治の自由主義的・地方分権的要素）	地方自治が国から独立した団体に委ねられ，団体みずからの意思と責任の下でなされる。	・地方公共団体の権能に関する規定（94条）	

なお，憲法93条２項にいう「住民」とは，地方公共団体の区域内に住所を有する日本国民を意味するので，在留外国人に対して地方公共団体における選挙権が憲法上保障されるわけではないが，特別な立場にある外国人に対して，地方公共団体の長，その議会の議員等に対する選挙権を付与する立法措置を講ずることは憲法上禁止されていない，という判例がある（最判平７・２・28民集49・２・639，第５章**２**Ⅲ１「参政権」を参照）。

２　「地方自治の本旨」の深化と発展

一連の地方分権改革の過程で，地方自治の基本理念にも新たな展開がみられた。簡単に図示すると，図表18-３のようになる。従来のような「住民自治」と「団体自治」を核とした「地方自治の本旨」のとらえ方にも深化と発展のきざしがみられる。すなわち，自分たちのことは自分たちで決めるという「自己決定の原則」と，その結果も自分たちで引き受けるという「自己責任の原則」がそれである。

なお，「地方分権改革の新たなステージ」における地方分権改革のミッショ

全国的な統一性や公平性を重視する「画一と集積」の行政システム

↓

住民や地域の視点に立った「多様と分権」の行政システム

地域行政における自己決定と自己責任を基調とした行政システムの構築

- 自己決定の原則：地域の住民が自分たちで決定する。
- 自己責任の原則：自己決定の責任は自分たちが負う。

図表18-3　「地方自治の本旨」の新たな展開

ンとして,「個性を活かし自立した地方をつくる」が掲げられている。地方の「発意」と「多様性」が重視され,「提案募集方式」（権限委譲や規制緩和を地方公共団体等から募る）や,「手挙げ方式」（希望する自治体に選択的に権限委譲する）が導入された。住民自治の拡充として，政策形成過程への参画，協働の推進，地方議会の機能発揮などが期待されている。

2　地方公共団体

I　地方公共団体の意義

人々は地域において共同生活を営んでいる。その渦中でさまざまな人間関係が織り成され，経済的・文化的な「まとまり」が形成されてくる。町内会や自治会はその例である。日本国憲法の規定する地方自治の主体としての地方公共団体も，それらの自生的共同体を基礎とすることが妥当であろう。そこで地方公共団体が備えるべき要件に関する共通理解が必要である。つまり地方公共団とはどういう団体なのか（あるいは，いかなる地方団体を法制度上の地方公共団体と位置づけるか）という問題である。ここでは，しばしば援用される判例（東京都特別区区長公選制廃止事件——最大判昭38・3・27刑集17・2・121）に基づいて整理しておこう。

重要判例

憲法92条２項にいう地方公共団体とは
——東京都特別区区長公選制廃止事件（最大判昭38・３・27刑集17・２・121）

本条２項にいう地方公共団体といい得るためには，法律で地方公共団体とされているだけでは足りず，事実上住民が経済的文化的に密接な共同生活を営み，共同体意識をもっているという社会的基盤が存在し，沿革的にも現実の行政のうえにおいても，相当程度の自主立法権，自主行政権，自主財政権など地方自治の基本的権能を付与された地域団体であることを必要とするので，特別区は，本条２項の地方公共団体とは認められない。

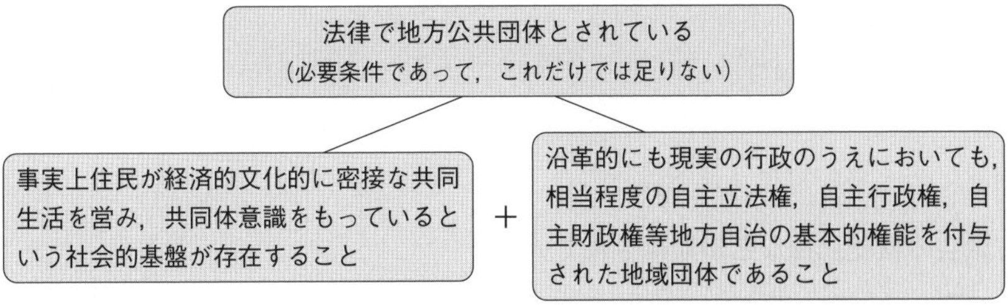

法律で地方公共団体とされている
（必要条件であって，これだけでは足りない）

事実上住民が経済的文化的に密接な共同生活を営み，共同体意識をもっているという社会的基盤が存在すること

＋

沿革的にも現実の行政のうえにおいても，相当程度の自主立法権，自主行政権，自主財政権等地方自治の基本的権能を付与された地域団体であること

図表18-４　憲法93条２項にいう「地方公共団体」とは

Ⅱ　地方公共団体の種類

1　憲法上の地方公共団体と地方自治法上の地方公共団体

地方自治法では，地方公共団体の種類を規定している（自治１条の３）。すなわち，「普通地方公共団体」として都道府県および市町村，「特別地方公共団体」として特別区，地方公共団体の組合，財産区である。なお，地方公共団体は**法人**である（自治２条１項）。

ところが，地方自治法で定める地方公共団体のすべてが議会を有しているわけではないし，長を直接選挙するわけでもない。ということは，**憲法上の地方公共団体**と認められるものと，たんなる**地方自治法上の地方公共団体**が存在することになる。

憲法上の地方公共団体であれば，その長を公選しなければならない。そのことが問題となったのが，先に参照した東京都の特別区区長公選廃止事件である。この判例では，普通地方公共団体のみを憲法上の地方公共団体としている（つまり市町村と都道府県)。そして東京都特別区（23区）は憲法93条２項の地方公共団体にあたるものではなく，特別区の区長を公選（区長公選制）にしなくても違憲ではないとした（現在では市に関する規定を特別区に適用して公選制を採用している。自治283条１項参照)。

2　地方公共団体の２段階構造

このように，特別区には問題があるものの，特別地方公共団体（地方公共団体の組合，財産区）が憲法上の地方公共団体に該当しないことは争いがない。また市町村は「基礎的な地方公共団体」とされている（自治２条３項）ので，憲法上の地方公共団体に該当することも争いがない。そこで問題は国と市町村の中間にある都道府県である。これは，「市町村」と「都道府県」という２種類の地方公共団体を設けること（憲法上の地方公共団体を２段階構造にしておくこと）は，憲法上の要請なのか，という問題である。別の言い方をすれば，地方自治法を改正して都道府県を廃止したりあるいは広域的な地方公共団体を設けること（いわゆる道州制など）は現行の憲法規定に違反するか，ということで

図表18-５　地方公共団体の２段階構造について

	内容	いわゆる道州制の可否
２段階制立法政策説	２段階制は憲法上保障されているものでなく立法政策の問題である。	現行憲法のもとで可能。
２段階制保障説	現行地方自治法が定めるような市町村と都道府県との２段階でなければならない。	都道府県を廃止してより広域な道州制を採用することは憲法違反となる。
	どのような２段階制を採用するか（都道府県制を維持するか，道州制のように地方行政の広域化に対応した地方公共団体を設けるか）は，地方自治の本旨に反しない限り，立法政策の問題である。	都道府県を廃止してより広域な道州制を採用することは，「地方自治の本旨」に反しない限り認められる。

ある。

これについては，大別して，２段階制立法政策説と２段階制保障説がある。後者はさらに２説に分かれる（図表18-５）。

Ⅲ　地方公共団体の機関

地方公共団体の組織および運営に関する事項は法律で定めることになっており（憲92条），議事機関として議会の設置，長および議会の議員等の直接選挙を規定している（憲93条）。地方公共団体は法人であるから，それ自体が活動することはできない。そこで，実際は執行機関に任じられた個人が，地方公共団体を代表して行動している。普通地方公共団体には大別すると議事機関である議会（自治第６章）と執行機関（自治第７章）がある。以下簡単に整理しておこう。

図表18-６　普通地方公共団体の機関

種類	名称	具体例	関連条文
議事機関	議会	都道府県議会，市町村議会	憲93条，自治89条
執行機関	長	都道府県知事 市町村長	憲93条，自治139条１項・２項
	委員会	教育委員会，選挙管理委員会，人事委員会など	自治138条の４第１項
	委員	監査委員	自治138条の４第１項
	執行機関の附属機関	自治紛争処理委員，審査会，審議会，調査会その他の調停・審査・諮問または調査のための機関	自治138条の４第３項

Ⅳ　地方公共団体の権能

「地方公共団体は，その財産を管理し，事務を処理し，及び行政を執行する権能を有し，法律の範囲内で条例を制定することができる」（憲94条）。これは地方公共団体の権能に関する規定である。いうまでもなく地方公共団体はここ

図表18-7　地方公共団体の権能

行政的機能	財産の管理	財産を取得し，利用し処分すること。
	事務の処理	地方公共団体の事務のうち，非権力的な事務を処理すること。
	行政の執行	地方公共団体の事務のうち，権力的な事務を処理すること。
立法的権能	条例の制定	地方公共団体が自治権に基づいて規則を制定すること。

に列挙されている事項だけを行うのではない（これらは例示である)。なお，本条の「地方公共団体」とは普通地方公共団体のみを指す。

3　条例をめぐる諸問題

Ⅰ　条例の意味

条例とは，地方公共団体が自治権に基づき，その区域内における事務に関して制定する自主立法のことをいう。地方公共団体の条例制定権は，「国会は国の唯一の立法機関である」（憲41条）という原則の例外である。また条例制定権は憲法94条に直接の根拠があるので，**法律の委任**がなくても制定できる。この点は，憲法および法律の規定を実施するために制定される**政令**（憲73条６号）と異なる。さらに，憲法がそれぞれの地方公共団体に条例制定権を認める以上，地域によって差別が生じることは当然予想されることであるから，ただちに憲法違反（法の下の平等に反する）とはならない。判例もこのことを確認している（最大判昭33・10・15刑集12・14・3305)。

重要判例

条例の地域差
――東京都売春等取締条例違反事件（最大判昭33・10・15刑集12・14・3305）

憲法が各地方公共団体の条例制定権を認める以上，地域によって差別を生ずることは当然に予期されるから，売春の取締りについて各別に条例を制定する結果，その取扱いに差別を生ずることがあっても違憲とはいえない。

図表18- 8　条例の意味

制定権者	名称	関連する法条	狭い意味（形式的意味）の条例	広い意味の条例	最も広い意味（実質的意味）の条例
普通地方公共団体の議会	条例	地方自治法96条	○	○	○
普通地方公共団体の長	規則	地方自治法15条	×	○	○
普通地方公共団体の委員会	規則その他の規程	地方自治法138条の 4	×	×	○

ところで地方公共団体が定める自主立法としての条例（自治14条）は，制定権者の違いにより 3 種類に区別される。①**地方議会**が定めるもの，②**首長**が定めるもの，③**行政委員会**が定めるもの，である。①は条例とよぶが，②および③は規則と称する。そして「条例」も狭い意味と広い意味で使われており，最も狭い意味では，①のみを指し（「形式的意味における条例」ともいう），最も広い意味では，①のほかに②と③も含める（「実質的意味における条例」ともいう）。

Ⅱ　条例の範囲と限界

条例制定は，地方自治の保障に欠かせない地方公共団体の権能である。しかし，1 つの地方公共団体の条例により，当該地域を越えた国家全体にかかわる事項を決定することは不適当であろう。また，国家には国家全体にかかわる法令（法律および国の行政機関が制定する命令）があるので，それを無視するわけにもいかない。地方公共団体は，あくまでも「日本国」のなかに存立しているからである。したがって，条例によって決めることができる事項には，おのずから範囲と限界がある。憲法94条はこのことを確認している（「地方公共団体は法律の範囲内で条例を制定することができる」）。

条例の範囲と限界に関しては，次の 3 点が注目される。第 1 に，条例は地方公共団体の事務に関して制定することが必要である（自治権の範囲による限界）。第 2 に，憲法上特に「法律」に留保されている事項との関連がある（憲法上の法律留保事項)。第３に，法令に反してはならないという限界がある(「法律の範囲内」の意味)。

1　自治権の範囲による限界——地方公共団体の事務

普通地方公共団体は，自治事務に関して条例制定権を有しており，国が本来果たすべき役割に関する事項について条例で定めることはできない（自治14条・2条2項)。国が本来果たすべき役割とは，①国際社会における国家としての存立にかかわる事務，②全国的に統一して定めることが望ましい国民の諸活動，もしくは地方自治に関する基本的な準則に関する事務，③全国的な規模もしくは全国的な視点に立って行わなければならない施策および事業の実施，である(自治１条の２第２項参照)。したがって具体的には，(ア)外交・防衛・通貨・司法，(イ)生活保護基準・労働関係基準・公正取引関係，(ウ)公的年金・宇宙開発・基幹的交通基盤の整備，などについては，条例で定めることができないと考えられる。

2　憲法上の法律留保事項

自治事務に関することであれば，条例で憲法上の基本権を制約することも許されるが，憲法上の法律留保事項と条例の関係が問題となる。憲法上の法律留保事項とは，憲法の文言において，法律で定めることになっている事項という意味である。①財産権の制約，②課税，③刑罰，の３点があげられる。

3　「法律の範囲内」の意味

憲法94条の規定を受け，地方自治法では普通地方公共団体は法令に違反しない限りにおいて条例を制定することができると定めている（自治14条１項)。言い換えると，条例の効力は国の法令に劣るということである。なお「法令（法律および命令)」であるから，立法機関である国会の定める法律はもとより，国の行政機関が制定した命令（規則）に反することもできないと解される。

それでは，「法律の範囲内」または「法令に違反しない」とは具体的にどのようなことを意味するのであろうか。まず，国がはっきり「だめ」といっていることを条例で許してしまうのは，明らかに「法令違反」といえる。つまり，法令によって明示的あるいは黙示的に禁止されていることを条例で定めること

図表18-9　条例と憲法上の留保事項

論点および関連する憲法上の規定	通説および判例等
①条例による財産権の制約は認められるか。 ※「財産権の内容は，公共の福祉に適合するやうに，法律でこれを定める」（憲29条２項）	「財産権の内容は法律で定める必要があるが財産権の行使は，条例でも定めることができる」という解釈もあるが，住民の代表機関である地方公共団体の議会が定める条例は，国の法律と同様に民主的な立法であるから法律に準じて考えることができ，したがって条例による財産権の内容の規制も認められる。 ※「奈良県ため池条例事件」（最大判昭38・６・26刑集17・５・521）
②条例による地方税の賦課徴収は認められるか。 ※「あらたに租税を課し，又は現行の租税を変更するには，法律又は法律の定める条件によることを必要とする」（憲84条） ※「国民は，法律の定めるところにより，納税の義務を負ふ」（憲30条）	地方公共団体は憲法上自治権を有するが，自治権を行使するためには必要な財源を自主的に調達できることが不可欠である。したがって地方公共団体の課税権は憲法に由来する固有の権能である。さらに条例は法律と同様の民主的立法であるから，条例により課税しても租税法律主義の趣旨を損ねることにはならない。 ※地方税法２条・３条
③条例に罰則を設けることができるか。 ※「何人も，法律の定める手続によらなければ，その生命若しくは自由を奪はれ，又はその他の刑罰を科せられない」（憲31条） ※「政令には，特にその法律の委任がある場合を除いては，罰則を設けることができない」（憲73条６号但書）	条例は公選の議員によって組織される地方公共団体の議会の議決を経て制定される自治立法であるから，行政機関の制定する命令や規則とは性質を異にしている。したがって条例への罰則の委任は，法律の授権が相当な程度に具体的であり，限定されていればよい。政令への罰則の委任の場合と同程度に個別具体的なものでなくともよい。なお長が定める規則には過料を科す旨の規定を設けることができるが（自治15条２項），過料は刑事罰ではなく一種の行政処分とされており刑法総則の適用はない。「大阪市売春勧誘取締条例事件」（最大判昭37・５・30刑集16・５・577） ※自治14条３項

はできない。

ところが，国の法令ではなにも定めていない事項について条例を定める場合や，ある特定の事項について，国の法令と条例がともに規律するような場合はどうであろうか（いわゆる「横出し条例」「上乗せ条例」に関する問題である）。これについては，徳島市公安条例事件判決（最大判昭50・９・10刑集29・８・489）が参考になる。この判決では，「条例が国の法令に違反するかどうかは，両者の対象事項と規定文言とを対比するのみでなく，それぞれの趣旨，目的，内容及び効果を比較し，両者の間に矛盾抵触があるかどうかによってこれを決しなければならない」という基本的な考え方を示した。そして，いくつかの場合に分けて，条例が法令違反となるかどうかを検討している。

重要判例

条例による財産権制限
——奈良県ため池条例事件（最大判昭38・6・26刑集17・5・521）

ため池の決壊の原因となる使用行為は，財産権の保障のらち外にあり，県の条例によって，ため池の堤とうに竹木や農作物を植え，または建物その他の工作物を設置する等の行為が禁止され，財産権の行使をほとんど全面的に禁止される結果となっても，本条（憲29条）に違反しない。

重要判例

条例による罰則規定
——大阪市売春勧誘取締条例事件（最大判昭37・5・30刑集16・5・577）

被告人Xが路上において売春目的でAを勧誘した行為は，大阪市の条例（「街路等における売春勧誘等の取締条例」）に違反するとして起訴された刑事事件。

条例は公選の議員をもって組織する地方公共団体の議会の議決を経て制定される自治立法であるから行政府の制定する命令等とは性質を異にしており，地方自治法2条3項7号および1号（平成11法87により削除）のように相当に具体的な内容の事項につき，14条5項（現3項）のように限定された刑罰の範囲内で条例に罰則の定めを授権しても憲法31条に違反しない（平成11年法87による地方自治法改正前の事件）。

重要判例

条例と法令の関係
――徳島市公安条例事件（最大判昭50・9・10刑集29・8・489）

地方自治法14条1項は，普通地方公共団体は法令に違反しない限りにおいて同法2条2項の事務に関し条例を制定することができる，と規定しているから，普通地方公共団体の制定する条例が国の法令に違反する場合には効力を有しないことは明らかであるが，条例が国の法令に違反するかどうかは，両者の対象事項と規定文言を対比するのみでなく，それぞれの趣旨，目的，内容および効果を比較し，両者の間に矛盾抵触があるかどうかによってこれを決しなければならない。たとえば，ある事項について国の法令中にこれを規律する明文の規定がない場合でも，当該法令全体からみて，右規定の欠如が特に当該事項についていかなる規制をも施すことなく放置すべきものとする趣旨であると解されるときは，これについて規律を設ける条例の規定は国の法令に違反することとなりうるし，逆に，特定事項についてこれを規律する国の法令と条例とが併存する場合でも，後者が前者とは別の目的に基づく規律を意図するものであり，その適用によって前者の規定の意図する目的と効果をなんら阻害することがないときや，両者が同一の目的に出たものであっても，国の法令が必ずしもその規定によつて全国的に一律に同一内容の規制を施す趣旨ではなく，それぞれの普通地方公共団体において，その地方の実情に応じて，別段の規制を施すことを容認する趣旨であると解されるときは，国の法令と条例との間にはなんらの矛盾抵触はなく，条例が国の法令に違反する問題は生じえないのである。

Topics

地方自治体が激減する？

日本は生まれてくる子どもの数が少なくなり（いわゆる少子化），このままいくと人口の大幅な減少が予想されている。年間出生数は，戦後（昭和20年代前半）の第1次ベビーブーム期には約270万人，その人たちが親となった第2次ベビーブーム期には約200万人であったが，1975（昭和50）年に200万人を割り込んで減少傾向となり，2019（令和元）年の出生数はなんと約86万人にまで落ち込んだ。総人口については，2010（平成22）年の1億2,806万人から長期の人口減少過程に入り，2040年には1億1,092万人，2053年には1億人を割って9,924万人となり，2065年には8,808万人になることが見込まれている（国立社会保障・人口問題研究所による推計）。これまでの人口を前提として成り立っていた国のあり方が，大きく変化せざるを得ないことになる。

ところが，このような人口減少には地域的な格差があり，国内のあらゆる場所で同じように進行するわけではない。地方における人口激減の反面，人々が大都市（特に首都圏）に集中するという傾向も顕著なのである。2014（平成26）年に民間調査機関「日本創成会議」が発表した「消滅自治体リスト」によると，全国約1,800の市区町村（福島県は除く）のうち「消滅可能性都市」（20歳から39歳の女性が2040年までに半減するところ）がおよそ半数にのぼるという。ゆえに国全体の少子化対策に加えて，地方の人口減少問題（逆に言うと人口の大都市集中問題）も政治の重要な課題となってきた。政府は「まち・ひと・しごと創生本部」を設置して（平成26年９月）対策に乗り出した（内閣官房・内閣府総合サイト「地方創生」を参照）。自治体の住民がいなくなってしまえば，地方自治どころの騒ぎではない。だからといって，人々に対し強制的に都市部への流入を禁止したり，地方へ移転させたりするようなことはできない（憲法22条１項にも居住・移転の自由が規定されている）。なぜ人々は大都市に引き寄せられ，地方には人が住まなくなってしまうのか？地方自治を論じる大前提として，人々がその地域に住み続けるために必要な諸条件について考えておく必要があるだろう。

第19章 憲法改正

POINT

① 憲法改正の意味について考える。
② 日本国憲法の改正手続について理解する。
③ 憲法改正の限界に関する学説を理解する。

1 憲法改正の意味

I 成文憲法と不文憲法

「憲法改正」という言葉を耳にすると，さまざまな反応が起きる。しかし，そもそも憲法を改正するとはどのようなことなのであろうか。憲法改正について論じる人々の間に，「憲法改正とはなにか」ということについての共通理解があるのだろうか。たんに，賛成・反対といった己の持論や主張を繰り返しているだけでは不毛であって，議論は一向に進展しない。そこでまず憲法改正とはなにかということについて考えておくことが大切である。その際，「憲法」には，さまざまな意味があることに留意すべきであろう。

たとえば，形式的な意味の憲法（成文憲法典）と実質的意味の憲法（国家を支えている基礎法の総体）がある。また英国のように，国家の最も基本的な規範が必ずしも成文化されていない場合もあり得る（不文憲法）。成文憲法典が成立している場合，憲法改正とは，一定の手続に基づいて，その文言を追加・削除・変更することであり，これはきわめて明快である。ところが，成文化されていない規範が変化したかどうかを確認することはなかなかむずかしい。しかもこの場合，憲法の改正という表現は使いにくいであろう。

よって憲法改正とは，主に成文憲法典を採用している場合に生じる問題である。つまり憲法改正とは，成文憲法の内容について憲法に定める手続にしたがって意識的な変更を加えることをいう。通常の憲法改正は，個別の憲法条項を修正，削除，追加することによって行うことになる。また，新たに別の条項を設けて補充することもある。全面的に成文憲法全体を書き直す形もある。

Ⅱ　前提としての憲法観

素朴な理解では，憲法改正とは，憲法という書かれた法規に含まれる条項の文言を変更することである。これは，憲法を文章に書き表されたルールとしてとらえている。つまり憲法改正とは，「これまでのルールを見直そう」ということを意味する。ところが，憲法は絶対に遵守しなければならない「教え」「約束ごと」である，といった受けとめ方もある。これは，「法」についての異なった見方に関係している。

つまり，法は人間社会の集団生活を円滑に維持するための規則であって，必要に応じて改めていくのは当然である，という考え方（つまり，法律的見方）と，法は，人々に課せられた神聖不可侵な「掟（おきて）」あるいはもともと存在する不変の「法則」（自然法）であって，人間の都合によって改めることはできない，という考え方（つまり，律法的見方または自然法論）がある。前者の立場では，憲法も時代の変化に合わせて見直すのが当然の成り行きであるということになり，後者の立場では，憲法とは尊ぶべき大事なものであって変更は許されないということになるだろう。したがって憲法改正を論じるには，まず前提となる「憲法観」を確かめておく必要がある。

なお，「法」には上に述べた「法律」と「律法（掟）または自然法」のほかに，第3の領域がある。それは，言語の文法のように，いつの間にか生成して有効に作用している慣習的秩序である。これは律法や自然法のように絶対に変わらないものではないが，法律のように人間の意思によって自在に制定・変更・廃止することはむずかしい。それは発見・確認するものであって，意図的につくり出すわけにはいかないし，改変にもなじまない。よほどの不都合が起こらない限り，みだりにいじくり回さないほうが無難である。実質的意味の憲法にそのような慣習的秩序が含まれている場合，それらは「改正」の対象とは考えにくい。

Ⅲ　解釈による意味内容の変更

憲法の文言自体は変わらなくても，その文言の意味内容は「解釈」によって変化する。「なにをすべきか・なにをしてはならないか」という規範の内容は，文言上明確な場合もあるが，複数の解釈が成り立つこともある。またそれまで採用・承認されていた解釈が変更されることも当然予想される。ただし解釈の変更は法的安定性という観点から慎重に行う必要がある。そこで最高裁判所においても，「憲法その他の法令の解釈適用について，意見が前に最高裁判所のした裁判に反するとき」には，大法廷を開くことが定められている（裁10条3号）。もちろん成文憲法においては，条文の文言がある以上，その言葉の意味から明白に逸脱した解釈を採用することは認められない。

憲法典は基本的な方針を規定する簡素な法規であり，具体的な指針を細かく網羅するものではないから，解釈によってその意味内容を補充する必要があることはいうまでもない。そして採用された解釈は憲法の基本原理，理念，体系全体と整合性を保っている必要がある。しかし，ある解釈が憲法典に既存の文言をいわば押しのけて，事実上定着してしまうようなこともあり得る。これは俗に「解釈改憲」とよばれる現象である。

Ⅳ　憲法の変遷論

国家権力が行使される過程で，憲法上の文言はそのままであるにもかかわらず，その意味内容とはどうしても相容れない現実状態が発生することがある。この場合，そのような現実状態をもたらす国家行動（施策の実行）が国家・国民のためにぜひとも必要であるとすれば，手続に沿って憲法を改正すればよい。ところが，そのような正規の手続によることなく，憲法上の規定はそのままでありながら，ある現実が一定の段階に達したと認められることによって，憲法

図表19-1　憲法の変遷論に関する肯定説と否定説

	主張の要旨	主張の論拠
肯定説	一定の要件が満たされた場合，憲法上の規定とは異なる現実が法的な性質を帯びるに至り，憲法を改廃する効果をもつ。	実効性（法が現実に守られているということ）が著しく失われた（あるいは消滅した）憲法規範はもはや法とはいえない。
否定説	憲法規範とは異なる現実はあくまでも単なる事実にしか過ぎず，そういった事実の存在によって憲法を改廃する法的効果は生じない。	実効性が損なわれた（現実に遵守されていない）憲法規範であっても，法としての拘束力（妥当性）は維持している。

改正と同様の法的効果が生じるという考え方がある。これを「憲法の変遷論」とよんでいる。これには肯定説と否定説がある。日本の有力学説は，肯定説には批判的である。

なお付言すれば，憲法の文言を改めてもそれは自動的に実現するわけではない。形式的に憲法が改正されても，サボタージュやボイコット等による不服従があり得るわけで，憲法規範が要求する内容に則した人々の実践行動（特に国家機関の行動）がともなわない場合は，憲法規範はまさしく「絵に描いた餅（もち）」となる。逆に憲法が改正されなくても，現実の状態に大幅な変化を引き起こすような行動は，重大な意味をもつであろう。これも憲法規定の空文化を意味する。ともに，「法の支配」を否定することにつながるので，憲法の存在意義そのものが問われることになる。

2　憲法の改正手続

日本国憲法は，憲法改正について通常の法律制定とは異なる厳格な手続を定めているので，**硬性憲法**とよばれる。憲法は国の最高法規であるから，高度の安定性が求めれる。したがって安易に改正されるようなことがあってはならない。しかし，否応なしに変化する現実社会に適応するため，ある程度の可変性も備えておく必要がある。硬性憲法は，このような安定性と可変性という２つの要請に応えるべく考え出された方法であるとされる。

日本国憲法の改正手続は，①国会による発議，②国民による承認，③天皇の公布，という３段階に分けられる（憲96条）。改正の手続を定めた法律は，憲法施行後長らく未整備の状態であったが，2007（平成19）年に**「日本国憲法の改正手続に関する法律」**を制定し（平成22年施行，平成26年一部改正），あわせて**国会法**を改正するなど，憲法改正の具体的手続が整えられた。

Ⅰ　国会による発議

日本国憲法の改正の発議については，国会法第６章の２に定められている。まず憲法改正案の原案は，衆議院の場合100人以上，参議院の場合50人以上の国会議員の賛成により発議され（この場合の発議とはそれぞれの議院内において議案として出されることである），衆参各議院においてそれぞれ**憲法審査会**（国会第11章の２）で審査されたのちに，本会議に付される。衆参両院それぞれの本会議において３分の２以上の賛成で可決した場合，国会が憲法改正の発議を行い国民に提案したものとする（国会68条の５）。「各議院」であるから，憲法改正の発議には衆議院の優越はない。また出席議員ではなく総議員の３分の２以上の賛成が必要であることに注意しなければならない。なお，憲法の改正箇所が複数ある場合は，内容において関連する事項ごとに区分して発議される。

ちなみに憲法審査会とは，衆参各議院に置かれる機関で，２つの目的がある。

①　日本国憲法および日本国憲法に密接に関連する基本法制について広範かつ総合的に調査を行う。

②　憲法改正原案，日本国憲法にかかる改正の発議または国民投票に関する法律案等を審査する。

憲法審査会の組織，運営等に関する事項は，国会法に定めるもののほかは，衆参各議院の議決にゆだねられている。

憲法改正の発議があったときは，当該発議にかかる憲法改正案の国民に対する広報に関する事務を行うため，国会に，各議院においてその議員のなかから選任された同数の委員（各10人）で組織する**「国民投票広報協議会」**が設けられる（国会第11章の3）。この協議会では，国民投票公報の原稿の作成，投票所内の投票記載場所等において掲示する憲法改正案の要旨の作成，憲法改正案の広報のための放送および新聞広告その他憲法改正案の広報に関する事務を行う。

Ⅱ　国民による承認——国民投票

国民投票は，憲法改正の発議をした日から起算して60日以後180日以内において，国会の議決した期日に行われる（国民投票の期日は，官報で告示）。国民投票の投票権は，年齢満18歳以上の日本国民が有する。投票の方法は，投票用紙に記載された賛成または反対の文字を丸（○の記号）で囲み，投票所の投票箱に投函する。選挙と同様，投票当日の投票のほか，期日前投票，不在者投票，在外投票の制度も設けられている。

国民は，国会が憲法改正を発議した日から国民投票の期日までの間，「国民投票運動」および憲法改正に関する意見の表明をすることができる。**国民投票運動**とは，憲法改正案に対し賛成または反対の投票をし，またはしないよう勧誘する行為をいう。その場合，公務員の政治的行為の制限に関する特例，投票事務関係者の国民投票運動の禁止，特定公務員の国民投票運動の禁止が定められている。つまり，一般国民とは異なる制限を受ける人たちがいるということである。要するに，国民投票運動や憲法改正に関する意見表明（あるいはそれらの制限）については，表現の自由，学問の自由および政治活動の自由その他の日本国憲法の保障する国民の自由と権利を不当に侵害しないように留意しなければならない，ということである。

Ⅲ　天皇による公布

国民投票において，憲法改正案に対する賛成の投票の数が投票総数（賛成の投票数と反対の投票数を合計した数）の2分の1を超えた場合は，国民の承認があったものとなる。国民による承認が行われたときは，天皇は国民の名でこの憲法と一体をなすものとしてただちにこれを公布する（憲7条1号も参照）。

3　憲法改正の限界

所定の改正手続にしたがえば，いかなる改正でも正当と認められるのであろうか。それとも憲法のなかには，改正手続によっても改正できない事項があるのであろうか。これが憲法改正の限界の問題である。もちろん，侵略・征服やクーデターなどにより事実上憲法が停止されたり廃棄されることはあり得るが，このような異常時における変動を，通常の意味における「改正」とよぶことはできない。ここでは，あくまでも平常時における所定の手続に基づいた憲法改正を問題とする。これには「無限界説」と「限界説」がある。通説では限界説が妥当とされる。この問題を考える場合のポイントは，憲法制定行為あるいは憲法制定権の性質をどのようにとらえるか，ということである。図表19- 2に整理しておこう。なお，改正限界説の場合，具体的に改正不可能な事項については諸説がある。

図表19- 2　憲法改正の限界に関する学説

<table>
<tr><td rowspan="2">改正限界説
憲法秩序の本質的部分である憲法の基本原理ないし根本規範については変更をなしえない。</td><td>＜自然法的限界説＞
憲法制定権力をも拘束する至上の法（根本規範，自然法など）を前提として，憲法改正権はその至上の法を改正することはできないとする。
※最高権力である国王といえども「神と法の下にある」という「法の支配」の考え方に近い。</td></tr>
<tr><td>＜法論理的・憲法内在的限界説＞
改正権は憲法によって設けられた権力（制度化された憲法制定権）なので，憲法制定権の所在やそこから生み出される基本原理の変更はできない（自己が立脚する基盤そのものを否定するような改正は自己矛盾）。</td></tr>
<tr><td rowspan="2">改正無限界説
憲法所定の手続によればいかなる変更を加えることも可能である。</td><td>＜主権全能的無限界説＞
憲法制定権も憲法改正権も，その主体は同じ主権者であるから限界はない。</td></tr>
<tr><td>＜法実証主義的無限界説＞
憲法制定権という概念そのものを認めない。</td></tr>
</table>

Topics

憲法改正の手続にもご注目！

2007（平成19）年5月に制定された「日本国憲法の改正手続に関する法律」（「憲法改正手続法」「憲法改正国民投票法」などとよばれる）には，附則において次のような3つの検討課題が定められていた（いわゆる「3つの宿題」）。

① 年齢条項の見直し……憲法改正国民投票の投票権は18歳以上としたが，公職選挙法の選挙権年齢と民法の成年年齢は20歳である。このくい違いをどうするか。

② 公務員の政治的行為の制限に関する検討……公務員の政治的中立性を確保するため，現行の法令では，公務員の政治的行為を制限するさまざまな規定が置かれているが，公務員は国民投票に関して，どのような運動をすることができるのか・できないのか。

③ 国民投票の対象拡大についての検討……国民投票は，国会による憲法改正の発議だけに限定するか，それとも一般的な国民投票制度を設けるべきか。

このうち，①および②は，憲法改正手続法の成立後完全施行（2010（平成22）年5月18日）までの3年間に法整備を行うこととされたが，この期限を過ぎてもそのまま放置されていた。③は同附則の施行後すみやかに検討・措置することとされたが，①および②と同様，結論が得られないままであった。なぜ期限までに必要な法整備ができなかったのか，あるいはすみやかに検討がなされなかったのか，その理由は判然としないけれども，立法府の怠慢であることは確かである。ただし，その背景には国民の関心の薄さもあるように思える。

2014（平成26）年の法改正で，ようやく「3つの宿題」には一応の解決策が講じられたが，なお残された課題も少なくない。たとえば，公職選挙法との整合性という問題がある。公職選挙法は，憲法改正国民投票法と同じく国民の「投票」について定めているが，2016（平成28）年に投票環境の向上に関する改正が行われた。そこで，憲法改正国民投票法についても，同様の改正を行う必要があるのではないかという問題が提起されている。実際に憲法改正が必要かどうかは別問題として，憲法改正のための手続および法制度に不備や欠陥があるとすれば，それは決して望ましいことではないだろう。憲法のあり方に最終的な責任を持つのはわれわれ国民自身であるから，憲法改正の手続にも注意を払う必要がある。

日本国憲法

［1946（昭和21）・11・3公布］
［1947（昭和22）・5・3施行］

朕は，日本国民の総意に基いて，新日本建設の礎が，定まるに至つたことを，深くよろこび，枢密顧問の諮詢及び帝国憲法第73条による帝国議会の議決を経た帝国憲法の改正を裁可し，ここにこれを公布せしめる。

御名御璽

昭和21年11月3日

内閣総理大臣兼外務大臣		吉田　茂
国務大臣	男爵	幣原喜重郎
司法大臣		木村篤太郎
内務大臣		大村清一
文部大臣		田中耕太郎
農林大臣		和田博雄
国務大臣		斎藤隆夫
逓信大臣		一松定吉
商工大臣		星島二郎
厚生大臣		河合良成
国務大臣		植原悦二郎
運輸大臣		平塚常次郎
大蔵大臣		石橋湛山
国務大臣		金森徳次郎
国務大臣		膳　桂之助

日本国憲法

日本国民は，正当に選挙された国会における代表者を通じて行動し，われらとわれらの子孫のために，諸国民との協和による成果と，わが国全土にわたつて自由のもたらす恵沢を確保し，政府の行為によつて再び戦争の惨禍が起ることのないやうにすることを決意し，ここに主権が国民に存することを宣言し，この憲法を確定する。そもそも国政は，国民の厳粛な信託によるものであつて，その権威は国民に由来し，その権力は国民の代表者がこれを行使し，その福利は国民がこれを享受する。これは人類普遍の原理であり，この憲法は，かかる原理に基くものである。われらは，これに反する一切の憲法，法令及び詔勅を排除する。

日本国民は，恒久の平和を念願し，人間相互の関係を支配する崇高な理想を深く自覚するのであつて，平和を愛する諸国民の公正と信義に信頼して，われらの安全と生存を保持しようと決意した。われらは，平和を維持し，専制と隷従，圧迫と偏狭を地上から永遠に除去しようと努めてゐる国際社会において，名誉ある地位を占めたいと思ふ。われらは，全世界の国民が，ひとしく恐怖と欠乏から免かれ，平和のうちに生存する権利を有することを確認する。

われらは，いづれの国家も，自国のことのみに専念して他国を無視してはならないのであつて，政治道徳の法則は，普遍的なものであり，この法則に従ふことは，自国の主権を維持し，他国と対等関係に立たうとする各国の責務であると信ずる。

日本国民は，国家の名誉にかけ，全力をあげてこの崇高な理想と目的を達成することを誓ふ。

第1章　天　皇

第1条　天皇は，日本国の象徴であり日本国民統合の象徴であつて，この地位は，主権の存する日本国民の総意に基く。

第2条　皇位は，世襲のものであつて，国会の議決した皇室典範の定めるところにより，これを継承する。

第3条　天皇の国事に関するすべての行為には，内閣の助言と承認を必要とし，内閣が，その責任を負ふ。

第4条　天皇は，この憲法の定める国事に関する行為のみを行ひ，国政に関する権能を有しない。

② 天皇は，法律の定めるところにより，その国事に関する行為を委任することができる。

第5条 皇室典範の定めるところにより摂政を置くときは，摂政は，天皇の名でその国事に関する行為を行ふ。この場合には，前条第一項の規定を準用する。

第6条 天皇は，国会の指名に基いて，内閣総理大臣を任命する。

② 天皇は，内閣の指名に基いて，最高裁判所の長たる裁判官を任命する。

第7条 天皇は，内閣の助言と承認により，国民のために，左の国事に関する行為を行ふ。

一 憲法改正，法律，政令及び条約を公布すること。

二 国会を召集すること。

三 衆議院を解散すること。

四 国会議員の総選挙の施行を公示すること。

五 国務大臣及び法律の定めるその他の官吏の任免並びに全権委任状及び大使及び公使の信任状を認証すること。

六 大赦，特赦，減刑，刑の執行の免除及び復権を認証すること。

七 栄典を授与すること。

八 批准書及び法律の定めるその他の外交文書を認証すること。

九 外国の大使及び公使を接受すること。

十 儀式を行ふこと。

第8条 皇室に財産を譲り渡し，又は皇室が，財産を譲り受け，若しくは賜与することは，国会の議決に基かなければならない。

第2章 戦争の放棄

第9条 日本国民は，正義と秩序を基調とする国際平和を誠実に希求し，国権の発動たる戦争と，武力による威嚇又は武力の行使は，国際紛争を解決する手段としては，永久にこれを放棄する。

② 前項の目的を達するため，陸海空軍その他の戦力は，これを保持しない。国の交戦権は，これを認めない。

第3章 国民の権利及び義務

第10条 日本国民たる要件は，法律でこれを定める。

第11条 国民は，すべての基本的人権の享有を妨げられない。この憲法が国民に保障する基本的人権は，侵すことのできない永久の権利として，現在及び将来の国民に与へられる。

第12条 この憲法が国民に保障する自由及び権利は，国民の不断の努力によつて，これを保持しなければならない。又，国民は，これを濫用してはならないのであつて，常に公共の福祉のためにこれを利用する責任を負ふ。

第13条 すべて国民は，個人として尊重される。生命，自由及び幸福追求に対する国民の権利については，公共の福祉に反しない限り，立法その他の国政の上で，最大の尊重を必要とする。

第14条 すべて国民は，法の下に平等であつて，人種，信条，性別，社会的身分又は門地により，政治的，経済的又は社会的関係において，差別されない。

② 華族その他の貴族の制度は，これを認めない。

③ 栄誉，勲章その他の栄典の授与は，いかなる特権も伴はない。栄典の授与は，現にこれを有し，又は将来これを受ける者の一代に限り，その効力を有する。

第15条 公務員を選定し，及びこれを罷免することは，国民固有の権利である。

② すべて公務員は，全体の奉仕者であつて，一部の奉仕者ではない。

③ 公務員の選挙については，成年者による普通選挙を保障する。

④ すべて選挙における投票の秘密は，これを侵してはならない。選挙人は，その選択

に関し公的にも私的にも責任を問はれない。

第16条　何人も，損害の救済，公務員の罷免，法律，命令又は規則の制定，廃止又は改正その他の事項に関し，平穏に請願する権利を有し，何人も，かかる請願をしたためにいかなる差別待遇も受けない。

第17条　何人も，公務員の不法行為により，損害を受けたときは，法律の定めるところにより，国又は公共団体に，その賠償を求めることができる。

第18条　何人も，いかなる奴隷的拘束も受けない。又，犯罪に因る処罰の場合を除いては，その意に反する苦役に服させられない。

第19条　思想及び良心の自由は，これを侵してはならない。

第20条　信教の自由は，何人に対してもこれを保障する。いかなる宗教団体も，国から特権を受け，又は政治上の権力を行使してはならない。

②　何人も，宗教上の行為，祝典，儀式又は行事に参加することを強制されない。

③　国及びその機関は，宗教教育その他いかなる宗教的活動もしてはならない。

第21条　集会，結社及び言論，出版その他一切の表現の自由は，これを保障する。

②　検閲は，これをしてはならない。通信の秘密は，これを侵してはならない。

第22条　何人も，公共の福祉に反しない限り，居住，移転及び職業選択の自由を有する。

②　何人も，外国に移住し，又は国籍を離脱する自由を侵されない。

第23条　学問の自由は，これを保障する。

第24条　婚姻は，両性の合意のみに基いて成立し，夫婦が同等の権利を有することを基本として，相互の協力により，維持されなければならない。

②　配偶者の選択，財産権，相続，住居の選定，離婚並びに婚姻及び家族に関するその他の事項に関しては，法律は，個人の尊厳と両性の本質的平等に立脚して，制定されなければならない。

第25条　すべて国民は，健康で文化的な最低限度の生活を営む権利を有する。

②　国は，すべての生活部面について，社会福祉，社会保障及び公衆衛生の向上及び増進に努めなければならない。

第26条　すべて国民は，法律の定めるところにより，その能力に応じて，ひとしく教育を受ける権利を有する。

②　すべて国民は，法律の定めるところにより，その保護する子女に普通教育を受けさせる義務を負ふ。義務教育は，これを無償とする。

第27条　すべて国民は，勤労の権利を有し，義務を負ふ。

②　賃金，就業時間，休息その他の勤労条件に関する基準は，法律でこれを定める。

③　児童は，これを酷使してはならない。

第28条　勤労者の団結する権利及び団体交渉その他の団体行動をする権利は，これを保障する。

第29条　財産権は，これを侵してはならない。

②　財産権の内容は，公共の福祉に適合するやうに，法律でこれを定める。

③　私有財産は，正当な補償の下に，これを公共のために用ひることができる。

第30条　国民は，法律の定めるところにより，納税の義務を負ふ。

第31条　何人も，法律の定める手続によらなければ，その生命若しくは自由を奪はれ，又はその他の刑罰を科せられない。

第32条　何人も，裁判所において裁判を受ける権利を奪はれない。

第33条　何人も，現行犯として逮捕される場合を除いては，権限を有する司法官憲が発し，且つ理由となつてゐる犯罪を明示する令状によらなければ，逮捕されない。

第34条　何人も，理由を直ちに告げられ，且つ，直ちに弁護人に依頼する権利を与へられなければ，抑留又は拘禁されない。又，何人も，正当な理由がなければ，拘禁されず，要求があれば，その理由は，直ちに本人及びその弁護人の出席する公開の法廷で示されなければならない。

第35条 何人も，その住居，書類及び所持品について，侵入，捜索及び押収を受けることのない権利は，第三十三条の場合を除いては，正当な理由に基いて発せられ，且つ捜索する場所及び押収する物を明示する令状がなければ，侵されない。

② 捜索又は押収は，権限を有する司法官憲が発する各別の令状により，これを行ふ。

第36条 公務員による拷問及び残虐な刑罰は，絶対にこれを禁ずる。

第37条 すべて刑事事件においては，被告人は，公平な裁判所の迅速な公開裁判を受ける権利を有する。

② 刑事被告人は，すべての証人に対して審問する機会を充分に与へられ，又，公費で自己のために強制的手続により証人を求める権利を有する。

③ 刑事被告人は，いかなる場合にも，資格を有する弁護人を依頼することができる。被告人が自らこれを依頼することができないときは，国でこれを附する。

第38条 何人も，自己に不利益な供述を強要されない。

② 強制，拷問若しくは脅迫による自白又は不当に長く抑留若しくは拘禁された後の自白は，これを証拠とすることができない。

③ 何人も，自己に不利益な唯一の証拠が本人の自白である場合には，有罪とされ，又は刑罰を科せられない。

第39条 何人も，実行の時に適法であつた行為又は既に無罪とされた行為については，刑事上の責任を問はれない。又，同一の犯罪について，重ねて刑事上の責任を問はれない。

第40条 何人も，抑留又は拘禁された後，無罪の裁判を受けたときは，法律の定めるところにより，国にその補償を求めることができる。

第４章　国　　会

第41条 国会は，国権の最高機関であつて，国の唯一の立法機関である。

第42条 国会は，衆議院及び参議院の両議院でこれを構成する。

第43条 両議院は，全国民を代表する選挙された議員でこれを組織する。

② 両議院の議員の定数は，法律でこれを定める。

第44条 両議院の議員及びその選挙人の資格は，法律でこれを定める。但し，人種，信条，性別，社会的身分，門地，教育，財産又は収入によつて差別してはならない。

第45条 衆議院議員の任期は，四年とする。但し，衆議院解散の場合には，その期間満了前に終了する。

第46条 参議院議員の任期は，六年とし，三年ごとに議員の半数を改選する。

第47条 選挙区，投票の方法その他両議院の議員の選挙に関する事項は，法律でこれを定める。

第48条 何人も，同時に両議院の議員たることはできない。

第49条 両議院の議員は，法律の定めるところにより，国庫から相当額の歳費を受ける。

第50条 両議院の議員は，法律の定める場合を除いては，国会の会期中逮捕されず，会期前に逮捕された議員は，その議院の要求があれば，会期中これを釈放しなければならない。

第51条 両議院の議員は，議院で行つた演説，討論又は表決について，院外で責任を問はれない。

第52条 国会の常会は，毎年一回これを召集する。

第53条 内閣は，国会の臨時会の召集を決定することができる。いづれかの議院の総議員の四分の一以上の要求があれば，内閣は，その召集を決定しなければならない。

第54条 衆議院が解散されたときは，解散の日から四十日以内に，衆議院議員の総選挙を行ひ，その選挙の日から三十日以内に，国会を召集しなければならない。

② 衆議院が解散されたときは，参議院は，同時に閉会となる。但し，内閣は，国に緊急の必要があるときは，参議院の緊急集会を求めることができる。

③ 前項但書の緊急集会において採られた措置は，臨時のものであつて，次の国会開会の後十日以内に，衆議院の同意がない場合には，その効力を失ふ。

第55条 両議院は，各々その議員の資格に関する争訟を裁判する。但し，議員の議席を失はせるには，出席議員の三分の二以上の多数による議決を必要とする。

第56条 両議院は，各々その総議員の三分の一以上の出席がなければ，議事を開き議決することができない。

② 両議院の議事は，この憲法に特別の定のある場合を除いては，出席議員の過半数でこれを決し，可否同数のときは，議長の決するところによる。

第57条 両議院の会議は，公開とする。但し，出席議員の三分の二以上の多数で議決したときは，秘密会を開くことができる。

② 両議院は，各々その会議の記録を保存し，秘密会の記録の中で特に秘密を要すると認められるもの以外は，これを公表し，且つ一般に頒布しなければならない。

③ 出席議員の五分の一以上の要求があれば，各議員の表決は，これを会議録に記載しなければならない。

第58条 両議院は，各々その議長その他の役員を選任する。

② 両議院は，各々その会議その他の手続及び内部の規律に関する規則を定め，又，院内の秩序をみだした議員を懲罰することができる。但し，議員を除名するには，出席議員の三分の二以上の多数による議決を必要とする。

第59条 法律案は，この憲法に特別の定のある場合を除いては，両議院で可決したとき法律となる。

② 衆議院で可決し，参議院でこれと異なつた議決をした法律案は，衆議院で出席議員の三分の二以上の多数で再び可決したときは，法律となる。

③ 前項の規定は，法律の定めるところにより，衆議院が，両議院の協議会を開くことを求めることを妨げない。

④ 参議院が，衆議院の可決した法律案を受け取つた後，国会休会中の期間を除いて六十日以内に，議決しないときは，衆議院は，参議院がその法律案を否決したものとみなすことができる。

第60条 予算は，さきに衆議院に提出しなければならない。

② 予算について，参議院で衆議院と異なつた議決をした場合に，法律の定めるところにより，両議院の協議会を開いても意見が一致しないとき，又は参議院が，衆議院の可決した予算を受け取つた後，国会休会中の期間を除いて三十日以内に，議決しないときは，衆議院の議決を国会の議決とする。

第61条 条約の締結に必要な国会の承認については，前条第二項の規定を準用する。

第62条 両議院は，各々国政に関する調査を行ひ，これに関して，証人の出頭及び証言並びに記録の提出を要求することができる。

第63条 内閣総理大臣その他の国務大臣は，両議院の一に議席を有すると有しないとにかかはらず，何時でも議案について発言するため議院に出席することができる。又，答弁又は説明のため出席を求められたときは，出席しなければならない。

第64条 国会は，罷免の訴追を受けた裁判官を裁判するため，両議院の議員で組織する弾劾裁判所を設ける。

② 弾劾に関する事項は，法律でこれを定める。

第５章　内　　閣

第65条　行政権は，内閣に属する。

第66条　内閣は，法律の定めるところにより，その首長たる内閣総理大臣及びその他の国務大臣でこれを組織する。

②　内閣総理大臣その他の国務大臣は，文民でなければならない。

③　内閣は，行政権の行使について，国会に対し連帯して責任を負ふ。

第67条　内閣総理大臣は，国会議員の中から国会の議決で，これを指名する。この指名は，他のすべての案件に先だつて，これを行ふ。

②　衆議院と参議院とが異なつた指名の議決をした場合に，法律の定めるところにより，両議院の協議会を開いても意見が一致しないとき，又は衆議院が指名の議決をした後，国会休会中の期間を除いて十日以内に，参議院が，指名の議決をしないときは，衆議院の議決を国会の議決とする。

第68条　内閣総理大臣は，国務大臣を任命する。但し，その過半数は，国会議員の中から選ばれなければならない。

②　内閣総理大臣は，任意に国務大臣を罷免することができる。

第69条　内閣は，衆議院で不信任の決議案を可決し，又は信任の決議案を否決したときは，十日以内に衆議院が解散されない限り，総辞職をしなければならない。

第70条　内閣総理大臣が欠けたとき，又は衆議院議員総選挙の後に初めて国会の召集があつたときは，内閣は，総辞職をしなければならない。

第71条　前二条の場合には，内閣は，あらたに内閣総理大臣が任命されるまで引き続きその職務を行ふ。

第72条　内閣総理大臣は，内閣を代表して議案を国会に提出し，一般国務及び外交関係について国会に報告し，並びに行政各部を指揮監督する。

第73条　内閣は，他の一般行政事務の外，左の事務を行ふ。

一　法律を誠実に執行し，国務を総理すること。

二　外交関係を処理すること。

三　条約を締結すること。但し，事前に，時宜によつては事後に，国会の承認を経ることを必要とする。

四　法律の定める基準に従ひ，官吏に関する事務を掌理すること。

五　予算を作成して国会に提出すること。

六　この憲法及び法律の規定を実施するために，政令を制定すること。但し，政令には，特にその法律の委任がある場合を除いては，罰則を設けることができない。

七　大赦，特赦，減刑，刑の執行の免除及び復権を決定すること。

第74条　法律及び政令には，すべて主任の国務大臣が署名し，内閣総理大臣が連署することを必要とする。

第75条　国務大臣は，その在任中，内閣総理大臣の同意がなければ，訴追されない。但し，これがため，訴追の権利は，害されない。

第６章　司　　法

第76条　すべて司法権は，最高裁判所及び法律の定めるところにより設置する下級裁判所に属する。

②　特別裁判所は，これを設置することができない。行政機関は，終審として裁判を行ふことができない。

③　すべて裁判官は，その良心に従ひ独立してその職権を行ひ，この憲法及び法律にのみ拘束される。

第77条　最高裁判所は，訴訟に関する手続，弁護士，裁判所の内部規律及び司法事務処理に関する事項について，規則を定める権限を有する。

②　検察官は，最高裁判所の定める規則に従はなければならない。

③ 最高裁判所は，下級裁判所に関する規則を定める権限を，下級裁判所に委任することができる。

第78条 裁判官は，裁判により，心身の故障のために職務を執ることができないと決定された場合を除いては，公の弾劾によらなければ罷免されない。裁判官の懲戒処分は，行政機関がこれを行ふことはできない。

第79条 最高裁判所は，その長たる裁判官及び法律の定める員数のその他の裁判官でこれを構成し，その長たる裁判官以外の裁判官は，内閣でこれを任命する。

② 最高裁判所の裁判官の任命は，その任命後初めて行はれる衆議院議員総選挙の際国民の審査に付し，その後十年を経過した後初めて行はれる衆議院議員総選挙の際更に審査に付し，その後も同様とする。

③ 前項の場合において，投票者の多数が裁判官の罷免を可とするときは，その裁判官は，罷免される。

④ 審査に関する事項は，法律でこれを定める。

⑤ 最高裁判所の裁判官は，法律の定める年齢に達した時に退官する。

⑥ 最高裁判所の裁判官は，すべて定期に相当額の報酬を受ける。この報酬は，在任中，これを減額することができない。

第80条 下級裁判所の裁判官は，最高裁判所の指名した者の名簿によつて，内閣でこれを任命する。その裁判官は，任期を十年とし，再任されることができる。但し，法律の定める年齢に達した時には退官する。

② 下級裁判所の裁判官は，すべて定期に相当額の報酬を受ける。この報酬は，在任中，これを減額することができない。

第81条 最高裁判所は，一切の法律，命令，規則又は処分が憲法に適合するかしないかを決定する権限を有する終審裁判所である。

第82条 裁判の対審及び判決は，公開法廷でこれを行ふ。

② 裁判所が，裁判官の全員一致で，公の秩序又は善良の風俗を害する虞があると決した場合には，対審は，公開しないでこれを行ふことができる。但し，政治犯罪，出版に関する犯罪又はこの憲法第三章で保障する国民の権利が問題となつてゐる事件の対審は，常にこれを公開しなければならない。

第7章 財　　政

第83条 国の財政を処理する権限は，国会の議決に基いて，これを行使しなければならない。

第84条 あらたに租税を課し，又は現行の租税を変更するには，法律又は法律の定める条件によることを必要とする。

第85条 国費を支出し，又は国が債務を負担するには，国会の議決に基くことを必要とする。

第86条 内閣は，毎会計年度の予算を作成し，国会に提出して，その審議を受け議決を経なければならない。

第87条 予見し難い予算の不足に充てるため，国会の議決に基いて予備費を設け，内閣の責任でこれを支出することができる。

② すべて予備費の支出については，内閣は，事後に国会の承諾を得なければならない。

第88条 すべて皇室財産は，国に属する。すべて皇室の費用は，予算に計上して国会の議決を経なければならない。

第89条 公金その他の公の財産は，宗教上の組織若しくは団体の使用，便益若しくは維持のため，又は公の支配に属しない慈善，教育若しくは博愛の事業に対し，これを支出し，又はその利用に供してはならない。

第90条 国の収入支出の決算は，すべて毎年会計検査院がこれを検査し，内閣は，次の年度に，その検査報告とともに，これを国会に提出しなければならない。

② 会計検査院の組織及び権限は，法律でこれを定める。

第91条 内閣は，国会及び国民に対し，定期に，少くとも毎年一回，国の財政状況について報告しなければならない。

第8章　地方自治

第92条　地方公共団体の組織及び運営に関する事項は，地方自治の本旨に基いて，法律でこれを定める。

第93条　地方公共団体には，法律の定めるところにより，その議事機関として議会を設置する。

②　地方公共団体の長，その議会の議員及び法律の定めるその他の吏員は，その地方公共団体の住民が，直接これを選挙する。

第94条　地方公共団体は，その財産を管理し，事務を処理し，及び行政を執行する権能を有し，法律の範囲内で条例を制定することができる。

第95条　一の地方公共団体のみに適用される特別法は，法律の定めるところにより，その地方公共団体の住民の投票においてその過半数の同意を得なければ，国会は，これを制定することができない。

第9章　改　　正

第96条　この憲法の改正は，各議院の総議員の三分の二以上の賛成で，国会が，これを発議し，国民に提案してその承認を経なければならない。この承認には，特別の国民投票又は国会の定める選挙の際行はれる投票において，その過半数の賛成を必要とする。

②　憲法改正について前項の承認を経たときは，天皇は，国民の名で，この憲法と一体を成すものとして，直ちにこれを公布する。

第10章　最高法規

第97条　この憲法が日本国民に保障する基本的人権は，人類の多年にわたる自由獲得の努力の成果であつて，これらの権利は，過去幾多の試錬に堪へ，現在及び将来の国民に対し，侵すことのできない永久の権利として信託されたものである。

第98条　この憲法は，国の最高法規であつて，その条規に反する法律，命令，詔勅及び国務に関するその他の行為の全部又は一部は，その効力を有しない。

②　日本国が締結した条約及び確立された国際法規は，これを誠実に遵守することを必要とする。

第99条　天皇又は摂政及び国務大臣，国会議員，裁判官その他の公務員は，この憲法を尊重し擁護する義務を負ふ。

第11章　補　　則

第100条　この憲法は，公布の日から起算して六箇月を経過した日から，これを施行する。

②　この憲法を施行するために必要な法律の制定，参議院議員の選挙及び国会召集の手続並びにこの憲法を施行するために必要な準備手続は，前項の期日よりも前に，これを行ふことができる。

第101条　この憲法施行の際，参議院がまだ成立してゐないときは，その成立するまでの間，衆議院は，国会としての権限を行ふ。

第102条　この憲法による第一期の参議院議員のうち，その半数の者の任期は，これを三年とする。その議員は，法律の定めるところにより，これを定める。

第103条　この憲法施行の際現に在職する国務大臣，衆議院議員及び裁判官並びにその他の公務員で，その地位に相応する地位がこの憲法で認められてゐる者は，法律で特別の定をした場合を除いては，この憲法施行のため，当然にはその地位を失ふことはない。但し，この憲法によつて，後任者が選挙又は任命されたときは，当然その地位を失ふ。

大日本帝国憲法（明治憲法）

告　文

皇朕レ謹ミ畏ミ

皇祖

皇宗ノ神霊ニ誥ケ白サク皇朕レ天壌無窮ノ宏謨ニ循ヒ惟神ノ宝祚ヲ承継シ旧図ヲ保持シテ敢テ失墜スルコト無シ顧ミルニ世局ノ進運ニ膺リ人文ノ発達ニ随ヒ宜ク

皇祖

皇宗ノ遺訓ヲ明徴ニシ典憲ヲ成立シ条章ヲ昭示シ内ハ以テ子孫ノ率由スル所ト為シ外ハ以テ臣民翼賛ノ道ヲ広メ永遠ニ遵行セシメ益〻国家ノ丕基ヲ鞏固ニシ八洲民生ノ慶福ヲ増進スヘシ茲ニ皇室典範及憲法ヲ制定ス惟フニ此レ皆

皇祖

皇宗ノ後裔ニ貽シタマヘル統治ノ洪範ヲ紹述スルニ外ナラス而シテ朕カ躬ニ逮テ時ト倶ニ挙行スルコトヲ得ルハ洵ニ

皇祖

皇宗及我カ

皇考ノ威霊ニ倚藉スルニ由ラサルハ無シ皇朕レ仰テ

皇祖

皇宗及

皇考ノ神祐ヲ禱リ併セテ朕カ現在及将来ニ臣民ニ率先シ此ノ憲章ヲ履行シテ愆ラサラムコトヲ誓フ庶幾クハ

神霊此レヲ鑒ミタマヘ

憲法発布勅語

朕国家ノ隆昌ト臣民ノ慶福トヲ以テ中心ノ欣栄トシ朕カ祖宗ニ承クルノ大権ニ依リ現在及将来ノ臣民ニ対シ此ノ不磨ノ大典ヲ宣布ス

惟フニ我カ祖我カ宗ハ我カ臣民祖先ノ協力輔翼ニ倚リ我カ帝国ヲ肇造シ以テ無窮ニ垂レタリ此レ我カ神聖ナル祖宗ノ威徳ト並ニ臣民ノ忠実勇武ニシテ国ヲ愛シ公ニ殉ヒ以テ此ノ光輝アル国史ノ成跡ヲ貽シタルナリ朕我カ臣民ハ即チ祖宗ノ忠良ナル臣民ノ子孫ナルヲ回想シ其ノ朕カ意ヲ奉体シ朕カ事ヲ奨順シ相与ニ和衷協同シ益〻我カ帝国ノ光栄ヲ中外ニ宣揚シ祖宗ノ遺業ヲ永久ニ鞏固ナラシムルノ希望ヲ同クシ此ノ負担ヲ分ツニ堪フルコトヲ疑ハサルナリ

朕祖宗ノ遺烈ヲ承ケ万世一系ノ帝位ヲ践ミ朕カ親愛スル所ノ臣民ハ即チ朕カ祖宗ノ恵撫慈養シタマヒシ所ノ臣民ナルヲ念ヒ其ノ康福ヲ増進シ其ノ懿徳良能ヲ発達セシメムコトヲ願ヒ又其ノ翼賛ニ依リ与ニ倶ニ国家ノ進運ヲ扶持セムコトヲ望ミ乃チ明治十四年十月十二日ノ詔命ヲ履践シ茲ニ大憲ヲ制定シ朕カ率由スル所ヲ示シ朕カ後嗣及臣民及臣民ノ子孫タル者ヲシテ永遠ニ循行スル所ヲ知ラシム

国家統治ノ大権ハ朕カ之ヲ祖宗ニ承ケテ之ヲ子孫ニ伝フル所ナリ朕及朕カ子孫ハ将来此ノ憲法ノ条章ニ循ヒ之ヲ行フコトヲ愆ラサルヘシ

朕ハ我カ臣民ノ権利及財産ノ安全ヲ貴重シ及之ヲ保護シ此ノ憲法及法律ノ範囲内ニ於テ其ノ享有ヲ完全ナラシムヘキコトヲ宣言ス

帝国議会ハ明治二十三年ヲ以テ之ヲ召集シ議会開会ノ時ヲ以テ此ノ憲法ヲシテ有効ナラシムルノ期トスヘシ

将来若此ノ憲法ノ或ル条章ヲ改定スルノ必要ナル時宜ヲ見ルニ至ラハ朕及朕カ継統ノ子孫ハ発議ノ権ヲ執リ之ヲ議会ニ付シ議会ハ此ノ憲法ニ定メタル要件ニ依リ之ヲ議決スルノ外朕カ子孫及臣民ハ敢テ之カ紛更ヲ試ミルコトヲ得サルヘシ

朕カ在廷ノ大臣ハ朕カ為ニ此ノ憲法ヲ施行スルノ責ニ任スヘク朕カ現在及将来ノ臣民ハ此ノ憲法ニ対シ永遠ニ従順ノ義務ヲ負フヘシ

御　名　御　璽

明治二十二年二月十一日

内閣総理大臣　伯爵　黒田清隆
枢密院議長　伯爵　伊藤博文
外務大臣　伯爵　大隈重信

海軍大臣	伯爵	西郷従道
農商務大臣	伯爵	井上　馨
司法大臣	伯爵	山田顕義
大蔵大臣 兼内務大臣	伯爵	松方正義
陸軍大臣	伯爵	大山　巌
文部大臣	子爵	森　有礼
逓信大臣	子爵	榎本武揚

大日本帝国憲法

第1章　天　　皇

第1条　大日本帝国ハ万世一系ノ天皇之ヲ統治ス

第2条　皇位ハ皇室典範ノ定ムル所ニ依リ皇男子孫之ヲ継承ス

第3条　天皇ハ神聖ニシテ侵スヘカラス

第4条　天皇ハ国ノ元首ニシテ統治権ヲ総攬シ此ノ憲法ノ条規ニ依リ之ヲ行フ

第5条　天皇ハ帝国議会ノ協賛ヲ以テ立法権ヲ行フ

第6条　天皇ハ法律ヲ裁可シ其ノ公布及執行ヲ命ス

第7条　天皇ハ帝国議会ヲ召集シ其ノ開会閉会停会及衆議院ノ解散ヲ命ス

第8条　①　天皇ハ公共ノ安全ヲ保持シ又ハ其ノ災厄ヲ避クル為緊急ノ必要ニ由リ帝国議会閉会ノ場合ニ於テ法律ニ代ルヘキ勅令ヲ発ス

②　此ノ勅令ハ次ノ会期ニ於テ帝国議会ニ提出スヘシ若議会ニ於テ承諾セサルトキハ政府ハ将来ニ向テ其ノ効力ヲ失フコトヲ公布スヘシ

第9条　天皇ハ法律ヲ執行スル為ニ又ハ公共ノ安寧秩序ヲ保持シ及臣民ノ幸福ヲ増進スル為ニ必要ナル命令ヲ発シ又ハ発セシム但シ命令ヲ以テ法律ヲ変更スルコトヲ得ス

第10条　天皇ハ行政各部ノ官制及文武官ノ俸給ヲ定メ及文武官ヲ任免ス但シ此ノ憲法又ハ他ノ法律ニ特例ヲ掲ケタルモノハ各〻其ノ条項ニ依ル

第11条　天皇ハ陸海軍ヲ統帥ス

第12条　天皇ハ陸海軍ノ編制及常備兵額ヲ定ム

第13条　天皇ハ戦ヲ宣シ和ヲ講シ及諸般ノ条約ヲ締結ス

第14条　①　天皇ハ戒厳ヲ宣告ス

②　戒厳ノ要件及効力ハ法律ヲ以テ之ヲ定ム

第15条　天皇ハ爵位勲章及其ノ他ノ栄典ヲ授与ス

第16条　天皇ハ大赦特赦減刑及復権ヲ命ス

第17条　①　摂政ヲ置クハ皇室典範ノ定ムル所ニ依ル

②　摂政ハ天皇ノ名ニ於テ大権ヲ行フ

第2章　臣民権利義務

第18条　日本臣民タルノ要件ハ法律ノ定ムル所ニ依ル

第19条　日本臣民ハ法律命令ノ定ムル所ノ資格ニ応シ均ク文武官ニ任セラレ及其ノ他ノ公務ニ就クコトヲ得

第20条　日本臣民ハ法律ノ定ムル所ニ従ヒ兵役ノ義務ヲ有ス

第21条　日本臣民ハ法律ノ定ムル所ニ従ヒ納税ノ義務ヲ有ス

第22条　日本臣民ハ法律ノ範囲内ニ於テ居住及移転ノ自由ヲ有ス

第23条　日本臣民ハ法律ニ依ルニ非スシテ逮捕監禁審問処罰ヲ受クルコトナシ

第24条　日本臣民ハ法律ニ定メタル裁判官ノ裁判ヲ受クルノ権ヲ奪ハルヽコトナシ

第25条　日本臣民ハ法律ニ定メタル場合ヲ除ク外其ノ許諾ナクシテ住所ニ侵入セラレ及捜索セラルヽコトナシ

第26条　日本臣民ハ法律ニ定メタル場合ヲ除ク外信書ノ秘密ヲ侵サルヽコトナシ

第27条　①　日本臣民ハ其ノ所有権ヲ侵サルヽコトナシ

②　公益ノ為必要ナル処分ハ法律ノ定ムル所ニ依ル

第28条　日本臣民ハ安寧秩序ヲ妨ケス及臣民タルノ義務ニ背カサル限ニ於テ信教ノ自由

ヲ有ス

第29条　日本臣民ハ法律ノ範囲内ニ於テ言論著作印行集会及結社ノ自由ヲ有ス

第30条　日本臣民ハ相当ノ敬礼ヲ守リ別ニ定ムル所ノ規程ニ従ヒ請願ヲ為スコトヲ得

第31条　本章ニ掲ケタル条規ハ戦時又ハ国家事変ノ場合ニ於テ天皇大権ノ施行ヲ妨クルコトナシ

第32条　本章ニ掲ケタル条規ハ陸海軍ノ法令又ハ紀律ニ牴触セサルモノニ限リ軍人ニ準行ス

第3章　帝　国　議　会

第33条　帝国議会ハ貴族院衆議院ノ両院ヲ以テ成立ス

第34条　貴族院ハ貴族院令ノ定ムル所ニ依リ皇族華族及勅任セラレタル議員ヲ以テ組織ス

第35条　衆議院ハ選挙法ノ定ムル所ニ依リ公選セラレタル議員ヲ以テ組織ス

第36条　何人モ同時ニ両議院ノ議員タルコトヲ得ス

第37条　凡テ法律ハ帝国議会ノ協賛ヲ経ルヲ要ス

第38条　両議院ハ政府ノ提出スル法律案ヲ議決シ及各〻法律案ヲ提出スルコトヲ得

第39条　両議院ノ一ニ於テ否決シタル法律案ハ同会期中ニ於テ再ヒ提出スルコトヲ得ス

第40条　両議院ハ法律又ハ其ノ他ノ事件ニ付各〻其ノ意見ヲ政府ニ建議スルコトヲ得但シ其ノ採納ヲ得サルモノハ同会期中ニ於テ再ヒ建議スルコトヲ得ス

第41条　帝国議会ハ毎年之ヲ召集ス

第42条　帝国議会ハ三箇月ヲ以テ会期トス必要アル場合ニ於テハ勅命ヲ以テ之ヲ延長スルコトアルヘシ

第43条　①　臨時緊急ノ必要アル場合ニ於テ常会ノ外臨時会ヲ召集スヘシ

②　臨時会ノ会期ヲ定ムルハ勅命ニ依ル

第44条　①　帝国議会ノ開会閉会会期ノ延長及停会ハ両院同時ニ之ヲ行フヘシ

②　衆議院解散ヲ命セラレタルトキハ貴族院ハ同時ニ停会セラルヘシ

第45条　衆議院解散ヲ命セラレタルトキハ勅命ヲ以テ新ニ議員ヲ選挙セシメ解散ノ日ヨリ五箇月以内ニ之ヲ召集スヘシ

第46条　両議院ハ各〻其ノ総議員三分ノ一以上出席スルニ非サレハ議事ヲ開キ議決ヲ為スコトヲ得ス

第47条　両議院ノ議事ハ過半数ヲ以テ決ス可否同数ナルトキハ議長ノ決スル所ニ依ル

第48条　両議院ノ会議ハ公開ス但シ政府ノ要求又ハ其ノ院ノ決議ニ依リ秘密会ト為スコトヲ得

第49条　両議院ハ各〻天皇ニ上奏スルコトヲ得

第50条　両議院ハ臣民ヨリ呈出スル請願書ヲ受クルコトヲ得

第51条　両議院ハ此ノ憲法及議院法ニ掲クルモノ、外内部ノ整理ニ必要ナル諸規則ヲ定ムルコトヲ得

第52条　両議院ノ議員ハ議院ニ於テ発言シタル意見及表決ニ付院外ニ於テ責ヲ負フコトナシ但シ議員自ラ其ノ言論ヲ演説刊行筆記又ハ其ノ他ノ方法ヲ以テ公布シタルトキハ一般ノ法律ニ依リ処分セラルヘシ

第53条　両議院ノ議員ハ現行犯罪又ハ内乱外患ニ関ル罪ヲ除ク外会期中其ノ院ノ許諾ナクシテ逮捕セラル、コトナシ

第54条　国務大臣及政府委員ハ何時タリトモ各議院ニ出席シ及発言スルコトヲ得

第4章　国務大臣及枢密顧問

第55条　①　国務各大臣ハ天皇ヲ輔弼シ其ノ責ニ任ス

②　凡テ法律勅令其ノ他国務ニ関ル詔勅ハ国務大臣ノ副署ヲ要ス

第56条　枢密顧問ハ枢密院官制ノ定ムル所ニ依リ天皇ノ諮詢ニ応ヘ重要ノ国務ヲ審議ス

第5章　司　　法

第57条　①　司法権ハ天皇ノ名ニ於テ法律ニ

依リ裁判所之ヲ行フ

② 裁判所ノ構成ハ法律ヲ以テ之ヲ定ム

第58条 ① 裁判官ハ法律ニ定メタル資格ヲ具フル者ヲ以テ之ニ任ス

② 裁判官ハ刑法ノ宣告又ハ懲戒ノ処分ニ由ルノ外其ノ職ヲ免セラルヽコトナシ

③ 懲戒ノ条規ハ法律ヲ以テ之ヲ定ム

第59条 裁判ノ対審判決ハ之ヲ公開ス但シ安寧秩序又ハ風俗ヲ害スルノ虞アルトキハ法律ニ依リ又ハ裁判所ノ決議ヲ以テ対審ノ公開ヲ停ムルコトヲ得

第60条 特別裁判所ノ管轄ニ属スヘキモノハ別ニ法律ヲ以テ之ヲ定ム

第61条 行政官庁ノ違法処分ニ由リ権利ヲ傷害セラレタリトスルノ訴訟ニシテ別ニ法律ヲ以テ定メタル行政裁判所ノ裁判ニ属スヘキモノハ司法裁判所ニ於テ受理スルノ限ニ在ラス

第６章 会　　計

第62条 ① 新ニ租税ヲ課シ及税率ヲ変更スルハ法律ヲ以テ之ヲ定ムヘシ

② 但シ報償ニ属スル行政上ノ手数料及其ノ他ノ収納金ハ前項ノ限ニ在ラス

③ 国債ヲ起シ及予算ニ定メタルモノヲ除ク外国庫ノ負担トナルヘキ契約ヲ為スハ帝国議会ノ協賛ヲ経ヘシ

第63条 現行ノ租税ハ更ニ法律ヲ以テ之ヲ改メサル限ハ旧ニ依リ之ヲ徴収ス

第64条 ① 国家ノ歳出歳入ハ毎年予算ヲ以テ帝国議会ノ協賛ヲ経ヘシ

② 予算ノ款項ニ超過シ又ハ予算ノ外ニ生シタル支出アルトキハ後日帝国議会ノ承諾ヲ求ムルヲ要ス

第65条 予算ハ前ニ衆議院ニ提出スヘシ

第66条 皇室経費ハ現在ノ定額ニ依リ毎年国庫ヨリ之ヲ支出シ将来増額ヲ要スル場合ヲ除ク外帝国議会ノ協賛ヲ要セス

第67条 憲法上ノ大権ニ基ツケル既定ノ歳出及法律ノ結果ニ由リ又ハ法律上政府ノ義務ニ属スル歳出ハ政府ノ同意ナクシテ帝国議会之ヲ廃除シ又ハ削減スルコトヲ得ス

第68条 特別ノ須要ニ因リ政府ハ予メ年限ヲ定メ継続費トシテ帝国議会ノ協賛ヲ求ムルコトヲ得

第69条 避クヘカラサル予算ノ不足ヲ補フ為ニ又ハ予算ノ外ニ生シタル必要ノ費用ニ充ツル為ニ予備費ヲ設クヘシ

第70条 ① 公共ノ安全ヲ保持スル為緊急ノ需用アル場合ニ於テ内外ノ情形ニ因リ政府ハ帝国議会ヲ召集スルコト能ハサルトキハ勅令ニ依リ財政上必要ノ処分ヲ為スコトヲ得

② 前項ノ場合ニ於テハ次ノ会期ニ於テ帝国議会ニ提出シ其ノ承諾ヲ求ムルヲ要ス

第71条 帝国議会ニ於テ予算ヲ議定セス又ハ予算成立ニ至ラサルトキハ政府ハ前年度ノ予算ヲ施行スヘシ

第72条 ① 国家ノ歳出歳入ノ決算ハ会計検査院之ヲ検査確定シ政府ハ其ノ検査報告ト倶ニ之ヲ帝国議会ニ提出スヘシ

② 会計検査院ノ組織及職権ハ法律ヲ以テ之ヲ定ム

第７章 補　　則

第73条 ① 将来此ノ憲法ノ条項ヲ改正スルノ必要アルトキハ勅命ヲ以テ議案ヲ帝国議会ノ議ニ付スヘシ

② 此ノ場合ニ於テ両議院ハ各〻其ノ総員三分ノ二以上出席スルニ非サレハ議事ヲ開クコトヲ得ス出席議員三分ノ二以上ノ多数ヲ得ルニ非サレハ改正ノ議決ヲ為スコトヲ得ス

第74条 ① 皇室典範ノ改正ハ帝国議会ノ議ヲ経ルヲ要セス

② 皇室典範ヲ以テ此ノ憲法ノ条規ヲ変更スルコトヲ得ス

第75条 憲法及皇室典範ハ摂政ヲ置クノ間之ヲ変更スルコトヲ得ス

第76条 ① 法律規則命令又ハ何等ノ名称ヲ用ヰタルニ拘ラス此ノ憲法ニ矛盾セサル現行ノ法令ハ総テ遵由ノ効力ヲ有ス

② 歳出上政府ノ義務ニ係ル現在ノ契約又ハ命令ハ総テ第六十七条ノ例ニ依ル

判例索引

最高裁判所

高等裁判所

地方裁判所

事項索引

あ　行

か　行

さ　行

た　行

な　行

は　行

基礎からわかる憲法［第3版］ 〈検印省略〉

2015年4月30日　第1版第1刷発行
2016年3月31日　第1版第2刷発行
2017年3月31日　第2版第1刷発行
2019年3月31日　第2版第2刷発行
2020年11月20日　第3版第1刷発行

編著者　武居一正
発行者　前田　茂
発行所　嵯峨野書院

〒615-8045　京都市西京区牛ヶ瀬南ノ口町39　電話(075)391-7686　振替01020-8-40694

西濃印刷・吉田三誠堂製本所

ISBN978-4-7823-0602-4